ERNST KUBIN

Die Reichs-kleinodien

ERNST KUBIN

Die Reichs-kleinodien

Ihr tausendjähriger Weg

Amalthea

Bildnachweis

National Archives Washington DC: 1, 20–26
Staatsarchiv Nürnberg: 4
Stadt Nürnberg, Bildstelle: 5–7
Kunsthistorisches Museum, Wien: 9–19, 27
Deutsches Bundesarchiv, Außenstelle Frankfurt: 23
Votava, Wien: 28

Umschlag und Herstellung:
VerlagsService Dr. Helmut Neuberger
und Karl Schaumann GmbH, Heimstetten
Umschlagbild: »Zeremonienschwert«,
Kunsthistorisches Museum, Wien
(Fachlabor H. Pfeifer, Wien)
Satz: Ludwig Auer GmbH, Donauwörth
Gesetzt aus der 11/14 Punkt Lino-Walbaum
Druck und Binden: Wiener Verlag, Himberg
Printed in Austria 1991
ISBN 3-85002-304-4

Inhalt

Meiner Frau

1. Kapitel

Das Nordlicht – Ein Vorspiel

Zu Beginn des Jahres 1938 beobachten die Österreicher ein eigenartiges Phänomen: Der Himmel verfärbt sich, ein farbenprächtiger Strahlenkranz schmückt das Firmament. Das Nordlicht wird bestaunt und, da es sich um ein durchaus nicht alltägliches Ereignis handelt, je nach Einstellung als Fingerzeig Gottes, Zeichen der Nornen oder des Schicksals schlechthin gedeutet. Die Ereignisse der letzten Jahre haben ja den Boden für eine Art Fatumsgläubigkeit aufbereitet. Seit Bundeskanzler Dr. Engelbert Dollfuß mit Hilfe eines juristischen Taschenspielertricks 1933 das Parlament ausgeschaltet hat und autoritär regiert, seitdem die Sozialdemokraten im Februar 1934 revoltiert und die Nationalsozialisten im Juli geputscht haben, seit es 1933 im benachbarten Deutschen Reich, das man nun das Dritte Reich nennt, wirtschaftlich steil aufwärts geht, während in Österreich eine Armee Arbeitsloser mit ihren Familien dahinvegetiert und die Not bei vielen Menschen ungebetener Gast ist, seither hoffen viele Österreicher, daß es sich auch in ihrem Land zum Besseren wenden werde. Je nach politischer Gesinnung vermuten sie das Heil entweder bei der regierenden Vaterländischen Front oder bei den – da inzwischen verboten – in den Untergrund gedrängten sozialdemokratischen oder nationalsozialistischen Parteien. Ein paar hängen Moskau an, und ein der Zahl nach ebenso nicht überwältigendes Häufchen hält sich nach wie vor um die schwarzgelbe Fahne der alten Monarchie geschart. Ohne Rücksicht auf ihre politische Einstellung aber ist für viele das Nordlicht Zeichen dafür, daß Großes bevorsteht. Aberglaube? Okkultismus? Behalten sie nicht recht, fährt der österreichische Bundeskanzler Dr. Kurt von Schuschnigg nicht zum Kanzler des Deutschen Reiches, Adolf Hitler, schließt Österreich mit dem Deutschen Reich nicht das Berchtesgadener Abkommen, das die Spannungen zwischen den Nationalsozialisten und der Regierung in Österreich beseitigen soll, tatsächlich aber einen weiteren Schritt darstellt, den Nationalsozialismus in Österreich zu etablieren? Und jetzt, als Bundeskanzler Schuschnigg, die Gefahr vor Augen, vollkommen an die Wand gedrängt zu werden, die Flucht nach vorne antritt und für den 13. Mai 1938 eine Volksabstimmung ansetzt, deren Problematik jener, die ein knappes Monat später von Hitler anbefohlen werden wird, vielfach ebenbürtig ist, jetzt wird den Nordlichtgläubigen erst recht bestätigt: Das Schicksal pocht an das Tor, laut und deutlich vernehmbar. Doch Schuschnigg hat die Rechnung ohne den Wirt gemacht. Hitler verlangt ultimativ, die Volksabstimmung abzusetzen und den als gemäßigt geltenden, aus katholischem Lager stammenden Nationalsozialisten Dr. Seyß-Inquart zum Bundeskanzler zu ernennen. Schuschnigg erkennt, die entscheidende Stunde hat geschlagen, Hitler werde nicht zurückscheuen, seinen Willen erforderlichenfalls mit Waffengewalt durchzusetzen. Hier das kleine Österreich, dort das mächtige Deutschland; ohne Hilfe von außen in völlig aussichtsloser Position. Italien, vormals gleichsam Schutzmacht der Alpenrepublik, hat sich auf Hitlers Seite geschlagen, die Briten zeigen sich an der Selbständigkeit Österreichs wenig interessiert, und auch Frankreich denkt nicht daran, für Österreich einen Finger zu rühren. Schuschnigg zieht die Konsequenz. Am 11. März 1938 in den Abendstunden erklärt er über den Rundfunk seinen Rücktritt: »Gott schütze Österreich!« Tags darauf läßt Hitler die deutsche Wehrmacht in Österreich einmarschieren. Die Soldaten werden von der Mehrheit der Österreicher begeistert begrüßt. Hitler,

der zunächst noch mit dem Gedanken spielt, Österreich ein gewisses Maß an Selbständigkeit zu belassen und es etwa in Form einer Personalunion mit Deutschland zu verbinden, entscheidet angesichts der Begeisterung, die ihm entgegenschlägt, die »Ostmark« sogleich dem Deutschen Reich einzuverleiben. Göring, der die Rundfunkübertragung des Einzuges Hitlers in Linz mitanhört, vertritt dieselbe Auffassung und telegrafiert Hitler: »Warum machen wir es nicht ganz?«[1] Staatssekretär Dr. Stuckart und sein österreichischer Kollege Dr. Wimmer werden in der Nacht zum 13. März nach Linz befohlen. In Eile werden die legistischen Voraussetzungen geschaffen.[2] »Österreich ist ein Land des Deutschen Reiches.« Noch am 13. März 1938 unterschreibt Hitler im Linzer Hotel »Weinzinger« dieses Gesetz. Der Nationalsozialismus hat nun auch in Österreich gesiegt. Die Bevölkerung verspricht sich von Hitler vor allem, daß er die Arbeitslosigkeit beseitigt, so wie er es im »Altreich«, wie Deutschland in den Grenzen von 1937 genannt wird, schon getan hat. Aber auch ein Traum scheint der Erfüllung nahe: der Traum vom Reich, den Menschen deutscher Zunge seit dem Mittelalter träumen. Schon nach dem Ersten Weltkrieg schien der Reichsgedanke reale Gestalt anzunehmen. Die Provisorische Nationalversammlung der Republik Deutschösterreich beschloß im November 1918: »Deutschösterreich ist ein Bestandteil der Deutschen Republik.«[3] Reichsaußenminister Graf von Brockdorff-Rantzau und der Staatssekretär für Auswärtige Angelegenheiten der Republik Österreich, der Sozialdemokrat Otto Bauer, unterzeichneten am 2. März 1919 das sogenannte »Berliner Protokoll«, worin die deutsche Reichsregierung und die deutschösterreichische Regierung übereinkamen, »mit tunlichster Beschleunigung über den Zusammenschluß des Deutschen Reiches und Deutschösterreichs einen Staatsvertrag abzuschließen, ...«[4] Doch die Siegermächte waren damit aus leicht erkennbaren Gründen nicht einverstanden. In den Friedensverträgen von Saint Germain und Versailles wurde es Österreich untersagt, sich dem Deutschen Reiche anzuschließen.[5] Dennoch hefteten maßgebende Exponenten der großen politischen Lager den Anschluß an ihre Fahnen. Dr. Karl Renner, Sozialdemokrat und erster Kanzler nach dem Zusammenbruch der Monarchie, erklärt im April 1938, er habe »seit 1919 in zahlreichen Schriften und unzähligen Versammlungen ... den Kampf um den Anschluß weitergeführt ... Ich müßte meine ganze Vergangenheit verleugnen, wenn ich die große geschichtliche Tat des Wiederzusammenschlusses der Deutschen Nation nicht mit freudigem Herzen begrüßte.«[6] Die Bischöfe der österreichischen Kirchenprovinzen bekennen im März desselben Jahres, es sei für sie »selbstverständliche nationale Pflicht«, sich »als Deutsche zum Deutschen Reich zu bekennen«, und sie erwarten »auch von allen gläubigen Christen, daß sie wissen, was sie ihrem Volke schuldig sind«.[7] Der evangelische Oberkirchenrat steht den katholischen Bischöfen nicht nach und erklärt: »Wir stehen vorbehaltlos zum Werk des Führers und danken Gott dafür, daß er dem deutschen Volk in schwerster Stunde Rettung brachte.«[8]

Am 15. März 1938 verkündet Hitler vom Balkon der Neuen Hofburg zu Wien vor etwa einer Viertelmillion Menschen, die sich auf dem Heldenplatz versammelt hat: »Die Ostmark ist heimgekehrt, das volksdeutsche Reich ist geschaffen.«[9] Der jahrhundertealte Traum vom Reich ist in Erfüllung gegangen. Die Massen jubeln. Im Schatten des Jubels stellt man schon die Transporte zusammen, mit welchen die politischen Gegner ins Konzentrationslager nach Dachau gebracht werden; im Schatten dieses Jubels versuchen viele österreichische Juden ins Ausland zu fliehen. –

In unmittelbarer Nähe des Heldenplatzes, auf dem Hitler die Wiedererstehung des Reiches verkündet hat, liegen die Reichskleinodien, die Symbole des Heiligen Römischen Reiches Deutscher Nation, wohlverwahrt in der Schatzkammer der Wiener Hofburg. Hüter des Schatzes ist – noch! – Dr. Arpad Weixlgärtner. Er erblickte – wie er in einem Brief an den vormaligen Staatskanzler und nachmaligen Bundespräsidenten Dr. Karl Ren-

ner schrieb – »seit dem Zusammenbruch [1918] das einzige Heil für unseren unglückseligen Staat im Anschluß an das Deutsche Reich«.[10] Noch im September 1930 führt er vor deutschen Historikern in Wien aus: »Wir Kronhüter, die wir die deutschen Reichskleinodien für das gesamte deutsche Volk bewachen, würden sie mit Jubel ans Deutsche Reich zurückstellen – aber nur zusammen mit unserer alten deutschen Kaiserstadt Wien und unserer noch älteren deutschen Ostmark.«[11] Der Kronhüter Weixlgärtner träumt den romantischen Traum vom Reich. Für ihn, der mit einer Jüdin verheiratet ist, wird dieser Traum in ein paar Jahren zum Alptraum werden. 1937 erläßt Hitler die Nürnberger Rassengesetze, mit denen die Juden als Parias gebrandmarkt werden. Und nun am 13. März 1938 suchen die Kinder Weixlgärtners, ihren Vater »auf rührende Weise« zu bewegen, sich ein Hakenkreuz anzustecken; als Schutz für alle Familienangehörigen sozusagen. Auch seine beiden Aufseher in der Schatzkammer geben ihm den gleichen Rat. Weixlgärtner gelingt es jedoch nicht, ein Hakenkreuz zu ergattern; die Nachfrage hat das Angebot überstiegen. Schließlich bringt ihm der wachhabende Polizeiinspektor das begehrte Emblem.
Am 15. März hält Dr. Weixlgärtner die Schatzkammer vergeblich offen; der Zugang über den Heldenplatz ist abgesperrt. Die Wiener sind zu der Kundgebung geströmt, bei der Hitler den Anschluß Österreichs verkündet. Weixlgärtner benötigt Stunden, um durch eine »ungeheure Menschenmenge« nach Hause zu kommen. Er ist schon zu Bett, als das Telefon läutet. Burghauptmann Walbinger ruft an. Dr. Weixlgärtner solle so rasch wie möglich in die Hofburg kommen, SS-Männer verlangten, daß die Schatzkammer aufgesperrt wird. Weixlgärtner schlüpft in die Kleider, versucht vergeblich, Professor Menghin, den Unterrichtsminister, zu erreichen und fährt mit dem Auto zur Schatzkammer. Ein Hauptmann Götsche verlangt von ihm die Auslieferung der Schlüssel; er will einen SS-Mann im Inneren der Schatzkammer postieren. Weixlgärtner lehnt ab, verhandelt über Telefon mit

Standartenführer Müller, dem kommissarischen Inspekteur der Sicherheitspolizei in Wien. Schließlich einigt man sich: Dem vor der Eingangstür postierten Polizisten wird ein SS-Mann zugeordnet. Zum Beweis, daß nichts weggekommen und alles in Ordnung ist, führt Dr. Weixlgärtner den Hauptmann und seine Leute durch die Schatzkammer und erklärt ihnen das Wichtigste. Als er zur deutschen Kaiserkrone kommt, fällt ihm auf, »daß die Augen eines biederen SS-Mannes immer größer und größer werden«, und schließlich gibt dieser SS-Mann seinem maßlosen Erstaunen Ausdruck: »Herr Hauptmann, da ist der David und der Salomon drauf!« Zwei jüdische Könige auf der deutschen Kaiserkrone! Der Romantiker Weixlgärtner erfaßt noch nicht den Ernst der Situation und erklärt lachend, um das Jahr 1000 seien auch für die Deutschen David und Salomon höchst verehrungswürdige Persönlichkeiten gewesen. Unter den herrschenden Verhältnissen, vor allem in Anbetracht der – wenn auch richtigen Erklärung – verwundert nicht, daß diese Führung Weixlgärtners letzte war.[12] Schon am 16. März teilt ihm Dr. Dworschak, der kommissarische Leiter des Wiener Kunsthistorischen Museums, mit, er sei seines Dienstes enthoben und bis auf weiteres beurlaubt.[13] Lachen über einen erstaunten SS-Mann, ein Lob auf die jüdischen Könige David und Salomon haben Dr. Weixlgärtner über Nacht seine Position gekostet. Vermutlich würde Weixlgärtner auch ohne diese nächtliche Szene im Hinblick auf seine Ehe mit einer Jüdin nicht mehr allzulange Direktor geblieben sein. So weit die Fakten. Sie stammen aus Weixlgärtners Feder, aus erster Hand also. Inwieweit sich folgende Geschichte auch wirklich ereignet hat, darüber wird man geteilter Meinung sein können. Am 14. März hätte sich Hitler die Schatzkammer aufsperren lassen. Er soll die Insignien, natürlich auch die Reichskrone, in die Hand genommen und gesagt haben: »Ich müßte so weit kommen, mir vor dem deutschen Volk dieses Symbol deutscher Einheit aufs Haupt setzen zu dürfen.« Gewährsmann dieser Szene soll der Sicherheitsdirektor von Wien, Dr. von Ingraff, gewesen sein, der angeblich mit einigen Herren zugegen gewesen war.[14] Hitler hätte also mit dem Gedanken einer Selbstkrönung gespielt. Sollte er sich den Korsen, der sich die französische Kaiserkrone selbst aufs Haupt gesetzt hatte, als Vorbild genommen haben? Doch von all dem überliefert Arpad Weixlgärtner, der es eigentlich hätte wissen müssen, in seinem ausführlichen Tagebuch nichts.

2. Kapitel

Ein Oberbürgermeister erfüllt sich einen Wunschtraum

In den schicksalsträchtigen Märztagen des Jahres 1938 geht ein Mann, der sich seit langem mit den Reichskleinodien befaßt, daran, einen seiner Wunschträume zu verwirklichen. Willy Liebel, der Nürnberger Oberbürgermeister, historisch interessiert, nicht nur engagierter Nationalsozialist, vor allem auch engagierter Nürnberger[1], dem »die Befähigung zur Leitung einer Stadt« auch von Demokraten attestiert wird[2], sieht das Ziel, das er seit Jahren verfolgt, zum Greifen nahe: die Reichskleinodien aus Wien wieder nach Nürnberg zurückzuführen. Liebel, Redakteur, Prokurist, Verlagsleiter und seit 1927 Alleininhaber einer Buch- und Kunstdruckerei, im Ersten Weltkrieg als Kriegsfreiwilliger schwer verwundet, nach dem Krieg in verschiedenen nationalen Verbänden aktiv, trat 1925 der NSDAP bei, wurde 1929 in den Stadtrat als Fraktionsführer gewählt und übernahm 1933 das Amt des Oberbürgermeisters.[3] Einem noch heute in Nürnberg kursierenden Gerücht zufolge, wäre unmittelbarer Anlaß, dieser Partei beizutreten, eine Schäferstunde gewesen. Liebel, damals Mitglied des nationalen »Tannenbergbundes«, sei dabei ertappt und aus der sittenstrengen Vereinigung ausgeschlossen worden. Daraufhin habe er sich der NSDAP zugewandt.[4]

Die Stadt Nürnberg beherbergte die Symbole des Reiches seit 1424 jahrhundertelang in ihren Mauern. Kaiser Sigismund hatte Nürnberg damit betraut, die Reichskleinodien »für ewige Zeiten«

aufzubewahren. 1796 sahen sich die Nürnberger gezwungen, die Reichskleinodien aus ihrer Hut zu entlassen. Der französische Revolutionsgeneral Jourdan stand vor den Toren, es galt der Gefahr zu wehren, die Kleinodien in die Hände der Revolutionsarmee fallen zu lassen. Sie gelangten schließlich nach Wien, wurden dort der Schatzkammer Kaiser Franz I. einverleibt, der 1806 der deutschen Kaiserwürde entsagte, nichtsdestoweniger weiter die Insignien bei sich verwahrte. Wiederholte Versuche, sie wieder in die Obhut der Stadt Nürnberg zu bringen, schlugen in den folgenden Jahrzehnten fehl.

Seit 1933 verfolgt der Oberbürgermeister konsequent sein Ziel. Hitler hat Nürnberg zur »Stadt der Reichsparteitage« erhoben, zur Stätte jenes jährlich stattfindenden Zeremoniells, bei dem sich die Organisationen der nationalsozialistischen Partei in wohlorganisierten Massenveranstaltungen selbst darstellen, bei dem sich Hitler seine suggestive Macht, die er auf die Massen ausübt, jeweils aufs neue bestätigen läßt. Wenn Hitler von der Vorsehung spricht – und er spricht oft davon –, beansprucht er damit nicht bewußt oder unbewußt die Rolle des römischen »Augustus«, des Stellvertreters Gottes auf Erden, wie sie die römischen Kaiser innezuhaben behaupteten? Wenn die endlosen Marschkolonnen an ihm vorbeidefilieren, ist seine Rolle als »Imperator«, als Inhaber der weltlichen Macht, wie sie die römischen Kaiser ausübten, nicht zu übersehen. Augustus und Imperator, das war auch der Sendungsauftrag, den die sächsischen und salischen Kaiser länger als ein Jahrhundert zu erfüllen glaubten, als sie über das Heilige Römische Reich herrschten. Und Symbole dieses Reiches waren die Reichskleinodien. Nun, da in Hitler ganz offensichtlich wieder – wenn auch in völlig anderer Form – ein Mächtiger erstanden ist, sollen auch die Symbole des Reiches wieder nach Nürnberg zurückkehren.

Oberbürgermeister Liebel hält beim Empfang Hitlers zum Reichsparteitag 1933 die Begrüßungsansprache und ergreift bei dieser Gelegenheit entschlossen die Initiative: »Hochverehrter

Herr Reichskanzler!...Einst ward die freie Reichsstadt Nürnberg würdig erachtet, die äußeren Sinnbilder deutscher Macht und deutscher Kaiserherrlichkeit, die Reichskleinodien, in ihren Mauern zu verwahren...«[5] Liebel ist klug genug, jetzt noch nicht zu fordern, er erinnert nur, bereitet den Boden vor. Gleichzeitig wird er auch in Österreich aktiv. Die Reichskleinodien sollen 1934 leihweise aus Wien nach Nürnberg gebracht werden. Wien zeigt Liebel die kalte Schulter. Die Stadt Aachen hingegen erklärt sich bereit, die dort verwahrten Nachbildungen auf die Dauer des Parteitages Nürnberg zu überlassen und will sogar einen Teil der Transportkosten tragen.[6] Diese Bereitschaft ist zwar kein vollwertiger Ersatz, aber ein gewisser Trost. Überdies – und darauf kommt es Liebel vor allem an –, auch die Nachbildungen werden hier in Nürnberg deutlich den Anspruch der alten Reichsstadt auf die Originale vor Augen führen. Selbstverständlich versäumt er nicht, auch bei den darauffolgenden Reichsparteitagen Hitler und die versammelten Granden auf die schwärende Wunde der Stadt Nürnberg deutlich hinzuweisen. Sein ceterum censeo fehlt in den folgenden Jahren bei keiner Begrüßungsansprache.[7]
Wie zugesagt, kommen die Aachener Imitationen tatsächlich nach Nürnberg. Liebel läßt sie in einer Vitrine im Rathaus aufstellen.[8] 1935 überreicht er Hitler beim Reichsparteitag eine Nachbildung des deutschen Zeremonienschwertes und verbindet damit geschickt den Dank für die vor kurzem wieder eingeführte allgemeine Wehrpflicht mit seinem Kardinalanliegen, an die Reichskleinodien zu erinnern.[9] Der Oberbürgermeister scheint seine Sache gut zu machen. Selbst der Reichspropagandaminister Dr. Josef Goebbels, der von solchen Dingen etwas versteht, ist beeindruckt: »Liebel schenkt dem Führer ein goldenes Reichsschwert. Sehr feierlich.« vermerkt er in seinem Tagebuch.[10]
Hält sich Liebel in der Öffentlichkeit mit konkreten Rückgabeforderungen noch einigermaßen zurück, so hat er Hitler gegenüber Nürnbergs Ansprüche schon deutlich angemeldet. Im Juni 1938 wird er den Ratsherrn berichten: »Die Berechtigung dieser Forde-

rung ist auch bereits vor Jahren vom Führer selbst anerkannt worden.«[11] Hitler habe versichert, »daß sogleich nach der Wiedervereinigung der Ostmark mit dem Reich die Kleinodien nach Nürnberg übergeführt würden«.[12]

Kaum ist Österreich an das Deutsche Reich angeschlossen, fährt Liebel nach Berlin. Hitler empfängt ihn am 19. März in seiner Wohnung im engsten Kreis. Liebel kann Hitlers Versicherung mit nach Hause nehmen, er stehe zu seiner Zusage, die Reichskleinodien nach Nürnberg bringen zu lassen.[13] Gemeinsam mit dem Ersten Direktor des Germanischen Nationalmuseums, Dr. Kohlhaußen, leitet Liebel nun die letzten und entscheidenden Schritte ein. Kohlhaußen verfaßt auf Liebels Ersuchen eine Denkschrift über die Nürnberger Ansprüche. Er geht darin auf die äußerst komplizierte Rechtsfrage, wer denn Eigentümer oder Verwahrungsberechtigter sei, nicht näher ein, und kommt zu dem von Argumenten unbeschwerten Schluß, es sei »geradezu die schicksalhafte Berichtigung eines Irrtums, wenn die Reichskleinodien abseits einer Residenz Großdeutschlands aufbewahrt werden... So auf die Überlieferung einer unabhängigen, stets auf des Reiches Mehrung bedachten Stadt beruhend, als Krönung des Germanischen Nationalmuseums... gehen die Reichskleinodien einer neuen und tieferen Wirkung entgegen.« Dr. Kohlhaußen nimmt damit die noch zu treffende, bei Lage der Dinge zugegebenermaßen nur noch formelle Entscheidung Hitlers vorweg. Es kann ja als gewiß gelten, daß Hitler dem Wunsche des Nürnberger Oberbürgermeisters nachkommen wird. In einem Punkt allerdings irrt Kohlhaußen. Im Germanischen Nationalmuseum wird man die Reichskleinodien nicht zur Schau stellen. Nachdem Dr. Kohlhaußen in seinem Brief an Liebel festgestellt hatte, »daß es sich lediglich um die aus Deutschland nach Österreich gebrachten Gegenstände handelt, deren Rückgabe nichts anderes als die Wiedergutmachung eines Unrechts bedeutet«, versucht er dem Oberbürgermeister seine eigenen Wünsche, die über Liebels Absichten hinausgehen, schmackhaft zu machen: »Wenn die Österreicher aber darüber hinaus dem Führer und Reichskanzler noch eine Freude machen wollen, so würde ich drei Gegenstände vorschlagen, die Maximilian I. 1470 aus der burgundischen Erbschaft übernahm, d.i. die Riesenschale aus Achat, die seit der Eroberung von Konstantinopel durch die Kreuzfahrer 1204 nach dem Westen gekommen sein soll und die man in früheren Zeiten mehrfach mit dem Heiligen Gral in Zusammenhang gebracht hat. Zweitens das Ainkürnschwert aus dem Besitz Karls des Kühnen von Burgund... Das Dritte ist das Lehensschwert, eines der schönsten spätgotischen Schwerter, unter Maximilian hergestellt.«[14] Gewiß denkt der ambitionierte Dr. Kohlhaußen daran, auch diese Prunkstücke in seinem Museum zu präsentieren. Doch Liebel gehen Kohlhaußens Wünsche zu weit. Er unterstützt sie nicht.

Am 13. Juni 1938 teilt der Oberbürgermeister dem Chef der Reichskanzlei Dr. Lammers mit, Hitler habe nach der Wiedereingliederung Österreichs ins Reich wiederholt mit ihm darüber gesprochen, »daß die seinerzeit aus Nürnberg weggeführten Reichsinsignien und Reichskleinodien wieder aus Wien in die Stadt der Reichsparteitage zurückgeführt werden sollen«. Hitler habe auch schon mit Seyß-Inquart deswegen Kontakt genommen und Reichsminister Dr. Goebbels unterrichtet. Die Kleinodien sollten – und damit tritt Liebel Kohlhaußens Vorschlägen bei – im Germanischen Nationalmuseum zur Schau gestellt werden. Umfangreiche Vorbereitungen seien erforderlich, mit der Schatzkammer Wien seien Verhandlungen aufzunehmen. Der Brief an Lammers mündet in der Bitte, Liebel bzw. seinen Beauftragten, Stadtbaurat Professor Brugmann, eine entsprechende Vollmacht auszustellen und Hitler so bald wie möglich mit der Angelegenheit zu befassen.[15] Liebel gelingt es, sein Anliegen Hitler nochmals selbst vorzutragen[16], und schließlich ist der Reichskanzler »mit dem Vorschlag des Oberbürgermeisters einverstanden«.[17]

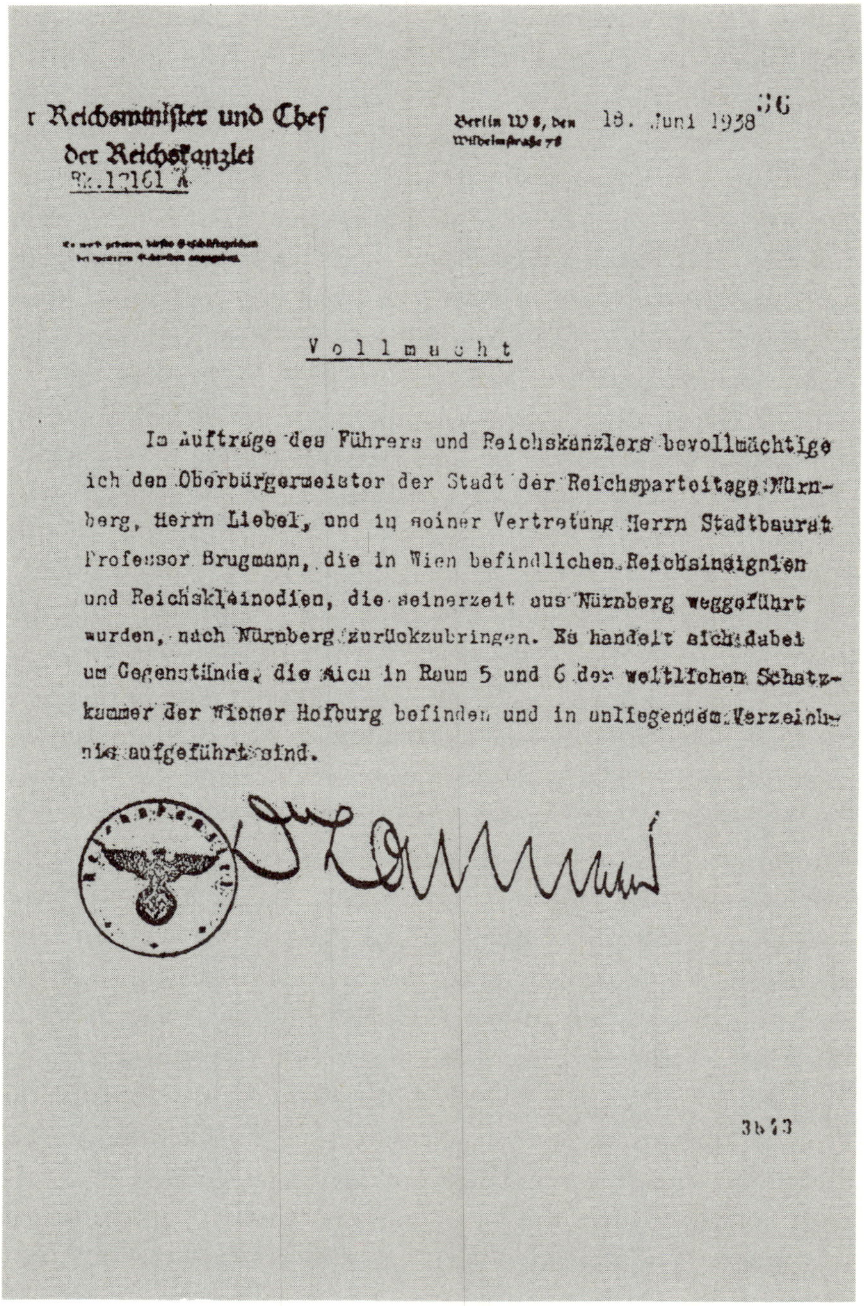

r Reichsminister und Chef
der Reichskanzlei
Rk.13161 A

Es wird gebeten, dieses Geschäftszeichen bei weiteren Schreiben anzugeben.

Berlin W 8, den 18. Juni 1938
Wilhelmstraße 78

36

V o l l m a c h t

Im Auftrage des Führers und Reichskanzlers bevollmächtige ich den Oberbürgermeister der Stadt der Reichsparteitage Nürnberg, Herrn Liebel, und in seiner Vertretung Herrn Stadtbaurat Professor Brugmann, die in Wien befindlichen Reichsinsignien und Reichskleinodien, die seinerzeit aus Nürnberg weggeführt wurden, nach Nürnberg zurückzubringen. Es handelt sich dabei um Gegenstände, die sich in Raum 5 und 6 der weltlichen Schatzkammer der Wiener Hofburg befinden und in anliegendem Verzeichnis aufgeführt sind.

3643

Vollmacht Hitlers, die Reichskleinodien von Wien nach Nürnberg zu bringen.[18]

Hitler behält sich ausdrücklich vor, die Zurückführung der Reichskleinodien persönlich bekanntzugeben, untersagt vorzeitige Presseaussendungen und läßt Liebel – so dringend erachtet es Hitler – davon telefonisch unterrichten. Trotz des Verbots hält der Oberbürgermeister die frohe Botschaft nicht bei sich. Wes' Herz voll, des' Mund geht bekanntlich über. Schon am folgenden Tag, am 22. Juni 1938, informiert Liebel die versammelten Nürnberger Ratsherrn in geheimer Sitzung über den Stand der Dinge. Wenn er seinen Erfolg schon nicht in der Öffentlichkeit verkünden darf, seinen engsten Mitarbeitern will er die Nachricht nicht vorenthalten. Er heimst auch das gebührende Lob ein: »Die Ratsherrn nehmen mit Begeisterung davon Kenntnis.«[19]
Nun gilt es, den Transport zu organisieren. Liebel ersucht die Reichsbahn, einen Salonwagen zur Verfügung zu stellen.[20] Verkehrsminister Dr. Dorpmüller weiß, was man der Geschichte schuldet. Er teilt Liebel mit, er werde »im Hinblick auf die große Bedeutung einen Sonderzug« bereitstellen.[21]
Seyß-Inquart hat ganz andere Intentionen. In Wien verfolgt man zu dieser Zeit die Absicht, die Kleinodien von ihrem bisherigen Aufbewahrungsort, der Schatzkammer in der Hofburg, in die Augustinerkirche, ebenfalls im Baukomplex der Hofburg gelegen, zu bringen und dort zur Schau zu stellen. Dadurch soll die Kirche den Charakter eines nationalen Weiheraumes erhalten.[22] Reichsstatthalter Dr. Seyß-Inquart referiert diese Absicht dem Chef der Reichskanzlei. In einem Atemzug jedoch sucht Seyß-Inquart den ihm bekannten Absichten Hitlers gerecht zu werden: »Ich würde in der Überführung nach Nürnberg, wenn diese nicht zu musealen Zwecken erfolgt, sondern dem Mittelpunkt der Weihehandlungen des Reichsparteitages beigefügt wird, eine ganz grundlegende Tat sehen...« Im Gegensatz dazu – und das dürfte wohl seine wirkliche Auffassung sein – fügt er seinem Schreiben ein Memorandum bei, das »die Meinung zum Ausdruck bringt, die bei vollwertigen Nationalsozialisten in dieser Frage besteht«. Die »vollwertigen Nationalsozialisten« vertreten die Auffassung, es

wäre zu erwägen, »ob nicht Wien auch weiterhin die Hüterin der Reichskleinodien zu bleiben hätte, welche alljährlich zum Reichsparteitag in feierlichem Zug nach Nürnberg gebracht würden«.[23] Seyß-Inquart will Hitler nicht brüskieren, er will aber auch die Reichskleinodien Wien erhalten und bittet, die im Memorandum enthaltenen Gedanken Hitler vorzutragen. Lammers kommt dem Wunsche nach und vermerkt am 13. Juni 1938: »Dem Führer vorgetragen. Es soll bei der Überführung der Reichsinsignien nach Nürnberg bleiben.«[24] Zwei Tage später läßt der Chef der Reichskanzlei den Reichsstatthalter davon unterrichten und ihn »ergebenst bitten, dem mit der Durchführung der Anordnung des Führers beauftragten Herrn Oberbürgermeister Liebel und seinem Sachwalter, Herrn Stadtbaurat Professor Brugmann, bei ihrem Vorhaben Ihre Unterstützung angedeihen zu lassen«.[25] Seyß-Inquart beauftragt nun seinen Mitarbeiter Dr. Kajetan Mühlmann, alle notwendigen Vorkehrungen zu treffen.[26] Wien hat den Kampf um die Reichskleinodien verloren.

Den Reichskleinodien und sonstigen Beständen des Wiener Kunsthistorischen Museums droht aber noch eine Gefahr. Am 4. August 1938 erscheint der italienische Konsul, wünscht Auskunft über eine Reihe von Hauptwerken und nimmt sie in Augenschein. In erster Linie interessiert er sich für den zu den Reichskleinodien gehörigen Krönungsmantel. Der Mantel stammt aus der sarazenischen Werkstatt des Normannenkönigs Roger II. und befindet sich seit Kaiser Heinrich VI., also rund 750 Jahre, in Deutschland bzw. Österreich. Schon nach dem Waffenstillstand 1918 verlangte Italien die Auslieferung dieses Stückes. Österreich konnte sich damals erfolgreich zur Wehr setzen. In zweiter Linie interessiert sich der Konsul für die beiden wichtigsten Gemmen der Antikensammlung, die Gemma Augustea, die als schönste und zweitgrößte Gemme der Welt gilt, und 1590 durch Rudolf II. um 12 000 Dukaten erworben wurde, sowie den großen Adlercameo, ebenso alter Besitz der Schatzkammer. Wollen die Italiener 1938 das nachholen, was ihnen 1918 nicht gelungen ist? Was gibt ihnen ein Recht, so aufzutreten? Als sich das nationalsozialistische Deutschland den wegen des Eroberungskrieges Italiens gegen Abessinien vom Völkerbund über den Aggressor verhängten Sanktionen nicht angeschlossen hatte, wandte sich Benito Mussolini, vormals gleichsam Garant der Unabhängigkeit Österreichs, von der Alpenrepublik ab und Hitler zu. Ohne Mussolinis Wohlwollen wäre der Anschluß Österreichs im März 1938 kaum möglich gewesen. Hitler hat das damals sehr deutlich zum Ausdruck gebracht. Er beauftragte Prinz Philipp von Hessen, den Schwiegersohn des italienischen Königs, dem Duce zu bestellen: »...Ich werde ihm das nie vergessen! Nie, nie, nie. Es mag sein, was wolle...«[27] Und nun soll eine Geste des Dankes gesetzt werden. »Das Kunsthistorische Museum verschließt sich selbstverständlich nicht der politischen Notwendigkeit, Italien und dem Duce durch eine geeignete Gabe den Dank für das Verhalten anläßlich der Machtergreifung auch durch Überreichung eines Geschenkes aus den Beständen der deutschen Museen auszudrücken«, schlägt jedoch andere Kunstwerke dafür vor. Die Museumsleitung versäumt nicht darauf hinzuweisen, »daß Italien im Jahre 1919 eine Reihe wertvollster Stücke, z. B. Bilder und die Gemme des Aspaisos mit Gewalt aus dem Museum enttragen hat«. »Enttragen« ist wohl die vornehme Umschreibung, mit der man einem Gegner von gestern und Freund von heute des Raubes zeiht. Seyß-Inquart unterrichtet sogleich den Chef der Reichskanzlei, gibt seiner Meinung Ausdruck, daß der Kaisermantel als Bestandteil der Reichskleinodien auf keinen Fall in Frage kommen kann, setzt sich auch vehement für den Verbleib der Gemma Augustea im Kunsthistorischen Museum ein und vertritt die Auffassung, daß gewisse Ersatzstücke als Geschenke in Betracht gezogen werden könnten, »falls man nicht mit Rücksicht auf die Überführung der Reichskleinodien aus Wien nach Nürnberg in diesem Augenblick zur Gänze davon absieht, die Wiener Bestände weiter zu verringern«.[28] Hitler entscheidet, »daß eine Abgabe wertvoller Stücke aus der kunsthistorischen Sammlung an das Ausland unter keinen Umständen in Frage kommen kann«.[29] Dieser Angriff auf die Schatzkammer und das Kunsthistorische Museum ist jedenfalls abgewehrt.

Während der Bayreuther Festspiele 1939 empfängt Hitler den Nürnberger Oberbürgermeister nochmals. Liebel agiert ihm offenbar zu forsch. Hitler bremst den Tatendrang. Der Oberbürgermeister bringt das Ergebnis des im »Haus Wahnfried« am 26. Juli geführten Gespräches handschriftlich zu Papier: »Mit der Aufstellung [der Reichskleinodien] im Katharinenbau, der alten Meistersingerkirche, ist der Führer einverstanden. Die spätere, endgültige Unterbringung soll in einem der beiden Säle der Kongreßhalle erfolgen. Eine feierliche Überführung oder dgl. wünscht der Führer nicht. Gegen eine Aufstellung von Reichsschwert, Szepter, Krone und Reichsapfel im großen Rathaussaal bei der Begrüßung wurden vom Führer keine Einwendungen erhoben. Eine Veröffentlichung in der Presse soll vorerst nicht stattfinden. Die Rückführung sähe der Führer am liebsten während des Parteitages.« Und im Postscriptum wird vermerkt: »Die ursprünglich vorgesehene Unterbringung im Germanischen Nationalmuseum wurde vom Führer nachdrücklich abgelehnt.«[30] Aus Inhalt und Diktion dieses Vermerkes spürt man, wie Liebel auf eine möglichst baldige Rückkehr drängt, wie gerne er eine feierliche, womöglich pompöse Rückführung gesehen hätte, und wie wenig Hitler seinen Wünschen Rechnung trägt. Hitler schiebt das Ereignis hinaus, will es womöglich in den Festlichkeiten des Reichsparteitages gleichsam untergehen lassen, verbietet jeden feierlichen Überführungsakt. Presse und Öffentlichkeit sollen erst im letzten Augenblick unterrichtet werden. Gerade noch, daß er gestattet, die Insignien im großen Rathaussaal aufzustellen. Alles soll so leise, so unauffällig wie möglich vonstatten gehen. Hitler befürchtet, daß die Überführung nach Nürnberg bei den Österreichern, vor allem bei den Wienern, keine helle Freude auslösen wird. Auch den von Liebel unterstützten Wunsch Kohlhaußens, die Kleinodien im Germanischen Nationalmuseum zur Schau zu stellen, lehnt Hitler »nachdrücklich« ab. Differente Denkkategorien sind aufeinandergestoßen. Dr. Kohlhaußen denkt in musealen, Liebel in kommunalen, Hitler in imperialen Dimensionen. Für ihn kommt nur ein Aufstellungsort in Betracht: die geplante Kongreßhalle im Reichsparteitagsgelände.[31] Mit der Wahl dieses Ortes will Hitler die Brücke vom Heiligen Römischen Reich Deutscher Nation zum Großdeutschen Reich sichtbar schlagen, ein Brückenschlag allerdings, der zwar propagandistisch äußerst wirksam, historisch jedoch mehr als problematisch ist.[32]

In Wien bereitet man inzwischen den Abtransport der Insignien vor. Die zum Teil schadhaften Textilien werden restauriert, die Edelsteine Stück für Stück überprüft, eigene gefütterte Kisten vor allem für Textilien, die, sollen sie nicht Schaden leiden, nur in ausgebreitetem Zustand transportiert werden dürfen, werden angefertigt. Dr. Kajetan Mühlmann, der Beauftragte für das staatliche Kunstwesen beim Reichsstatthalter in Wien, gibt seiner Erwartung Ausdruck, »daß die Stadt Nürnberg die nicht unerheblichen Kosten für die Überbringung übernehmen wird«. Schließlich stellt Mühlmann die Frage, an welche Persönlichkeiten er sich wenden soll, damit der Übergabeakt in das Programm des Reichsparteitages integriert werden könne.[33] Liebel kommt diese Anfrage sehr gelegen. Er nimmt sie zum Anlaß, um bei Reichsorganisationsleiter Dr. Robert Ley »für Dienstag, den 6. 9. eine feierliche Übergabe der Reichsinsignien und Reichskleinodien in der Meistersingerkirche (Katharinenbau) durch die Vertreter der Ostmark vorzuschlagen«. Hitler aber – und Liebel müßte es ja eigentlich schon wissen – wünscht keinen Pomp. Liebel muß sich daher bescheiden: »Es wird sich um einen feierlichen Akt im kleinsten Kreis (Reichsleiter und Gauleiter) handeln.« Doch hoffnungsfroh bemerkt Liebel: »An der Übergabe wird aller Voraussicht nach der Führer selbst teilnehmen.«[34]

Mühlmanns Anfrage beantwortet der Oberbürgermeister, nicht ohne darauf hinzuweisen, daß die Überführung erst wenige Tage vor dem Reichsparteitag stattfinden wird. Gleichzeitig kündigt er an, daß Stadtbaurat Brugmann und Direktor Kohlhaußen demnächst nach Wien reisen werden.[35] In Wien verhandelt am 1. August 1938 die Nürnberger Delegation mit Dr. Dworschak, der die Schatzkammer vertritt und dem Kunsthistorischen Museum als kommissarischer Leiter vorsteht. Dr. Dworschak gibt seiner Freude darüber Ausdruck, »daß die alte Reichshauptstadt Wien nun nach der Wiedervereinigung Österreichs mit dem Reich einen würdigen Beitrag zur Symbolisierung der Reichseinheit durch Übergabe der Kleinodien des Römischen Reiches Deutscher Nation zu leisten imstande sei«. Wie weit Dr. Dworschaks Worte von Überzeugung oder gar Begeisterung getragen sind, mag dahingestellt bleiben. Der Hinweis aber, es könne nicht verschwiegen werden, daß sich nach Bekanntwerden der Verbringung »ein gewisser Widerstand in der Bevölkerung äußere«, wird auf seinen Wahrheitsgehalt nicht erst untersucht werden müssen. Hitlers Befürchtung, die Wiener würden opponieren, hat sich als richtig herausgestellt. In einem Atemzug fügt Dworschak gleichsam als Entschuldigung bei, sowohl auf Grund der Befehle Hitlers als auch vom geschichtlichen und vor allem großdeutschen Standpunkt aus, habe die Verwaltung der Schatzkammer seit 1918 die Meinung vertreten, »daß die Reichskleinodien nur mit der gesamten Ostmark nach Nürnberg bzw. ins Reich heimzukehren hätten«. Schließlich kommt Dr. Dworschak auf den großen Schaden zu sprechen, den das Wiener Kunsthistorische Museum durch den Verlust der Reichskleinodien erleide. Die Schatzkammer stelle die wichtigste Einnahmequelle dar, »was um so schwerer wiege, als sich die staatlichen Museen der Ostmark aus Eintrittsgeldern zu erhalten haben«. Ebenso höflich wie deutlich fährt er fort: »Ohne jeden Gedanken an eine Verbindung höchster ideeller Werte, wie sie die Reichskleinodien darstellen, mit materiellen Ansprüchen, wird es der Wohlmeinung der Stadt Nürnberg anheimgestellt, für deren dauernden Entfall aufzukommen«.[36] Diese gewundene, an die Stadt Nürnberg gerichtete Adresse findet aber kein Echo. Vielleicht sind die Nürnberger

Ratsherrn der Meinung, der »dauernde Entfall« sei durch die an die hundertvierzig Jahre Aufenthalt der Kleinodien in Wien ohnedies abgegolten.

Der Vermerk, den die Herrn aus Nürnberg ihrerseits über die Besichtigung anfertigen, ist kurz und sachbezogen. Im Laufe der Zeit seien einige Juwelen aus der Fassung gefallen und nicht mehr vorhanden. Die Textilien hätten sehr gelitten, seien brüchig und die Fäden, mit denen unzählige Perlen gehalten werden, morsch geworden. Drei Kästchen, gefüllt mit in letzter Zeit herabgefallenen Perlen, seien vorhanden. Baldmöglichst müßten ein Goldschmied und eine Stickerin nach Wien entsendet werden, um sich von den Wiener Sachverständigen in der Betreuung der Kleinodien unterrichten zu lassen. Auch solle dem Sonderzug sogleich eine SS-Wachmannschaft beigegeben werden.[37]

Hitler ist auch weiterhin selbst um Details bemüht. Jetzt, da die Übergabe vollzogen werden soll, gibt er die offizielle Zurückhaltung gegenüber der Öffentlichkeit auf. Selbst aber nimmt er an der Feier nicht teil.[38] Ein Wermutstropfen in Liebels Freudenbecher. Trotz der lauten Festlichkeiten, die Hitler nun anordnet, will er mit der Übergabe nicht unmittelbar in Zusammenhang gebracht werden. Wohl eine taktische Überlegung, deren Ursache in gebotener Rücksicht gegenüber den Österreichern zu suchen ist. Hitler erteilt Liebel durch Bormann spezielle Anweisungen, die diesem Gedanken Rechnung tragen. »PG. Reichsstatthalter Seyß-Inquart müßte also betonen, daß er die Reichskleinodien nach der Rückkehr der Ostmark zum Reich dem Führer übergeben habe und daß er daraufhin vom Führer beauftragt worden sei, die Reichskleinodien wie in früheren Jahrhunderten der Stadt Nürnberg zur Aufbewahrung zu übergeben.« Nicht Hitler, ein anderer, nämlich Seyß-Inquart, soll in der – jedenfalls österreichischen – Öffentlichkeit als derjenige in Erscheinung treten, der den Anstoß dafür gab, die Reichskleinodien aus Wien wegzuschaffen. Bormann schließt: »An sich braucht die Feier ja nur ganz kurz zu sein.«[39]

Selbst nationalsozialistische Kreise in Wien sind keineswegs damit einverstanden, daß man Nürnbergs Wünschen nachkommt. Dworschak weist Liebel recht deutlich darauf hin. Seiner Meinung nach wäre daher auch noch der Grundzug einer Mitteilung an die Presse zu besprechen, die den Tatsachen in einer Weise Rechnung trägt, welche die Stimmung großer, auch nationalsozialistischer Kreise berücksichtigt.[40] Der Wiener Reichsstatthalterei gegenüber wird Dworschak bei aller damals gebotenen Vorsicht noch deutlicher. Wiederholt habe er festgestellt, »daß die Auslandspresse auf diesen fetten Bissen nur lauert, um ihn ihren Lesern als neuen Beweis für die systematische Beraubung Österreichs hinzuwerfen«. In dieser Kritik an der Auslandspresse ist ein unüberhörbarer Seitenhieb auf die neuen Machthaber verpackt. Dworschak geht jedoch noch mehr aus sich heraus: »Aber auch weite Kreise nationalsozialistisch gesinnter Volksgenossen lehnen den Gedanken der Verbringung der Reichskleinodien ab ... Andererseits ist zu bedenken, daß Wien fast auf den Tag vor 500 Jahren die Hauptstadt des Reiches wurde (1438) und daß jetzt Wien des letzten Symbols dieser seiner Stellung bis 1806 entkleidet wird. Eine so bittere Pille genießbar zu machen, bedarf besonderer Mittel der Propaganda.«[41]
Dworschak ist durchaus kein Schwarzseher. Seine und Hitlers Befürchtungen bewahrheiten sich. Die Wiener kommen nicht zur Ruhe. Der Reichskommissar für die Wiedervereinigung Österreichs mit dem Deutschen Reich, Bürckel, weiß davon selbst noch im Mai 1939 ein Lied zu singen. Er klagt: »Sie glauben nicht, lieber Parteigenosse Bormann, wie oft hier diskutiert wird über die Wegnahme der Reichskleinodien.«[42]

Das alles hindert die Deutsche Reichsbahn nicht, die Gäste des Sonderzuges, der am 28. August 1938 um 23.30 Uhr Nürnberg verläßt, feierlich zu begrüßen.
Oberbürgermeister Liebel, sein Stab, Vertreter des Germanischen Nationalmuseums, eine siebenköpfige Bewachungsmannschaft

Zur gefälligen Beachtung!

Die Deutsche Reichsbahn begrüßt Sie hiermit als Gast in diesem Sonderzuge auf der Fahrt Nürnberg Wien–Nürnberg. Es steht Ihnen neben dem Schlafwagen auch der Speisewagen zur gefl. Benutzung zur Verfügung. Vorgesehen ist vor allem ein Frühstück am 29. August vor der Ankunft in Wien und am 30. August vor der Ankunft in Nürnberg ab 6^{30} Uhr und ein gemeinsames Abendessen am 29. August um 22^{15} Uhr nach der Abfahrt in Wien

Fahrplan

Hinfahrt:				Rückfahrt:			
Nürnberg	ab	23^{30}	am 28. August	Wien Westbf	ab	22^{00}	am 29. August
Regensburg	an	1^{20}	am 29. August	Linz	an	1^{18}	am 30. August
Regensburg	ab	1^{30}		Linz	ab	1^{26}	
Passau	an	3^{41}		Passau	an	3^{20}	
Passau	ab	3^{58}		Passau	ab	3^{29}	
Linz	an	5^{36}		Regensburg	an	5^{33}	
Linz	ab	5^{44}		Regensburg	ab	6^{01}	
Wien Westbf	an	8^{43}		Nürnberg	an	7^{58}	

Heil Hitler!

Dr. Geyer

Präsident der RBD Nürnberg

Einladung des Reichsbahnpräsidenten zur Fahrt mit dem Sonderzug, mit dem die Reichskleinodien von Wien nach Nürnberg gebracht wurden.[43]

der SS und auch der Reichsbahnpräsident treffen am 29. August 1938 in den Morgenstunden in Wien ein. Bald darauf wird jener Akt vollzogen, der einen Höhepunkt in Liebels Leben einleitet: »Über Weisung des Führers... übergibt der Reichsstatthalter in Österreich, Dr. Seyß-Inquart, namens der österreichischen Landesregierung... die Kleinodien des ›Heiligen Römischen Reiches Deutscher Nation‹, welche sich seit 1800 bzw. 1801 in der Weltlichen Schatzkammer in Wien in treuhändiger Aufbewahrung befunden haben, dem Oberbürgermeister der Stadt der Reichsparteitage Nürnberg, W. Liebel.« Dr. Seyß-Inquart ist bei dem Übergabeakt nicht zugegen. Will er sich hier in Wien nicht mit dem Odium belasten, den Kronschatz ausgefolgt zu haben? Er läßt sich durch SS-Brigadeführer Dr. Ernst Kaltenbrunner vertreten.[44]
Auch die drei sogenannten Aachener Kleinodien, nämlich das Reichsevangeliar, die Stefansbursa und der sogenannte Säbel Karls des Großen[45], die vorher niemals in Nürnberg gewesen sind, werden Nürnberg übergeben,[46] ohne daß Aachen dagegen protestiert.
Ab dem 26. August haben Sachverständige die Kleinodien genau geprüft. Bei der Kaiserkrone stellt man fest: »Die meisten Steine und Perlen wackeln, so daß ein Herausfallen des einen oder des anderen Stückes beim Transport nicht ausgeschlossen ist«, an der rechten Seitenplatte fehlen »ein großer Stein (Saphir?) und eine große und sieben kleine Perlen«. Am Säbel Karls des Großen wackelt der Griff »und fällt fast auseinander«. Generell konstatiert man jedoch, daß sich die metallenen Kleinodien, berücksichtigt man ihr Alter, ihre Anfertigung, Technik und ihr wechselvolles Schicksal, im allgemeinen in gutem Zustand befinden. »In weniger gutem, aber verhältnismäßig bewunderungswertem Zustand befinden sich die zum Ornat gehörigen Teile der Reichskleinodien«, also die Textilien.[47]
Dr. Dworschak ist sich natürlich im klaren, daß die Kleinodien den Nürnbergern auszufolgen sind, doch – er hat noch keinen schriftlichen Auftrag. Als gelernter österreichischer Beamter gilt

für ihn der Grundsatz: »Quod non est in actu, non est in mundo! – Was nicht in einer Akte steht, existiert überhaupt nicht!« Er macht daher das Ministerium für innere und kulturelle Angelegenheiten in bestem Beamtendeutsch aufmerksam, daß die Leitung des Kunsthistorischen Museums »zur Durchführung der über Weisung des Führers und Reichskanzlers zu erfolgenden Verbringung der Reichskleinodien von Wien nach Nürnberg einen schriftlichen Auftrag der vorgesetzten Behörde« benötigt, den er auch prompt erhält.[48] Sorgfältig in zwölf Kisten verpackt, werden die Kleinodien nach am Abend des 29. August 1938 zum Wiener Westbahnhof gebracht. Ihr Abtransport wird zunächst sowohl in Wien als auch in Nürnberg völlig geheimgehalten. Die Passagiere am Bahnsteig des Wiener Westbahnhofes trauen ihren Augen nicht, als das SS-Kommando anrückt, Front zum Zug macht und das Gewehr vor den zwölf Kisten präsentiert.[49]
Es ist nicht neu, daß die Reichskleinodien heimlich fortgeschafft werden. 1424 hatte man sie, als Fischfracht getarnt, von Ungarn nach Nürnberg gebracht. 1796 schaffte man sie in einem Reisewagen heimlich aus der freien Reichsstadt, und nun werden sie ebenso heimlich mit einem Sonderzug aus der alten Kaiserstadt weggeführt. Kurz nach 22.00 Uhr fährt der Zug ab. Am 30. August 1938 gegen 8 Uhr treffen die Reichskleinodien nach 142 Jahren Abwesenheit wieder in Nürnberg ein. Hier werden sie ohne Aufsehen in die Meistersingerkirche gebracht.[50] Feierlichkeiten finden erst am 6. September statt. In einem festlichen Akt werden die Reichskleinodien eingeholt. Nun erfährt die Öffentlichkeit von ihrer Verbringung nach Nürnberg. Dr. Seyß-Inquart spricht, Oberbürgermeister Liebel antwortet. Seyß-Inquart ist von Hitler beauftragt worden zu behaupten, »daß er die Reichskleinodien nach Rückkehr der Ostmark zum Reich dem Führer übergeben habe«.[51] Doch der Reichsstatthalter in Österreich kommt diesem Auftrag nicht nach. Er tut vielmehr kund, daß »der Führer als Einiger des Reiches in der Burg zu Wien die Krone und den Kronschatz des Heiligen Römischen Reiches Deutscher Nation in

des Großdeutschen Reiches Obhut« übernommen hat.[52] Auch bei dieser Gelegenheit scheint Seyß-Inquart möglichst vermeiden zu wollen, in die Rolle jenes Mannes gedrängt zu werden, der österreichischerseits maßgebend Anteil am Wegschaffen der Kleinodien hat. Liebel nimmt »aufs tiefste bewegt... die... im Auftrag des Führers übergebenen Reichskleinodien des alten deutschen Reiches ehrfurchtsvoll entgegen«.[53] Beim Schlußkongreß des Parteitages geht auch Hitler pathetisch auf die Rückführung der Reichskleinodien ein: »Ich habe die Insignien des alten deutschen Reiches nach Nürnberg bringen lassen, um nicht nur dem eigenen deutschen Volk, sondern auch einer ganzen Welt zu bedenken zu geben, daß über ein halbes Jahrtausend vor der Entdekkung der neuen Welt schon ein gewaltiges germanisch-deutsches Reich bestanden hat... Das deutsche Reich hat lange Zeit geschlummert. Das deutsche Volk ist nun erwacht und hat seiner tausendjährigen Krone sich selbst als Träger gegeben.«[54] Daraus kann wohl die Annahme abgeleitet werden, daß Hitler die Reichskleinodien zu einem Symbol des Dritten Reiches machen will.[55] Dafür spricht auch, daß er nicht die Absicht hat, die Reichskleinodien als bloße Schaustücke und Zeugen vergangener Epochen museal auszustellen, sie sollen vielmehr in der – damals in Bau befindlichen – Kongreßhalle am Reichsparteitagsgelände »altarartig« ihren Platz finden, also in die jährlich stattfindenden Parteisanktuarien einbezogen werden.[56]

Liebels Wunschtraum ist in Erfüllung gegangen, die Reichskleinodien sind in Nürnberg. Aber nicht alles, was dazu gehört, denn – so schreibt Dr. Dworschak im September 1939 – es sei »bei der Räumung eines versperrten Depots in der Alten Hofburg der hölzerne, lederüberzogene Behälter des Kaisermantels aufgefunden« worden. »Der Koffer ist 1495 datiert und mit dem Wappen Nürnbergs verziert. Er ist auch von ansehnlichen Ausmaßen... Das offenbar seit der Rückverbringung der Reichskleinodien von Ungarn nach Wien reponierte Stück war völlig unbekannt.« Mit der Versicherung, auch den Behälter des Kaisermantels nach

Nürnberg zu schicken, schließt Dworschak, nicht ohne zu bemerken: »Zur Versendung möchte ich allerdings ruhigere Zeiten abwarten.«[57] Die Entfernung der Reichskleinodien aus Wien hat ja erhebliche Unruhe ausgelöst. Unter diesen Umständen ist eine weitere Lieferung nach Nürnberg, und wenn es sich auch nur um ein leeres hölzernes Behältnis handelt, nicht opportun. Von Interesse ist es festzuhalten, daß verborgene Schätze nicht nur in verfallenen Ruinen, sondern auch im intakten Gemäuer der Hofburg zu finden sind, wenn sie nur gut und lange genug von Museumsbeamten bewacht werden.
Wie leicht man der Reichskleinodien verlustig gehen kann, weiß Liebel aus der Geschichte. Er weiß aber auch, wie schwierig es ist, sie wieder zurückzuerhalten. Der Oberbürgermeister sucht daher nach einer soliden Grundlage, welche die Präsenz des Kronschatzes in Nürnberg garantiert. Das Diplom des Kaisers Sigismund und die Bulle des Papstes Martin V., durch welche Nürnberg seinerzeit die Reichskleinodien »für ewige Zeiten« garantiert werden sollten, scheinen ihm nicht ausreichend Gewähr dafür zu bieten. Er beauftragt Stadtrat Dr. Kurt Fischer, ein Rechtsgutachten zu erstellen. Fischer kommt zu dem Ergebnis, »daß es einen Eigentümer der Reichskleinodien nicht gibt«. Aber: »Das Reich kann jederzeit das Recht der Aneignung ausüben. Am besten geschieht dies durch ein Reichsgesetz.«[58]
Anfang November 1938 besichtigt Hitler in der alten Meistersingerkirche die zur Schau gestellten Kleinodien. Bei dieser Gelegenheit berichtet ihm der Oberbürgermeister über das Gutachten und schlägt vor, die Rechtslage durch Gesetz klarzustellen. Hitler stimmt zu; Liebel soll sich deswegen mit dem Chef der Reichskanzlei in Verbindung setzen.[59] Im Februar 1939 hat Liebel nochmals Gelegenheit, mit Hitler über die Reichskleinodien zu sprechen. Der Reichskanzler ist damit einverstanden, »daß diese Gegenstände ebenso wie die darauf bezüglichen Archivalien in das Eigentum des Deutschen Reiches übergeführt werden und deren Verwaltung auf ewige Zeiten der Stadt der Reichsparteitage

Nürnberg zukommt«.[60] Gleich darauf überreicht Liebel dem Reichsminister Dr. Lammers den Gesetzesentwurf.[61]
Der Oberbürgermeister scheint unersättlich; er will sich mit den Originalien nicht zufrieden geben. Auch die Frankfurter, Aachener und Wiener Nachbildungen sollen nach Nürnberg gebracht werden. Doch Hitler bremst Liebels Aneignungsdrang. »Diese Stücke« haben »angesichts der Verbringung der Reichskleinodien in die Stadt der Reichsparteitage ohnehin ihre Bedeutung verloren«.[63]
Im Mai 1939 moniert der ungeduldige Liebel bei Lammers: »... darf ich mir vielleicht die Frage gestatten, ob und wann mit dem Erlaß des mit Genehmigung des Führers von mir vorgeschlagenen Reichsgesetzes gerechnet werden kann?«[64] Die Frage beinhaltet den kaum versteckten Vorwurf der Säumigkeit. Damit kann man dem routinierten, mit allen Winkelzügen der Bürokratie vertrauten Chef der Reichskanzlei nicht in Verlegenheit bringen. Vielleicht ist Dr. Lammers auch darüber pikiert, daß ein Oberbürgermeister den Entwurf des Reichsgesetzes verfaßt hat. Gesetzesvorlagen zu konzipieren, ist doch seine Domäne. Lammers antwortet dem Oberbürgermeister, er habe »den Entwurf inzwischen gesetzestechnisch umarbeiten lassen«. Wenn die Neufassung Liebels Wünschen entspräche, beabsichtige er, sie dem Herrn Reichsminister des Inneren zuzuleiten, damit er sie zur Beschlußfassung durch die Reichsregierung einbringen könne.[65]
Der von Lammers überarbeitete Entwurf sieht ein Recht der Stadt Nürnberg nicht vor, alle Urkunden oder Archivalien aufzubewahren, die sich auf die Reichskleinodien beziehen. Liebel besteht nicht mehr weiter darauf, weil »möglicherweise Weiterungen entstünden, durch welche die Verabschiedung des Gesetzesentwurfes verzögert würde«. Der Oberbürgermeister hat es – die Wiener Proteste noch immer im Ohr – ja eilig. Er drängt Lammers, höflich natürlich: »Ich weiß mich mit Ihnen, hochverehrter Herr Reichsminister, dahin einig, wie wichtig es ist, möglichst bald die Verabschiedung des Gesetzes über die Reichskleinodien zu errei-

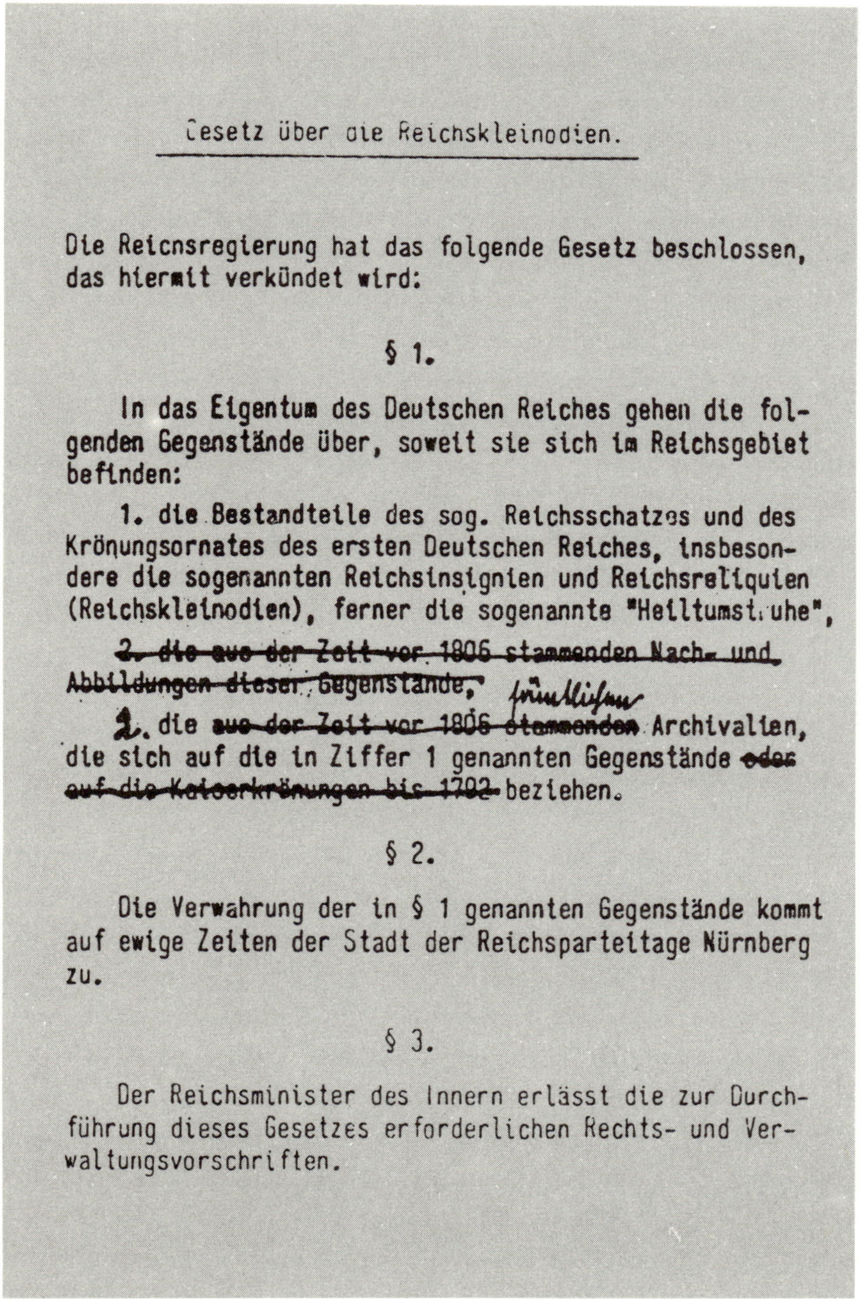

Gesetz über die Reichskleinodien.

Die Reichsregierung hat das folgende Gesetz beschlossen, das hiermit verkündet wird:

§ 1.

In das Eigentum des Deutschen Reiches gehen die folgenden Gegenstände über, soweit sie sich im Reichsgebiet befinden:

1. die Bestandteile des sog. Reichsschatzes und des Krönungsornates des ersten Deutschen Reiches, insbesondere die sogenannten Reichsinsignien und Reichsreliquien (Reichskleinodien), ferner die sogenannte "Heiltumstruhe",

~~2. die aus der Zeit vor 1806 stammenden Nach- und Abbildungen dieser Gegenstände,~~

[illegible]

2. die ~~aus der Zeit vor 1806 stammenden~~ Archivalien, die sich auf die in Ziffer 1 genannten Gegenstände ~~oder auf die Kaiserkrönungen bis 1792~~ beziehen.

§ 2.

Die Verwahrung der in § 1 genannten Gegenstände kommt auf ewige Zeiten der Stadt der Reichsparteitage Nürnberg zu.

§ 3.

Der Reichsminister des Innern erlässt die zur Durchführung dieses Gesetzes erforderlichen Rechts- und Verwaltungsvorschriften.

Gesetzesentwurf des Oberbürgermeisters Liebel[62]

chen.« Auf Lammers Wunsch werden die zu den Reichskleinodien gehörenden Gegenstände im Entwurf detailliert aufgezählt. Der Oberbürgermeister nimmt auch jene Objekte auf, die »zur Zeit verschollen sind; ihre Aufnahme empfiehlt sich gleichwohl, da es nicht unwahrscheinlich ist, daß einzelne dieser Gegenstände in näherer Zeit wieder aufgefunden werden«.[66]

Noch ist das Gesetz nicht erlassen, schon ordnet Liebel an, eine Vollzugverordnung auszuarbeiten. Sie soll so gut wie alle finanziellen Lasten dem Reich aufbürden. Der alte Nürnberger Krämergeist? Ein ebenso kleinliches wie aussichtsloses Vorhaben. Der zuständige Referent Liebels scheut sich nicht, das klar auszusprechen: »Ich glaube nicht, daß der Reichsinnenminister... dazu gebracht werden könne, die... Kosten als Reichslast zu übernehmen... Die Reichsstellen werden mit Recht darauf hinweisen, daß der weltgeschichtliche Akt der Überführung und Verwahrung der Reichskleinodien nicht mit einer derartigen Regelung zu Lasten des Reiches verbunden werden darf.« Liebel nimmt die kritische Feststellung zur Kenntnis, schiebt die Vollzugsverordnung für die Zeit nach dem Gesetzesbeschluß auf und vermerkt im Hinblick auf den schleppenden Fortschritt seines Anliegens resigniert: »Vorerst ist weiters nichts veranlaßt.«[67]

Schließlich umfaßt der von Lammers überarbeitete Gesetzesentwurf drei knappe Paragraphen.[68] Beinhaltete der Entwurf des Oberbürgermeisters noch, daß die Verwahrung der Reichskleinodien »auf ewige Zeiten« der Stadt Nürnberg zukomme, so sieht der Entwurf Lammers nur schlicht vor, daß sie »von der Stadt der Reichsparteitage Nürnberg verwahrt« werden. Von »ewigen Zeiten« ist nicht mehr die Rede. Schon Kaiser Sigismund hatte 1423 die Ewigkeit zugesichert. Sie währte zwar nicht ewig, aber immerhin bis 1796, also mehr als 370 Jahre. Der nüchterne Bürokrat Lammers hält im Zusammenhang mit irdischen Dingen offenbar nichts von der Ewigkeit. Womit er recht behalten wird, denn die nächste »Ewigkeit« würde nur sieben Jahre gedauert haben.

137

Gesetz über die Reichskleinodien.

Vom ....

Nachdem die deutschen Reichskleinodien, die Hoheitszeichen der Kaiser im ersten Deutschen Reich, nach der Wiedervereinigung Österreichs mit dem Deutschen Reich der Stadt der Reichsparteitage Nürnberg, in deren Verwahrung sie jahrhundertelang waren, wieder zur Verwahrung übergeben worden sind, hat die Reichsregierung in der Erwägung, daß es seit der Auflösung des ersten Deutschen Reichs im Jahre 1806 ungeklärt ist, in wessen Eigentum die deutschen Reichskleinodien stehen, das folgende Gesetz beschlossen, das hiermit verkündet wird:

§ 1

Die Reichskleinodien nebst der Heiltumstruhe sind Eigentum des Deutschen Reichs. Zu den Reichskleinodien gehören die in der Anlage aufgeführten Gegenstände.

§ 2

Die Reichskleinodien und die Heiltumstruhe werden von der Stadt der Reichsparteitage Nürnberg verwahrt.

§ 3

Die zur Durchführung und Ergänzung dieses Gesetzes erforderlichen Rechts- und Verwaltungsvorschriften erläßt der Reichsminister des Innern.

Anlage.

(Aufführung der Reichskleinodien, wie in dem Entwurf des Oberbürgermeisters vorgeschlagen.).

Ende Juni 1939 läßt Lammers den Oberbürgermeister wissen, er werde »bei der nächsten sich bietenden Gelegenheit die Zustimmung des Führers einholen und, wenn der Führer sich einverstanden erklärt, den Reichsminister des Inneren bitten, den Entwurf im Reichskabinett einzubringen«.[69]
Inzwischen hat sich die außenpolitische Lage zugespitzt. Mehr und mehr zeichnet sich eine kriegerische Auseinandersetzung mit Polen ab. Wenige Tage vor Kriegsausbruch bringt Reichsinnenminister Frick am 26. August 1939 den Gesetzesentwurf zur Beschlußfassung durch die Reichsregierung ein; er ersucht Dr. Lammers, den Entwurf in Umlauf zu setzen. Kurz darauf bricht am 1. September 1939 der Krieg mit Polen aus. Lammers stoppt den Umlauf noch am selben Tag und teilt dem Reichsinnenminister mit, er sehe mit Rücksicht auf die politische Lage einstweilen davon ab, »den Entwurf eines Gesetzes über die Reichskleinodien in Umlauf zu setzen«.[70] Dazu stellt ein Nürnberger nach dem Kriege lakonisch fest: »Liebel hatte den Wettlauf mit der Zeit verloren. Das Gesetz kam nie zustande.«[71]
Hat Lammers aus eigener Initiative die Beschlußfassung über das Gesetz gestoppt? Lag eine Weisung Hitlers vor? Dokumentarische Hinweise sind nicht bekannt. Es ist jedoch möglich, daß Hitler angesichts der nunmehr beginnenden kriegerischen Auseinandersetzungen den Auftrag gab, die Angelegenheit auf sich beruhen zu lassen, hatte er doch jetzt andere Sorgen; und schließlich hätte ein solches Gesetz unter den Österreichern gewiß weitere Unruhe hervorgerufen. Hitler braucht jedoch jetzt alles andere als Unmut.
Zehntausende Menschen haben seit September 1938 die Reichskleinodien besichtigt. Nun, da der Krieg nicht nur mit Polen, sondern kurz darauf mit Frankreich und Großbritannien ausgebrochen ist, wird die Meistersingerkirche geschlossen, die Reichskleinodien werden sorgfältig in siebzehn besonders zu diesem Zweck angefertigte Kisten und Spezialbehältnissen verpackt, zunächst in möglichst sicheren Nebenräumen der Kirche geborgen,

sehr bald aber im Tresor des vormaligen Bankhauses Anton Cohn, Königstraße 26, deponiert. Sie sollen vor möglichen Luftangriffen geschützt werden. Der städtische Luftschutzdezernent Dr. Konrad Fries sorgt nicht nur energisch dafür, daß für tausende Menschen unter der Nürnberger Burg Luftschutzräume geschaffen werden, er läßt auch besondere Schutzräume für die Fülle wertvollsten Kunstgutes der Nürnberger Kirchen und Museen errichten.[72] Auch die Aachener bringen die 1914 angefertigten Kopien mit ihrem Domschatz nach Mitteldeutschland in Sicherheit.[73] Die Beschäftigung mit Luftschutzangelegenheiten ist zu Beginn des Krieges alles andere als populär. Nach der nationalsozialistischen Doktrin des sicher zu erwartenden Sieges ist jedes mehr als formelle Bestreben nach Schutz vor zu befürchtenden schweren Luftangriffen des Defätismus verdächtig. Auch gehen die Ansichten, wo und wie Kunstwerke zu bergen sind, bis zuletzt auseinander: bombensichere Unterbringung an Ort und Stelle oder Bergung am flachen Land. Dr. Fries vertritt von Anfang an den Standpunkt, die Kunstwerke der Stadt Nürnberg bombensicher in Nürnberg selbst zu bergen. Er läßt hierfür innerhalb der Stadt nicht weniger als drei Kunstluftschutzbunker errichten, die nicht nur der Unterbringung der Kunst- und Kulturgüter aus städtischem Besitz und der Kirchen, sondern auch der Bergung der Spitzenwerke des Germanischen Nationalmuseums sowie anderer öffentlicher und privater Eigentümer dienen. Ebenso benützen auswärtige Stellen diesen Bunker. So werden dort beispielsweise die berühmte Heidelberger Manessische Handschrift und eine der vier Bilderhandschriften des Sachsenspiegels geborgen.[74]

Einer der drei Kunstbunker ist durch die Obere Schmiedegasse 52 zugänglich. Dieser alte Felsenkeller wird besonders sorgfältig trockengelegt, gehörig abgesichert und mit Klimaanlagen versehen.[75] Schließlich werden die Reichskleinodien am 23. Februar 1940 in diesen bombensicheren Bunker gebracht, und zwar in Zelle 3, die unmittelbar unter dem Fels der Kaiserburg liegt.[76] Als

17. Jahrhundert »irregulare aliquid corpus et monstro simile – irgendein undefinierbares Etwas und einem Monster ähnlich«[1] zu bezeichnen. Formell ging das Reich in den Wirren der napoleonischen Periode 1806 unter, als der Habsburger Franz II. die römische Kaiserwürde ablegte.

Nicht zu Unrecht stellt sich die Frage, ob der anspruchsvolle, ja monströse Titel, der dem Reich verliehen worden war, überhaupt jemals zurecht bestand. War das Reich heilig? Erblickt man im Primat des Kaisers der Kirche und dem Papste gegenüber die Voraussetzung für ein »Heiliges Reich«, dann währte dieser Anspruch von Otto I., dem Großen, (936–973) bis zum Ausgang des Investiturstreites (1075–1122). Ab diesem Zeitpunkt hatten sich Papst und Kirche aus der Potestas des Kaisers emanzipiert. Interessanterweise führte das Reich das Prädikat »heilig« nicht in seinem Titel, als es tatsächlich dazu legitimiert gewesen wäre. Kraft der zu dieser Zeit herrschenden Überzeugung, daß der Kaiser Stellvertreter Gottes auf Erden ist, und kraft der damals herrschenden Machtverhältnisse, durch welche diese Idee verwirklicht werden konnte, *war* das Reich heilig. Reale Existenz legitimiert sich durch sich selbst. Es bestand keine Notwendigkeit, die Tatsache besonders hervorzukehren. Erst nachdem die geistliche Macht des Kaisers auf den Papst übergegangen war, von einem sacrum imperium also nicht mehr gesprochen werden konnte, suchte der Kaiser seinen nunmehr schon verlorenen Anspruch verbal zu reklamieren. So blieb es Friedrich I., Barbarossa, (1152–1190) vorbehalten, dem Reich den Titel »sacrum imperium« zu einem Zeitpunkt zu verleihen,[2] als das Kaisertum schon der geistlichen Macht entkleidet war.

War das Reich römisch? Im realen Sinn wohl nie. Gewiß hatten sich die lateinische Sprache und Teile römischer Kultur durch die Stürme der Völkerwanderung herübergerettet. Vor allem war es die Kirche, welche diese Güter tradierte. Doch als Karl der Große zu Weihnachten des Jahres 800 in Rom durch Papst Leo III. gekrönt wurde, bestand das Weströmische Reich nicht mehr. Nur sehr bald aber im Tresor des vormaligen Bankhauses Anton Cohn, Königstraße 26, deponiert. Sie sollen vor möglichen Luftangriffen geschützt werden. Der städtische Luftschutzdezernent Dr. Konrad Fries sorgt nicht nur energisch dafür, daß für tausende Menschen unter der Nürnberger Burg Luftschutzräume geschaffen werden, er läßt auch besondere Schutzräume für die Fülle wertvollsten Kunstgutes der Nürnberger Kirchen und Museen errichten.[72] Auch die Aachener bringen die 1914 angefertigten Kopien mit ihrem Domschatz nach Mitteldeutschland in Sicherheit.[73] Die Beschäftigung mit Luftschutzangelegenheiten ist zu Beginn des Krieges alles andere als populär. Nach der nationalsozialistischen Doktrin des sicher zu erwartenden Sieges ist jedes mehr als formelle Bestreben nach Schutz vor zu befürchtenden schweren Luftangriffen des Defätismus verdächtig. Auch gehen die Ansichten, wo und wie Kunstwerke zu bergen sind, bis zuletzt auseinander: bombensichere Unterbringung an Ort und Stelle oder Bergung am flachen Land. Dr. Fries vertritt von Anfang an den Standpunkt, die Kunstwerke der Stadt Nürnberg bombensicher in Nürnberg selbst zu bergen. Er läßt hierfür innerhalb der Stadt nicht weniger als drei Kunstluftschutzbunker errichten, die nicht nur der Unterbringung der Kunst- und Kulturgüter aus städtischem Besitz und der Kirchen, sondern auch der Bergung der Spitzenwerke des Germanischen Nationalmuseums sowie anderer öffentlicher und privater Eigentümer dienen. Ebenso benützen auswärtige Stellen diesen Bunker. So werden dort beispielsweise die berühmte Heidelberger Manessische Handschrift und eine der vier Bilderhandschriften des Sachsenspiegels geborgen.[74]

Einer der drei Kunstbunker ist durch die Obere Schmiedegasse 52 zugänglich. Dieser alte Felsenkeller wird besonders sorgfältig trockengelegt, gehörig abgesichert und mit Klimaanlagen versehen.[75] Schließlich werden die Reichskleinodien am 23. Februar 1940 in diesen bombensicheren Bunker gebracht, und zwar in Zelle 3, die unmittelbar unter dem Fels der Kaiserburg liegt.[76] Als dem wohl bestgeschützten Raum kommt der Zelle 3 eminente reale Bedeutung zu, darüber hinaus ist der Ort – er liegt unmittelbar unter der Kaiserburg – auch nicht ohne symbolische Relevanz. Die bombensicher geborgenen Reichskleinodien werden periodisch auf ihren Erhaltungszustand geprüft. Dr. Kohlhaußen inspiziert sie im April 1940. Der Befund ist durchaus befriedigend.[77] Liebel ordnet Ende Oktober 1942 an, daß für die kunstwissenschaftliche und konservatorische Betreuung der Reichskleinodien die Galerien und Kunstsammlungen der Stadt Nürnberg zuständig sind. Offenbar will er ihre enge Beziehung zur Nürnberger Stadtverwaltung noch deutlicher machen.[78] Im September 1942 werden die Behältnisse, in denen die Reichskleinodien verwahrt sind, wieder geöffnet. Der Kaisermantel befindet sich in einwandfreiem Zustand. Die Kiste mit Reichsapfel und Szepter zeigt Spuren vom Holzwurm und muß vergast werden. Der Behälter der Krone weist Schimmelspuren auf. In sämtlichen Behältnissen hat daher die Holzwolle der Glaswolle zu weichen. Im Behältnis des Mauritiusschwertes zeigen sich Spuren von Mottenfraß. Man mottet es ein.[79]

Im Sommer 1944 bemüht Reichspropagandaminister Dr. Goebbels die Stadt Nürnberg und den Chef der Reichskanzlei wegen der Reichskleinodien. Der durch den Film »Michelangelo« bekanntgewordene Regisseur Kurt Örtel dreht eben den abendfüllenden Streifen »Die Deutschen«; ein groß angelegter Versuch, die deutsche Geschichte in Dokumenten und Baudenkmälern darzustellen. Der Nürnberger Oberbürgermeister lehnt ab. Die Reichskleinodien seien geheim und bombensicher untergebracht. Es erscheine unerwünscht, den Aufbewahrungsort einem weiteren Kreis bekanntzumachen. Angesichts der Luftlage wäre es überdies bedenklich, die Kleinodien auch nur für kurze Zeit aus dem bombensicheren Verwahrungsort herauszunehmen. Überhaupt sei es erwünscht, nichts zu unternehmen, was die öffentliche Aufmerksamkeit auf die Reichskleinodien und ihre Verwahrung in Nürnberg lenken könnte.[80] Dr. Goebbels, der das Filmprojekt wärmstens befürwortet, muß die Bedenken zur Kenntnis nehmen. Optimistisch jedoch läßt er Lammers mitteilen, daß die Aufnahmen eben zu einem späteren, günstigeren Zeitpunkt nachgeholt werden.[81]

Damit hat es bis Kriegsende sein Bewenden. Erst im März/April 1945 wird das Schicksal der Reichskleinodien wie auch schon in vergangenen Jahrhunderten eine unerwartete Wendung nehmen. Vor allem ihr Symbolgehalt, ihre Bedeutung für Menschen deutscher Zunge und die drohende Niederlage des Dritten Reiches werden ihr Schicksal bestimmen.

Befassen wir uns also zunächst mit dem Sinngehalt der Reichskleinodien. Woher stammen sie, welchem Bedeutungswandel waren sie im Laufe der Jahrhunderte unterworfen?

3. Kapitel

Das Heilige Römische Reich Deutscher Nation

Die Zeiten, in denen der Monarch die Fülle der Gewalt in Händen hatte, sind längst vorüber. Dennoch gelten Krone, Szepter und Reichsapfel auch heute noch als Inbegriff der Macht. Die Faszination, die von diesen Insignien ausgeht, ist noch nicht erloschen. Allerdings haben die Ursachen hierfür bedeutende Wandlungen durchgemacht. Das trifft vor allem auf die Insignien des römisch-deutschen Kaisertums zu. Das Imperium, über das die Träger dieser Insignien herrschten, nannte sich Heiliges und später überdies Heiliges Römisches Reich. In diesen Bezeichnungen drückte sich im Hinblick auf Macht und Größe des untergegangenen Römischen Weltreiches ein bemerkenswerter Anspruch aus, hatte sich doch damit das Heilige Römische Reich zu dessen Nachfolger und damit gleichsam zum Beherrscher der damaligen Welt ernannt, ein Anspruch, der durch die Bezeichnung heilig ins Überirdische gesteigert erschien, aus dem sich die irdische Herrschaft ableiten sollte. Mitte des 11. Jahrhunderts erreichte die kaiserliche Macht ihren Höhepunkt; kurz darauf begann mit dem Investiturstreit ihr Abstieg, um im Interregnum in völlige Ohnmacht zu fallen. Nach der Wahl Rudolf von Habsburgs nahm das Ansehen des Kaisers wohl zu, ohne jedoch jemals wieder jene Höhe zu erreichen, zu der sie die sächsischen und salischen Kaiser geführt hatten. Schließlich verfiel das Kaisertum mehr und mehr, so daß man sich nicht scheute, das Reich im

17. Jahrhundert »irregulare aliquid corpus et monstro simile – irgendein undefinierbares Etwas und einem Monster ähnlich«[1] zu bezeichnen. Formell ging das Reich in den Wirren der napoleonischen Periode 1806 unter, als der Habsburger Franz II. die römische Kaiserwürde ablegte.

Nicht zu Unrecht stellt sich die Frage, ob der anspruchsvolle, ja monströse Titel, der dem Reich verliehen worden war, überhaupt jemals zurecht bestand. War das Reich heilig? Erblickt man im Primat des Kaisers der Kirche und dem Papste gegenüber die Voraussetzung für ein »Heiliges Reich«, dann währte dieser Anspruch von Otto I., dem Großen, (936–973) bis zum Ausgang des Investiturstreites (1075–1122). Ab diesem Zeitpunkt hatten sich Papst und Kirche aus der Potestas des Kaisers emanzipiert. Interessanterweise führte das Reich das Prädikat »heilig« nicht in seinem Titel, als es tatsächlich dazu legitimiert gewesen wäre. Kraft der zu dieser Zeit herrschenden Überzeugung, daß der Kaiser Stellvertreter Gottes auf Erden ist, und kraft der damals herrschenden Machtverhältnisse, durch welche diese Idee verwirklicht werden konnte, *war* das Reich heilig. Reale Existenz legitimiert sich durch sich selbst. Es bestand keine Notwendigkeit, die Tatsache besonders hervorzukehren. Erst nachdem die geistliche Macht des Kaisers auf den Papst übergegangen war, von einem sacrum imperium also nicht mehr gesprochen werden konnte, suchte der Kaiser seinen nunmehr schon verlorenen Anspruch verbal zu reklamieren. So blieb es Friedrich I., Barbarossa, (1152–1190) vorbehalten, dem Reich den Titel »sacrum imperium« zu einem Zeitpunkt zu verleihen,[2] als das Kaisertum schon der geistlichen Macht entkleidet war.

War das Reich römisch? Im realen Sinn wohl nie. Gewiß hatten sich die lateinische Sprache und Teile römischer Kultur durch die Stürme der Völkerwanderung herübergerettet. Vor allem war es die Kirche, welche diese Güter tradierte. Doch als Karl der Große zu Weihnachten des Jahres 800 in Rom durch Papst Leo III. gekrönt wurde, bestand das Weströmische Reich nicht mehr. Nur

4. Kapitel

Die Reichskleinodien

Wer sich mit den Reichskleinodien befaßt, kommt nicht umhin, sich der Mühe zu unterziehen, Sinn, Bedeutung, Herkunft und künstlerischen Rang des Kronschatzes zu betrachten. Er hat sein Interesse für den Ablauf des Schicksals der Kleinodien noch etwas zu zügeln.

Als Reichskleinodien werden alle jene politisch, religiös, historisch und künstlerisch bedeutsamen Gegenstände begriffen, die seit Jahrhunderten das römisch-deutsche Königs- und Kaisertum repräsentierten, dessen imperial-sakralen Charakter demonstrierten und ihm als Zeichen und Zierde dienten. Demzufolge unterscheidet man üblicherweise die Reichsinsignien, das sind die dem Königs- und Kaisertum unmittelbar zuzuordnenden Objekte, die herrscherlichen Hoheitszeichen also, wie Krone, Heilige Lanze, Reichsapfel; die Reichsheiltümer, das sind die von alters her verehrten christlichen Reliquien; und den Reichsornat, das sind die vom Herrscher bei den Krönungsfeierlichkeiten getragenen Gewänder. Den vormaligen mittelalterlichen Aufbewahrungsorten nach kann eine Unterscheidung zwischen den sogenannten Nürnberger und Aachener Reichskleinodien getroffen werden.

Die Reichsinsignien garantierten bei den Krönungen jeweils die Inkarnation des Heiligen Römischen Reiches. Ihrem ursprünglichen imperial-sakralen Charakter, ihrer Funktion insbesondere von Speer und Krone als machtbegründenden Hoheitszeichen, gesellte sich im späteren Mittelalter auch der Charakter als Reliquie zu, eine Eigenschaft, die sie – jedenfalls in Nürnberg – mit der Reformation einbüßten. Schließlich wirkten die Reichsinsignien weder machtbegründend noch haftete ihnen der alte religiöse Charakter an, sie waren nur noch Abzeichen der Könige und Kaiser.[1] Seit Kaiser Franz II. die Krone des Heiligen Römischen Reiches Deutscher Nation 1806 niedergelegt hat, haben die Reichsinsignien auch diese Funktion verloren. Seither zieren sie mit einer kurzen Unterbrechung die Wiener Schatzkammer als historische Erinnerungs- und Besinnungsstücke von höchstem künstlerischen und geschichtlichen Wert.

Die wichtigsten Reichskleinodien will die Sage im Grabe Kaiser Karls des Großen aufgefunden wissen, als Otto III. dieses Grab im Mai des Jahres 1000 öffnen ließ. Vor länger als zweihundert Jahren berichtet ein Aachener Geschichtschreiber: »Was Otto nun von den königlichen Insignien habe herausnehmen lassen, desfalls sind die Geschichtsschreiber in ihren Verzeichnissen sehr weit auseinander; einige benennen nur den goldenen Stuhl, das an den Hals gefundene Kreuz und einen Theil der noch unvermoderten Kleidung; ... andere aber gehen weiter, zählen zu den herausgenommenen Sachen die Krone, das Scepter, den Reichs-Apfel und Rock nebst dem übrigen Geräthe und fügen hinzu: Otto hätte diese Stücke nach Nürnberg geschickt, damit selbige zu den künftigen Krönungen gebraucht werden sollten; das Evangelien Buch jedoch, wie auch des Karls Schwert hätte er der Aachener Krönungs-Kirche gelassen.«[2] Dieser Bericht gehört in den Bereich der Fabel. Ausgenommen das Reichsevangeliar und die Heilige Lanze, möglicherweise auch die Stefansbursa, datieren alle Reichskleinodien aus der Zeit nach dem Tod Karls des Großen. Und die Heilige Lanze gelangte erst im 10. Jahrhundert in den Besitz der deutschen Könige. Man könnte also theoretisch lediglich das Reichevangeliar, allerdings ohne den heutigen Einband, der aus späterer Zeit stammt, und vielleicht die Stefansbursa im Grabe vorgefunden haben.

Die Reichsinsignien

Die Wiener Krone

Die größte Faszination übt auf den Besucher der Weltlichen Wiener Schatzkammer in der Hofburg wohl die Krone des Heiligen Römischen Reiches aus. Auch heute noch wird sie häufig und fälschlicherweise als Krone Karls des Großen bezeichnet. Diese Bezeichnung war seit dem 14. Jahrhundert gebräuchlich.[3] Ihre Entstehung ist jedoch erst nach dem Tode des großen fränkischen Herrschers anzusetzen. Weder das genaue Datum noch der Ort der Herstellung sind bekannt. Nahm man ursprünglich an, sie sei nach 1027 hergestellt worden,[4] datierte man die Entstehungszeit später um das Jahr 993,[5] so vermeint die Wissenschaft nunmehr gute Gründe dafür anführen zu können, daß die Krone schon vor 980 entstanden[6] und schon von Otto dem Großen (936–973) getragen worden ist.[7] Als Herstellungsraum werden Deutschland, Burgund und Sizilien vermutet, ja selbst bestimmte Orte wie Fulda[8] und die Insel Reichenau im Bodensee[9] werden genannt. Die neue Forschung vertritt die Meinung, die Krone sei das Werk eines örtlich nur schwer zu lokalisierenden Goldschmiedeateliers, dessen Mitarbeiter, gleich Mitarbeitern mittelalterlicher Bauhütten, von Ort zu Ort, in unserem Falle von Aufenthaltsort zu Aufenthaltsort den Herrschern folgten und nur aus besonderen Gründen, beispielsweise um ein großes Werk anzufertigen, an einem für ihre Arbeit geeigneten Ort zurückgelassen wurden.[10]
Bei der Reichskrone handelt es sich um eine achteckige sogenannte Plattenkrone. Sie umfaßt vier mit Bildern und vier mit Edelsteinen gezierte Platten. Auf den vier Bildplatten sind die alttestamentarischen Könige David und Salomon, der Prophet Jesaja mit König Hiskia und der Pantokrator dargestellt. Auf dem von König David getragenen Spruchband findet sich der Psalmenvers: »Honor regis iudicium diligit – Der ehrenhafte Kö-

nig liebt den Rechtsspruch«, Auftrag an den Träger der Krone, Gerechtigkeit zu üben. König Salomons Schriftband enthält den Spruch: »Time Dominum et recede a malo – Fürchte Gott und meide Unrecht«: Mahnung an den Herrscher, die Gebote Gottes zu befolgen, selbst nicht Unrecht zu tun und Unrecht nicht zu dulden. Auf der dritten Platte sind König Hiskia und der Prophet Jesaja abgebildet: »Ecce adiciam super dies tuos XV annos – Wohlan, ich will zu deinen Lebenstagen noch 15 Jahre hinzufügen.« Vielleicht die alttestamentarische Ausprägung des späteren »Lang lebe der König!«. Auf der vierten Bildplatte ist die Göttliche Majestät, der Pantokrator, mit einem Spruch Salomons abgebildet: »Per me reges regnant – Durch mich regieren die Könige«, jener Sentenz, auf die sich das Gottesgnadentum gründet, denn die Macht des Herrschers wird ihr zufolge unmittelbar von Gott verliehen. Davon leitet sich die Verbindung des Herrschers und des Priesters – rex et sacerdos – in der Person des Kaisers her. Für den Kaiser ergab sich daraus sein Supremat dem Papst gegenüber, und umgekehrt behauptete der Papst mit der gleichen Begründung seine Vorherrschaft gegenüber dem Kaiser.
Unter den Edelsteinen ist besonders hervorzuheben der sogenannte »Waise«, ein hell glänzender Stein, der dort seinen Sitz hatte, wo heute der herzförmige Saphir im Scheitelbogen der Stirnseite angebracht ist. Es dürfte sich um einen Edelopal gehandelt haben. Solche Steine genossen im Altertum großes Ansehen, rühmte man doch neben ihrer Leuchtkraft auch ihre Fähigkeit, die Farben der Edelsteine und auch alle ihre Tugenden in sich zu vereinen. Dieser Leitstern der Reichskrone wird zum ersten Mal 1198 von Walther von der Vogelweide erwähnt. Das Epos von Herzog Ernst, das etwa um die gleiche Zeit entstanden ist, erzählt, der Herzog habe den Waisen Kaiser Otto überbracht.[11] Nach 1350 wird der Stein nicht mehr erwähnt, er ist verlorengegangen. Man will wissen, der Luxemburger Karl IV. habe ihn »aus der Kaiser Krone genommen und ihn in die Böhmische setzen lassen«.[12] Von der Stirnplatte zur Nackenplatte wölbt

sich der (später unter Konrad II. angebrachte) sogenannte Bügel. Er dürfte ein Relikt des Helmes sein, den der römische Herrscher trug. Antike und alttestamentarische Formen kommen aus dem Orient; die Juden haben ja babylonische Herrschaftszeichen übernommen, und das christliche Mittelalter übernahm die Traditionen der Bibel.[13]

Neben der Heiligen Lanze, welche der Krone eine Zeit lang an Bedeutung gleichkommt und sie darin sogar übertrifft, gilt die Krone ab der Stauferzeit als wichtigstes Herrschaftszeichen der deutschen Könige und der römisch-deutschen Kaiser.[14] Nur wer im Besitz der Heiligen Lanze und später im Besitz der Reichskrone ist, kann für sich in Anspruch nehmen, der wahre Herrscher zu sein.[15] Die Krone legitimiert ihren Träger nicht nur, sie gilt gleichsam als die »personifizierte« oberste Macht des Reiches. Nicht umsonst kann 1316 die Burgvögtin von Kyburg, Margret von Landsberg, sagen »do daz Rich bi mir ze Kyburg was«.[16] Als sie die Reichskrone beherbergt, hat sie das Reich zu Gast. Nicht umsonst trachten die deutschen Könige und römisch-deutschen Kaiser, die Reichskrone stets sicher in ihrem Besitze zu bewahren, nicht umsonst ist bei strittiger Nachfolge die Krone Gegenstand des Streites. »Die Insignien können nicht einfach als ›Symbole‹ verstanden werden; sie sind das, was sie vertreten und im Bilde darstellen. Die Überreichung der Insignien bei der Krönung bedeutet… ganz real die Übertragung der Herrschaft. Die Insignien an sich genügen zur rechtlichen Vertretung des Herrschers, durch sie wird das heilige Amt des Herrschers repräsentiert… Sie verbürgen die Rechtmäßigkeit der Herrschaft ihres Besitzers, daher ist ihr Besitz von entscheidender Wichtigkeit bei der Thronfolge, um sie wird wie um das Reich gekämpft.«[17] Die Verfügungsgewalt über die Insignien ertüchtigt den Besitzer zum Herrn des Reiches.[18] Darüber hinaus wird im Symbolgehalt der Reichskrone »ein politisches Bekenntnis zur Einheit von Priester- und Königtum im politischen Herrscher« erblickt.[19] Die Wissenschaft geht so weit, in der Reichskrone ein signum sanctitas, ein Zeichen der

Heiligkeit, zu erblicken, das komme insbesondere in der alt- und neutestamentarischen Zahlen-, Edelstein- und Farbsymbolik, die sich in der prächtigen Gestaltung, der Art und Anzahl der Edelsteine und den Abbildungen auf den Kronblättern offenbare, zum Ausdruck. Vor allem die biblischen Zahlen zwölf und einhundertvierundvierzig sowie die Acht spielten eine große Rolle. Die Anzahl der Edelsteine und Perlen sowie deren Anordnung bauen auf der Zahl zwölf auf oder lassen sich auf diese Zahl zurückführen. In der Apokalypse werden zwölf Stämme Israels genannt (Apoc. 7,3 ff.), Jesus schart zwölf Jünger um sich, vor allem aber nennt die Offenbarung als Grundsteine des himmlischen Jerusalem zwölf Steine namentlich. (Apoc. 21)[20] Die Reichskrone als einzige oktogonale Krone des frühen Mittelalters wird mit der Tatsache in Verbindung gebracht, daß sich das Achteck immer wieder mit dem Kaisertum verknüpft. Beispielsweise sind zu nennen die Pfalzkapelle Karls des Großen in Aachen, die Aachener Leuchterkrone,[21] das Castel del Monte Friedrichs II.[22] Das Oktogon ist Ergebnis im Winkel übereinandergelegter Quadrate. Die Wissenschaft kommt in diesem Zusammenhang zu der vielleicht etwas kühnen Annahme, die vier nur mit Steinen besetzten Seitenplatten der Reichskrone stellten das in der Apokalypse mit quadratischem Grundriß ausgestattete himmlische Jerusalem dar. Dieses Quadrat werde durch das zweite, ebenfalls mit vier bildlichen Darstellungen aus dem Alten Testament gebildete Quadrat geschnitten. Dieses zweite Quadrat, auf dem der Pantokrator, die biblischen Könige David und Salomon sowie der Prophet Jesaja vor dem kranken König Hiskia abgebildet sind, stelle den alttestamentarischen Vorläufer des römischen Kaisertums dar. In der Überschneidung beider Quadrate, des Roma quadrata und des Hierosolyma quadrata, finde die achteckige Form der Reichskrone ihre Begründung.[23] Eine mögliche und schöne – vielleicht aber zu schöne – Konstruktion. Alles in allem ein in Gold und Edelstein gefaßtes Programm, das auf einer Verbindung von Jerusalem und Rom, von Königtum und

Propheten, basierend auf Altem und Neuem Testament, auf eine Verbindung alttestamentarischen Hohenpriestertums und Königtums abgeleiteter weltlicher und geistlicher Macht, irdischer und himmlischer Herrschaft hinweise. Die Krone sei letztlich also, jedenfalls zur Zeit ihrer Entstehung unter Otto I., dem Großen, – wir erwähnten es schon – ein signum sanctitatis gewesen.[24] Eine Behauptung, die in dieser Form nicht unwidersprochen blieb,[25] aber keineswegs ohne weiteres von der Hand gewiesen werden kann, bedenkt man, daß sich Otto der Große beispielsweise im Salbungs- und Krönungsritus als »rex et sacerdos«, als König und Priester, bezeichnete, und um 960 im in Mainz niedergeschriebenen Ordo für die Krönung des jungen Otto II. der Herrscher erstmals als Stellvertreter Christi, als »vicarius Christi«, bezeichnet wird.[26]

Die Reichskrone wird zur Krönung der Herrscher zu deutschen Königen, zu römischen Königen und zu römisch-deutschen Kaisern verwendet. Ist der Akt der Kaiserkrönung bei Karl dem Großen, wenn auch durch den Papst vollzogen, noch eine weltliche Handlung, so erhält er in der Zeit Ottos I. theokratischen Charakter; leitet sich das Recht der Herrschaft als deutscher König vom Besitz der Insignien ab, so liegt insbesondere nach dem Sieg des Papsttums über das Kaisertum nach dem Investiturstreit (1075–1122) das Schwergewicht der Kaiserkrönung nicht mehr bei den Insignien, sondern beim Konsekrator, dem Papst also. Im Spätmittelalter ist mit der Konsekration kaum mehr als der Titel verbunden. Die deutschen Könige legen sich schließlich den Kaisertitel zu, ohne zum Kaiser gekrönt worden zu sein.[27] Als letzte deutsche Kaiser lassen sich Friedrich III. 1452 in Rom und Karl V. 1530 in Bologna durch den Papst zum Kaiser krönen. Damit hat der Papst die Rolle als Konsekrator ausgespielt.

Wissenschaftlichen Befunden zufolge handelt es sich bei der Heiligen Lanze um eine im 8. oder 9. Jahrhundert gefertigte sogenannte Flügellanze. Anhaltspunkte dafür, daß sie als »Königslanze« angefertigt worden wäre, fehlen. In der reliquiengläubigen Zeit des Mittelalters wurde sie zum Reliquienträger ausgestaltet, indem man in der Mitte des Lanzenblattes den »Heiligen Nagel« einfügte, einen Nagelpartikel, dem man zuschrieb, er stamme vom Kreuz Christi.[28] Die Heilige Lanze war »der verkörperte Inbegriff der Macht und der Stärke des Reiches«. In ihrem Bedeutungswandel wird erkennbar, wie der sakrale Grundgehalt dieser Insignie immer stärker durchbricht: Die Lanze, die auf den germanischen Stab des Königs und Gottkönigs Wotan zurückgeht, trat zunächst als die »Lanze des Mauritius« ins deutsche Geschichtsbewußtsein des Mittelalters:[29] Mauritius war Offizier der legendären Thebäischen Legion. Sie setzte sich nur aus Christen zusammen. Zur Bekämpfung eines Aufstandes führte Maximianus 284/285 die Legion aus dem Orient nach Gallien. Nahe dem alten Agaunum in der Schweiz schlug sie das Lager auf. Dort erhielt sie vom Kaiser den Befehl, »Christen zur Marter herbeizuschleppen«. Die Legionäre weigerten sich, dem Befehl gegen ihre Glaubensbrüder nachzukommen. Zunächst ließ Maximianus jeden zehnten Mann hinrichten, um die Ausführung seines Befehls zu erzwingen. Der Erfolg blieb aus. Maximianus befahl nochmals, jeden zehnten Mann zu töten. Auch diese Bluttat zeitigte nicht das gewünschte Ergebnis. Als auch die dritte Aushebung jedes zehnten Legionärs und dessen Tötung erfolglos blieb und die Offiziere, darunter vor allem Mauritius, die Legionäre aufgefordert hatten, standhaft zu bleiben, wurde die Thebäische Legion von der gesamten Armee umringt und auf Befehl Maximianus – wie es in einem Bericht heißt – »in Stücke gehauen«. Etwa sechstausend christliche Legionäre sollen dabei den Tod gefunden haben. Einer anderen Version zufolge sei die Ursache für diese

Bluttat die Weigerung der Legion gewesen, den »Fahneneid« auf dem Altar der römischen Götter abzulegen. In der römischen Armee hatten sich die Christen außerordentliche Achtung und besonderen Ruhm wegen ihrer Tapferkeit erworben. Abweichend von den übrigen Legionären galt für sie eine besondere Eidesformel. Mit ihr wurde den Ansprüchen des Kaisers Genüge getan, ohne das Gewissen der Christen zu belasten. Maximianus nun sei fest entschlossen gewesen, alle Legionäre ohne Unterschied der Religion zu zwingen, den Eid auf die römischen Götter zu leisten. Er verlangte diesen Schwur auch von den Soldaten der Thebäischen Legion. Ihre Weigerung habe schließlich zu dem Massaker geführt. Ein Kirchenmann schildert das schreckliche Gemetzel: »Augenblicklich war das Tal mit Leichen angefüllt, und in der Mitte sah man einen Strom des Blutes durchfließen.«[30] Der Legende nach soll die »Heilige Lanze« jene Waffe gewesen sein, die dem besagten Mauritius, der später heiliggesprochen wurde, gehörte. Die ihr schließlich zugeschriebene wundertätige Wirkung hat sie nicht schon bei dem durch Maximianus befohlenen Blutbad unter Beweis gestellt. In den Augen der Gläubigen erhielt sie diese Macht und Stärke erst infolge des Martyriums des Mauritius und der 6000 Legionäre. Später schrieb man ihr zu, die Lanze des Longinus gewesen zu sein, jenes legendären römischen Hauptmannes, der nach dem Johannesevangelium Jesus mit der Lanze in die Seite stieß.[31]

Wie gelangte die Lanze in den Besitz der deutschen Könige und römischen Kaiser? Ein Graf Samson, der dem maßgebenden Adel Norditaliens angehörte, soll 921/922 König Rudolf II. von Burgund gebeten haben, den Kaiser Berengar aus Italien zu vertreiben. Bei dieser Gelegenheit habe er dem Burgunderkönig die Lanze überreicht. Die Überreichung der Lanze kann nur aus der Bedeutung erklärt werden, die die Lanze erlangt hatte. Sie war nicht nur Reliquie höchsten Ranges, sondern zugleich Herrschaftszeichen, das mit der Krone auf gleicher Stufe stand und sie zeitweise sogar an Bedeutung übertraf.[32] Was sie den deutschen

Königen bedeutete, ist auch daraus zu ersehen, daß König Heinrich I. für die Lanze 926 oder 935 an den Burgunderkönig einen exorbitanten Preis zahlte, nämlich die Südwestecke des Deutschen Reiches (Regnum Theutomicum) mit der Stadt Basel.[33]
Man schrieb der Heiligen Lanze überirdische Kräfte zu, die ihrem Besitzer zum Sieg über seine Feinde verhalfen. So siegte Otto I. in der Schlacht bei Birten (939); vor dem Kampf war er vor der Lanze niedergekniet und hatte ein Gebet gesprochen. Mit der Heiligen Lanze in der Hand kämpfte er 955 auf dem Lechfeld gegen die Hunnen und besiegte sie.[34] Ein Sieg der Heiligen Lanze? Gewiß ein Sieg des Heeres Ottos I., das durch seine militärische Stärke und seinen kämpferischen Geist, sicherlich auch bestärkt durch den Glauben an die Lanze, über die Hunnen triumphierte. Der errungene Sieg aber erhöhte wieder das Ansehen der Lanze. 996 ließ sich Otto III. die Lanze voraustragen, als er nach Rom zog, um sich dort zum Kaiser krönen zu lassen;[35] er führte sie bei sich, als er 1001 in Rom von einem Aufstand der Römer überrascht wurde. Als Ottos Leichnam nach Aachen übergeführt wurde, schickte der Erzbischof Heribert von Köln die Lanze voraus und zögerte, sie Heinrich II. auszuhändigen, der sie auf Grund seines Erbrechtes forderte. Der Erzbischof hielt den Kaiserhort zurück, um sich auf die Entscheidung, wer Otto III. auf den Thron folgt, seinen Einfluß zu bewahren. Nur wer die Lanze besaß, war als rechtmäßiger Herrscher ausgewiesen. Heinrich II. ließ den Kölner festsetzen und zwang ihn so, die Lanze herauszugeben.[36] 1075 ließ Heinrich IV. in der Schlacht gegen die Sachsen die Heilige Lanze zwar voraustragen, gab sie jedoch während des Kampfes in die Obhut eines Priesters.[37]
Im 11. Jahrhundert verlor die Lanze mehr und mehr an Bedeutung als führende Reichsreliquie, als auch an anderen Orten, wie Konstantinopel und Palästina, andere Heilige Lanzen auftauchten; ebenso rühmten sich Frankreich und England, im Besitze der Passionslanze zu sein.[38] Unter dem Luxemburger Karl IV., dem großen Reliquienverehrer, nahm ihr Ansehen 1354 wieder einen

neuen – allerdings ausschließlich religiösen – Aufschwung. Auf Bitte des Kaisers führte Papst Innozenz VI. das Fest der Heiligen Lanze ein, das in Deutschland und Böhmen »ewig« gefeiert werden sollte.[39]

In den Bereich des Aberglaubens glitt 1467 der Wunsch des Herzogs Sigmund von Tirol an den Nürnberger Rat ab, er möge ihm zwei Maß Wein schicken, in welche die Lanze getaucht worden war; er hätte gehört, dieser Wein sei gegen »Leibstechen« gut. Die Nürnberger kamen dem Wunsche des vom Leibstechen geplagten Herzogs nach.[40] Nachrichten darüber, ob Herzog Sigmund der Wein nur zu Kopf gestiegen ist, oder ob er ihm das Stechen tatsächlich aus dem Leib vertrieben hat, liegen nicht vor.

Im Gegensatz zu wissenschaftlich gesicherten Fakten über Herkunft, Bedeutung und Funktion der Heiligen Lanze versteigt sich ein Trevor Ravenscroft in seinem Buch »Der Speer des Schicksals« zu okkulten, ja obskuren Behauptungen. Zunächst behauptet er, die Gedanken eines verstorbenen Dr. Walter Johannes Stein wiederzugeben: Dieser »wußte mehr über Adolf Hitlers Privatleben als jeder andere heute (1972) lebende Mensch«.[41] Stein hätte mit Hitler in dessen Wiener Zeit 1912 und 1913 über die Heilige Lanze lange Diskussionen geführt.[42] »Wer den Speer besaß und die Mächte verstand, denen er diente, hielt das Schicksal der Welt auf Gedeih und Verderb in seinen Händen. Diese Legende, die sich durch zwei Jahrtausende des Christentums erhielt, hat im zwanzigsten Jahrhundert ihre furchtbare Erfüllung gefunden.«[43] Hitler und Stein hätten über diesen Speer angeregt diskutiert, »den Talisman der Macht, der zum Angelpunkt in Hitlers Leben werden sollte und zur eigentlichen Quelle seiner ehrgeizigen Pläne, die Welt zu erobern«.[44] Hitlers Sinnen und Trachten wäre daher darauf gerichtet gewesen, den Speer in seine Hände zu bekommen.[45] Als Hitler im Herbst 1938 den Speer mit den übrigen Reichskleinodien nach Nürnberg bringen ließ, wäre Eingeweihten klar gewesen, »daß die Ankunft des Schicksalsspeeres in Deutschland das Signal zum Ausbruch von Feindseligkeiten war. Nach weniger als einem Jahr befand sich die Welt im Krieg.«[46] Wie einfach ist doch die Weltgeschichte für Mitglieder spiritistischer Zirkel und Teilnehmer an Séancen. Im übrigen müßten, folgte man Steins Phantasmagorien, die Österreicher auf der Hut davor sein, daß sich nicht beispielsweise ihr amtierender Bundeskanzler heimlich des Speeres bemächtigt und damit die Welt erobert. Eine obskure Geschichte. Warum sich mit solchen Phantastereien überhaupt befassen? Eine durchaus berechtigte Frage. Doch diese Hirngespinste werden seit 1972 in einer englischen und zwei deutschen Auflagen verbreitet und gelesen. Wohl oder übel muß man sich also mit ihnen auseinandersetzen, um sie dorthin zu rücken, wohin sie gehören: in den Bereich der Phantasie.

Aber schon Jahre vor der erstmaligen Veröffentlichung dieses Machwerkes erschien 1961 in einer englischen Zeitung ein Artikel, der sich ebenso reißerisch wie falsch mit der Heiligen Lanze befaßte. Die Gazette stütze sich dabei – jedenfalls zum Teil – angeblich auf Angaben der Witwe des schon bekannten Okkultisten Dr. Walter Johann Stein. Kurz die Geschichte: Am Abend des 13. März 1938 wäre der SS-Sturmbannführer Konrad Buch, Referent Hitlers für weltanschauliche Fragen, mit einem Kommando von SS-Leuten in die Wiener Schatzkammer eingedrungen und zielsicher zu jener Vitrine geeilt, in der auf einem Tuch eine alte, verwitterte Speerspitze lag. Halb ehrfürchtig, halb ungeniert hätte Buch das Stück Eisen aus der Vitrine genommen und den SS-Leuten verkündet: »Die Heilige Lanze! Der Schicksals-Speer!« Zu dieser Zeit hätte Hitler mit seinen Paladinen im Festsaal der Hofburg bei einem Bankett den Anschluß Österreichs an das Dritte Reich gefeiert. Aus der Schatzkammer wäre Sturmbannführer Buch in die Hofburg geeilt. Der phantasiereiche Autor zeichnet ein farbiges Bild. Als Buch »in voller Uniform mit seinen Männern dort erscheint, verstummt das laute Gemurmel. Man weicht zurück. Buch tritt vor Hitler, schlägt die Hacken zusammen und salutiert mit ausgestrecktem Arm. Es herrscht beklemmende Stille. Viele der eingeladenen Österreicher haben das kleine Stück Eisen erkannt, das da dem neuen Herrn Österreichs überreicht wird.«[47]

Eine publikumswirksame Story. Sie hat nur einen Fehler: Sie ist von A bis Z falsch. Am Abend des 13. März 1938 befand sich Hitler weder in der Hofburg noch überhaupt in Wien. Vom 13. zum 14. März hielt er sich in Linz auf. Er verließ Linz erst am 14. und traf in Wien um 17.30 Uhr ein.[48] Der Direktor der Wiener Schatzkammer, Dr. Arpad Weixlgärtner, der bis 16. März im Amte und bis zu diesem Zeitpunkt mit allen Geschehnissen vertraut war, berichtet in seinem ausführlichen Tagebuch nichts davon; die freie Erfindung eines phantasievollen Journalisten also.

Damit aber nicht genug. 1961 werden neue Phantastereien veröffentlicht. In einer deutschen Zeitung gibt ein Dr. Heinrich Heinen kund: »Es scheint festzustehen, daß Hitler die ›Heilige Lanze‹, die nach mittelalterlicher-christlicher Überlieferung die Lanze der ›Unbesiegbarkeit in der Schlacht‹ war, in kritischen Situationen seines Weltkrieges bei sich hatte.« Tiefgründig stellt Heinen schließlich fest, gegen Ende des Krieges habe Hitler nicht mehr geglaubt, daß ihm die Lanzenspitze, die er in Wien in Besitz nahm, noch Glück bringen werde; er hätte sie nach Nürnberg in die Obhut des Germanischen Nationalmuseums bringen lassen.[49]

Ein profunder Unsinn. Die Heilige Lanze wurde zwischen 1938 und 1945 nie aus dem Gesamtverband der Reichskleinodien entfernt. Bis zum 29. August 1938, dem Zeitpunkt des Abtransportes der Kleinodien nach Nürnberg, befand sie sich in der Wiener Schatzkammer, vom 30. August 1938 bis 4. Januar 1946 in Nürnberg; hier aber auch niemals im Germanischen Nationalmuseum.[50] Es gibt keinen einzigen ernstzunehmenden Hinweis, daß die Heilige Lanze auch nur für eine Stunde aus dem Verband der Reichskleinodien, insbesondere durch Hitler oder einen seiner Parteigänger, entnommen worden wäre.

War der Mensch des Mittelalters noch davon überzeugt, daß die

Heilige Lanze dem Herrscher und Volk »Heil« bringt und auch den Segen des Himmels garantiert, so ist die Lanze der dem Aberglauben nicht abgeneigten Gegenwart mitunter zu einem Fetisch geworden, um den sensationslüstern Geschichten gesponnen werden.

Der Reichsapfel

Die Kugel hatte im Altertum eine dreifache Bedeutung: Abbild des Kosmos, Abbild der Erde und Sinnbild der Weltherrschaft.[51] Der goldene Globus befand sich schon in der Hand der orientalischen Gottkönige; er wurde über die römische Antike von den Kaisern übernommen. Darius, der Perserkönig, schickte Alexander, später der Große genannt, einen goldenen Ball zum Spielen, um ihn als törichtes Kind zu verspotten. Alexander aber, damals schon von Eroberungsplänen besessen, erblickte in ihm die Erdkugel und damit das Zeichen der Weltherrschaft.[52] Trug der Reichsapfel in der Antike die den Siegeskranz emporreckende Viktoria, so trat seit der zweiten Hälfte des 4. Jahrhunderts das Kreuz an deren Stelle. Im Mittelalter wurde behauptet, der Reichsapfel sei mit Asche gefüllt, um den Herrscher an die Vergänglichkeit des Irdischen zu erinnern.[53]
Der zum Wiener Schatz gehörige Reichsapfel ist westdeutschen Ursprungs und wird mit Ende des 12., Anfang des 13. Jahrhunderts datiert. Er besteht aus einer mit Goldblech umkleideten Harzkugel mit aufgesetztem, edelstein- und perlenbesetztem Kreuz.[54]

Das Zeremonienschwert

Die Legende vermeldet, das Zeremonienschwert wäre dereinst Karl dem Großen durch einen Engel vom Himmel überbracht worden.[55] Weder der Himmel noch Karl der Große haben jedoch mit diesem Schwert etwas zu tun. Es ist Teil jener Gegenstände, die zu Beginn des 13. Jahrhunderts in Sizilien auf Veranlassung Friedrichs II. angefertigt und bei dessen Kaiserkrönung 1220 verwendet wurden. Die Bezeichnung des Schwertes steht gewiß mit seiner Verwendung im Zusammenhang. Seit dem 15. Jahrhundert erteilte der römische gekrönte König mit diesem Schwert den Ritterschlag. Stets zu Rittern geschlagen wurden die Nürnberger Gesandten, die seit 1423 die Reichsinsignien zur Krönung brachten.[56] Das Schwert steckt in einer mit Goldplatten, Emailschmelz, Perlen und Rubinen reichgeschmückten Scheide. Den Knauf mit Reichsadler und böhmischem Löwen hat Kaiser Karl IV. anfertigen lassen,[57] was später zur irrigen Annahme verleitete, das Zeremonienschwert rühre von diesem her.[58] 1935 überreichte der Nürnberger Oberbürgermeister Liebel beim Reichsparteitag der NSDAP Hitler eine Nachbildung des Zeremonienschwertes, womit er an die Ansprüche Nürnbergs auf Verbringung der Reichskleinodien nach Nürnberg aufmerksam machen wollte. Diese Kopie ist seit 1945 verschollen.[59]

Das Reichs- oder Mauritiusschwert

Die Prunkwaffe diente zur symbolischen Darstellung der Macht bei feierlichen Anlässen und wurde dem Kaiser im Krönungszug mit der Spitze nach oben vorangetragen.[60] Man datiert die Scheide des Schwertes in die zweite Hälfte des 11. Jhs., das Schwert selbst zwischen 1198 und 1218. Der Ursprung der Scheide wird deutsch[61] angenommen. Vermutungen gehen aber auch in Richtung italienischer Origines der ganzen Waffe.[62] Die Bezeichnung Mauritiusschwert, der Zusammenhang mit dem legendären Führer der Thebäischen Legion also, taucht erst 1423 auf.[63] Die Scheide besteht aus Olivenholz und ist mit Goldblech verkleidet, die Klinge ist aus Stahl. An diesem Stahl prüfte am

21. Juli 1730 jener, der wenige Jahre später durch seine Kriege mit der Monarchie Habsburg-Lothringen, der Trägerin der Reichsgewalt, den Untergang des altersschwachen Heiligen Römischen Reiches beschleunigen wird, an diesem Stahl also prüfte der preußische Kronprinz Friedrich, der nachmalige Preußenkönig Friedrich der Große, die Klinge seines Säbels – eine Handlung, der man im nachhinein gewiß symbolische Bedeutung beimessen kann.[64] Dieses Reichsschwert ist es auch, das von den Habsburgern als einziger Gegenstand aus dem Kronschatz des Heiligen Römischen Reiches Deutscher Nation nach 1800 weiterverwendet wird: 1847 wird es anläßlich des ungarischen Reichstages in Preßburg benutzt, 1838 fungiert es bei der Krönung Ferdinands I. zu Mailand und bei der Tiroler Erbhuldigung in Innsbruck als »offizielles österreichisches Staatsschwert«, 1852 schlägt damit Kaiser Franz Joseph I. die in den Orden des Goldenen Vlieses Aufgenommenen zu Rittern; auch bei den Feierlichkeiten aus Anlaß der Silbernen Hochzeit Franz Josephs und Elisabeths wird das Reichsschwert verwendet.[65] Der bis 1918 in Gebrauch stehende Führer durch die Wiener Schatzkammer vermeldet, daß das Schwert, das einst dem zu krönenden Kaiser als »signum potentiae et maiestatis – als Zeichen der Macht und der kaiserlichen Würde« vorangetragen wurde, »noch jetzt gelegentlich der Eröffnung des österreichischen Reichsrates und des ungarischen Reichstages, dann bei anderen Feierlichkeiten vom Obersthofmarschall Seiner Majestät dem Kaiser und König vorangetragen« wurde.[66] Das letzte Mal erfüllte das Reichsschwert seine Funktion 1916, als Kaiser Karl I. von Österreich in Budapest zum ungarischen König als Karl IV. gekrönt wurde.[67]

Der Säbel Karls des Grossen

Herkunft und Alter des »Säbels Karls des Großen«, auch »Attilas Schwert« genannt, sind ungewiß. Die ungarische Forschung nimmt an, er sei vor Ende des 9. Jahrhunderts im Gebiet zwischen Don und Dnjepr hergestellt worden. Andere Auffassungen gehen dahin, der Prunksäbel sei erst zwischen 950 und 1050 etwa in der Kiewer Gegend entstanden. Als gewiß kann gelten, daß er für eine der vornehmsten Persönlichkeiten angefertigt wurde. Im Dunkeln liegt, wie er in den Wiener Schatz gelangte. Als ein Stück der Awarenbeute, als Geschenk Harun-al-Raschids? In den Bereich der Legende zu verweisenden Überlieferungen zufolge wäre der Säbel gemeinsam mit der Krone, dem Szepter, dem Reichsapfel, dem Reichsevangeliar und anderen Gegenständen im Jahre 1000 im Grabe Karls des Großen gefunden worden, als Otto III. dieses Grab habe öffnen lassen.[68]

Mit einiger Berechtigung wird vermutet, daß die Waffe seit der Salischen Zeit unter Heinrich IV. (1056–1106) zum Reichsschatz gehört.[69] Genug Raum also für Spekulation und Legende. So unklar genaue Herkunft und Datierung des Säbels sind, so heftig wurde nach dem Ersten Weltkrieg zwischen Österreich und Ungarn um seinen Besitz gestritten. Darauf wird noch zurückzukommen sein.

Das Szepter

Das Szepter, schon bei Homer uraltes Abzeichen der Könige, war im Altertum ein mannslanger Stab,[70] der auch bereits im alten Ägypten im Gebrauch stand.[71] Das kurze Szepter in Form des Adlerszepters finden wir bei den Römern zunächst als Zeichen des Triumphators; in der späteren Kaiserzeit zählt es zum festen Bestandteil kaiserlicher Herrschaftszeichen.[72] Bei den deutschen Herrschern begegnet man der Kurzform des Szepters erst spät.

Der einfache, aus vergoldetem Silber bestehende, in sechs stilisierte Eichenblätter auslaufende, eine Eichel umschließende Sechskantstab stammt aus der ersten Hälfte des 14. Jahrhunderts. In älteren Verzeichnissen wird ein im Reichsschatz vorhandener

Weihwassersprenger (Aspergill) als zweites Szepter bezeichnet.[73] Der Sage nach sei bei der Krönung Rudolfs von Habsburg am 24. Oktober 1273 kein Szepter vorhanden gewesen. Kurzentschlossen habe Rudolf ein Kruzifix an seiner Statt ergriffen. So wäre es Rudolf gewiß auch zuzutrauen, daß er den Reichskleinodien an Stelle des mangelnden Herrscherstabes den Weihwassersprenger beigefügt hat.[74]

Das Reichsevangeliar

Das kostbare Evangelienbuch ist das älteste Stück der Reichskleinodien, dürfte für Kaiser Karl den Großen Ende des 8. oder Anfang des 9. Jahrhunderts am kaiserlichen Hof, abhängig von der dortigen Hofschule, angefertigt worden sein und erhielt den vergoldeten Silbereinband, in dem es sich heute präsentiert, um 1500 in Aachen. Die 236 handbeschriebenen Pergamentblätter sind, zwei Blätter ausgenommen, mit Purpur eingefärbt. Purpur zu verwenden, stand nur dem Herrscher zu.[75] Das Evangeliar soll nach einer Chronik aus dem 13. Jahrhundert auf den Knien Karls des Großen gefunden worden sein, als Otto III. im Jahre 1000 die Gruft Karls des Großen öffnen ließ.[76] Nicht ohne Grund ist die erste Seite des Evangeliars schlecht erhalten, ruhte doch die Schwurhand vieler deutscher Könige und Kaiser bei der Krönung auf ihr.[77]

Die Stephansbursa

Bei der Stephansbursa handelt es sich um ein Reliquienbehältnis in Form einer Pilgertasche. Dieses Reliquiar stand gemeinsam mit dem Reichsevangelium während der Messe auf dem Krönungsaltar »und diente bei dem doppelten Eide, den der Kaiser als deutscher König und als Kanonikus des Stiftes zu Aachen zu

r Nürnberger Oberbürgermeister Willy Liebel bei seiner Ansprache aus Anlaß der Eröffnung des
ısparteitages 1934 im Nürnberger Rathaussaal. Im Hintergrund (verdeckt) die Aachener Nachbildungen
eichsinsignien (links) und der Reichsreliquienschrein (rechts)

2 Bis zum Ausbruch des Krieges im September 1939 wurden die Reichskleinodien in der ehema

tersingerkirche (Katharinenkirche) in Nürnberg zur Schau gestellt

3 Oberbürgermeister Willy Liebel überreicht dem Reichskanzler Adolf Hitler beim Reichsparteitag eine Nachbildung des Zeremonienschwertes

4 Adolf Hitler, der beim Übergabeakt der Reichskleinodien am 6. September 1939 nicht anwesend besichtigt nachträglich den Kronschatz im Nürnberger Rathaus

ınstbunker in Nürnberg, Obere Schmiedegasse 52. Ein alter Felsenkeller wurde trockengelegt, abgesi-
und mit Klimaanlagen versehen

r Krönungsmantel aus Palermo im Nürnberger Kunstbunker

7 Neben den Reichskleinodien waren im Nürnberger Kunstbunker auch andere Kunstgegenstände ei

8 Johann Aloys Joseph Freiherr von Hügel, kaiserlicher Konkommissar beim Reichstag zu Regensbu

leisten hatte«.[78] Das Behältnis besteht aus einem mit Goldblech überzogenen Holzkern. Die kostbare Goldschmiedearbeit mit Perlen und Edelsteinen soll der Überlieferung zufolge mit dem Blut des Märtyrers Stephanus getränkte Erde enthalten haben.[79] Das karolingische Bursenreliquiar, dessen Entstehungszeit zwischen 800 und 840 angesetzt wird, hätte sich mit der Erde vom Martyriumsort Stephanus' einstmals im Inneren des Aachener Königsstuhls befunden, damit der Herrscher des Reiches auf heiligem Boden throne. Der letzte Schatzmeister der Wiener Schatzkammer vor 1938, Arpad Weixlgärtner, ließ die Reliquie öffnen. Es fand sich kein Erde, sondern eine kleine unbekannte Reliquie, ein zermürbtes weißes Tüchlein, das mit dem Siegel des Wormser Domkapitels aus der ersten Hälfte des 12. Jahrhunderts versehen war.[80]

Der Reichsornat

Das prächtigste Stück ist der jeden Besucher in seinen Bann schlagende Krönungsmantel. Der dreieinhalb Meter breite Umhang umschloß den Träger gleich weiten Flügeln. Wie fast alle Bekleidungsstücke stammt er aus dem Erbe der normannischen Könige Siziliens und wurde in der Hofwerkstatt von Palermo angefertigt.[81] Über Entstehungszeit und Auftraggeber gibt die kufische Schrift auf der Borte des Mantelbogens Aufschluß: 1133/34 ist der Mantel für König Roger II. hergestellt worden. Im Schatten des Lebensbaumes schlagen Löwen zwei Kamele. Arabische, byzantinische, normannische Einflüsse verschmolzen zur Einheit. Auch das Relief an der Palasttreppe von Persepolis kommt dem Betrachter in den Sinn, wo der Löwe seine Beute schlägt. Der Löwe – Sinnbild der Stärke, Symbol des Herrschers. Ferner sind zu nennen die Dalmatica (Tunicella) aus der Zeit und Werkstätte Rogers II., (1130–1154) die Strümpfe, Palermo, wahrscheinlich aus der Zeit Wilhelms II., der von 1166 bis 1189 regierte, die Schuhe (Sandalen), Palermo, vermutlich 1220, die Handschuhe, ebenfalls Palermo 1220.[82] Die Adlerdalmatica, oberdeutsch, stammt aus der ersten Hälfte des 14. Jahrhunderts.[83]
Zu den an den Habit des Bischofs erinnernden Gewandstücken zählen die Alba, in der königlichen Werkstatt 1181 gefertigt, wie zwei lateinische und arabische Inschriften an der unteren Borte bezeugen,[84] und das Cingulum, ein blaues, reichverziertes Seidenband, das zum Schürzen der Alba diente und ebenfalls aus dem 12. Jahrhundert stammt.[85] Die Stola, ein nahezu sechs Meter langes Band, vermutlich mittelitalienisch, stammt aus der ersten Hälfte des 14. Jahrhunderts.[86]

Die Teile normannisch-sarazenischen Ursprungs des Kronschatzes fielen dem Hohenstaufen Heinrich VI. durch seine Heirat mit Konstanze zu. Er fand in Palermo in den Palästen der Normannenkönige »ungeheure Schätze an Geräthschaften, Gold und

Edelsteinen« vor. Mit all diesen Kostbarkeiten habe er 150 Saumtiere beladen und sei damit nach Deutschland zurückgekehrt, wo er sie auf der Feste Trifels, dem Aufbewahrungsort der übrigen Reichskleinodien, in Sicherheit gebracht habe.[87]

Die imperialen Gewänder zeigen »vielleicht am deutlichsten unter allen Reichskleinodien die komplexen Vorstellungen, die in Tracht und Zeremoniell des hochmittelalterlichen Kaisertums zusammenwirken: einerseits solche, die dem antiken Imperium entlehnt und darüber bis zum persischen Großkönig zurückzuführen sind, und andererseits solche, die im Sinne der religiösen Tradition das mittelalterliche Imperium mit den alttestamentarischen Königen David und Salomon, die beide auf der Reichskrone dargestellt sind, verbinden, beziehungsweise den Kaiser als neutestamentarischen Hohenpriester darstellen«.[88]

Die Reichsreliquien

Das Reichskreuz

Es ist nur folgerichtig, daß Reliquien, die im Mittelalter besondere Verehrung genossen, auch in wertvollen Behältnissen aufbewahrt wurden. Ein besonders kostbares Beispiel dafür ist das Reichskreuz, das monumentalste Goldschmiedewerk unter den Reichskleinodien. Galten die Reichsreliquien als Unterpfand des »Königsheils«, jener Kraft, auf welcher die Erfolge des Herrschers beruhten, »so sollte mit ebensolcher Überzeugungskraft in der mächtigen Erscheinungsform des Reichskreuzes die sakrale Entsprechung von Reliquieninhalt und bergender Hülle zum Ausdruck kommen«.[89]

Im Reichskreuz wurden die wertvollsten der zum Reichsheiltum gehörigen Reliquien aufbewahrt: die Heilige Lanze im Querarm, im Schaft Partikel des Kreuzes. Das Kreuz besteht aus einem mit Goldblech beschlagenen Eichenholzkern, dessen Vorderseite mit Edelsteinen und Perlen, dessen Rückseite mit Nielli geschmückt ist. Das Kunstwerk ist westdeutschen Ursprungs und wird mit 1024/25 datiert. Die Vermutung liegt nahe, daß es Kaiser Konrad II. (1024–1039) in Auftrag gegeben hat, befindet sich doch an den Seitenwänden die Inschrift: »Vor diesem Kreuz des Herrn müssen die Anhänger des bösen Feindes die Flucht ergreifen. Daher mögen (auch) vor dir, Konrad, alle Widersacher weichen.«

Der eifrigste, ja geradezu besessenste Reliquiensammler unter den deutschen Kaisern, der Luxemburger Karl IV. (1346–1378), versah das Kreuz mit einem neuen Fuß aus vergoldetem Silber und ließ für die bisher im Reichskreuz verwahrten beiden Reliquien neue Reliquiare herstellen.[90]

Das Kettenreliquiar

Die Apostel Petrus und Paulus sollen während der neronischen Christenverfolgung 64 nach Chr. in Rom den Märtyrertod erlitten haben; auch der Apostel Johannes der Evangelist soll als Märtyrer gestorben sein. Von den Ketten, in die sie angeblich gelegt worden waren, befindet sich je ein Kettenglied bei den Reliquien. Die Glieder sind an Goldkettchen mit goldenen Beschriftungstäfelchen und goldenen Ringen befestigt. Für die Reliquien wurde im Auftrag des als besonderen Reliquienverehrers und -sammlers bekannten Kaisers Karl IV. ein Kästchen angefertigt. Die Reliquiare wurden um 1368 in Rom oder Prag hergestellt.[91]

Das Reliquiar mit einem Gewandstück des Evangelisten Johannes

Ein Stückchen ungemusterter Seidenstoff, dem zugeschrieben wird, vom Gewand des Evangelisten Johannes zu stammen, wird in einer Goldkassette mit Nielloeinlagen verwahrt. Acht Szenen aus dem Leben des Heiligen Johannes zieren den Deckel. Papst Urban V. machte die Reliquie Kaiser Karl IV. 1368 zum Geschenk. Das Reliquiar stammt etwa aus dieser Zeit und wurde in Rom oder Prag gefertigt.[92]

Das Reliquiar mit dem Span von der Krippe Christi

Karl IV. erhielt von Papst Urban V. ebenfalls 1368 den Span von der Krippe Christi zum Geschenk. Es wird angenommen, daß das Reliquiar um die Zeit der Schenkung in Rom oder Prag hergestellt worden ist.[93]

Das Reliquiar mit dem Armbein der Hl. Anna

Möglicherweise handelt es sich um das schon im Inventar der Reichskleinodien von Trifels 1246 erwähnte Armbein der hl. Kunigunde. Das Armbein der hl. Anna wird erstmals im Inventar von 1350 erwähnt, in dem aber das der hl. Kunigunde fehlt. Es könnte sich also um ein und dieselbe Reliquie handeln, deren Zuschreibung wechselte. Vermutlich Prager Arbeit nach 1350. Aber auch byzantinische Herkunft wird nicht ausgeschlossen.[94]

Das Reliquiar mit einem Zahn Johannes des Täufers

In einem monstranzartigen, aus vergoldetem Silber und Bergkristall bestehenden Behältnis pendelt der angebliche Backenzahn Johannes des Täufers. Die Reliquie wird schon im Inventar von 1246 und später 1350 erwähnt. Damals wurde die Reliquie im Reichskreuz aufbewahrt. Das Reliquiar stammt aus dem böhmischen Raum aus der zweiten Hälfte des 14. Jahrhunderts.[95]

Reliquiare mit einem Stück vom Tischtuch des letzten Abendmahles und des Schürztuches Christi

Die Tuchpartikel wurden 1518 im Auftrag dreier Nürnberger Patrizier in monstranzartige, perlen- und edelsteinbesetzten Reliquiare aus vergoldetem Silber gefaßt. Die Herkunft der beiden Reliquien ist ungeklärt.[96]

Nicht nur Herrscher und Reliquiengläubige, vor allem Menschen mit empfindlichem Sensorium haben zu den Reichskleinodien starke Beziehungen entwickelt und – wie der Dichter Reinhold Schneider – zum Ausdruck gebracht: »Der Glaube verwandelt die Dinge . . .; der Halbedelstein wird zur unschätzbaren Kostbarkeit –

an der Krone; ein krummer Säbel ungewisser Herkunft ist Karls des Großen ›Schwert‹; ein ehrwürdiger Splitter ungewisser Herkunft zum Kreuzholz, die Lanze eines Verschollenen zur Lanze furchtbarster Weihe, die über dem Schlachtfeld erhoben wurde. Ich wage es, von einer Wandlung bis zur Substanz zu sprechen, profanes Gold ist dem der Heiltümer nicht vergleichbar, wie ja auch am Kaiser die geschichtlich-entscheidende Wandlung sich ereignet: Er wird in eine die Ungeweihten überragende Gerechtigkeit, Gläubigkeit, Dienstbereitschaft, aber auch in einen ungewöhnlichen Glücksstand erhoben, er soll lange leben; Abglanz des kaiserlichen Gott-Vaters sein, dessen Bild das Evangelienbuch schmückt und besiegelt. Wie der Kronreif sei der Kaiser vollkommen, Priester der Macht in Lebensfülle, Cäsar und Pontifex. Im Grunde hat das Abendland seit der Gründung Roms und den Tarquiniern ein einziges kontinuierendes Bild des Herrschers, dessen letzter Widerschein über der nordwestlichen Küste zittert; er ist Mensch in der Fülle des Lebens und der Geschichte, entsagend, aber ohne von Entsagung gezeichnet zu sein; unter dem Goldbrokat trägt er priesterliches Kleid; seine Weisheit nähert sich der Prophetie; er ist Prophet wie David; ... Handschuhe, Strümpfe, Schuhe, ein jedes Kleidungsstück bereitet die Verwandlung des Kaisers vor, bis der Besitz des Schwertes, des Apfels, des Zepters, die Salbung, der zum Kreis geschmiedete, von Edelsteinen funkelnde Blitz der Macht die Umgestaltung dessen, der Mensch gewesen war wie wir, sie vollendet. Der gesalbte Herrscher ist Wundertäter, Heilsmacht.«[97] So mag auch der Mensch des Mittelalters die Reichsinsignien und ihre Träger gesehen haben.

5. Kapitel

Ein wechselvolles Schicksal

Der Kaiser regiert vom Sattel aus

Im Gegensatz beispielsweise zu Frankreich oder England besaß das Heilige Römische Reich lange keine Haupt- und Residenzstadt.[1] Das Reich wurde »vom Sattel aus regiert«. Als Folge davon führten die Reichskleinodien ein unstetes Wanderleben. Otto II. (973–983) läßt sie in den Reichsburgen Tilleda und Kiffhausen aufbewahren.[2] Durch Verrat und Treuebruch fallen sie in die Hände des Erzbischofs Anno von Köln, der sie schließlich dem späteren Büßer von Canossa, Heinrich IV. (1056–1106), ausfolgt. Heinrich verwahrt sie auf der Harzburg, der Feste Hammerstein und Andernach.[3]
Unter den Hohenstaufen und während des Interregnums werden sie meist, keinesfalls aber immer, auf Burg Trifels in der Rheinpfalz aufbewahrt. So z. B. finden sie sich nach 1150 längere Zeit in der Burg Hagenau, Elsaß, 1221 und kurz vor 1250 in der Burg Krautheim an der Jagst. Der für die Reichskrone bestimmte Raum ist stets stark gesichert und liegt ausnahmslos im Kapellenbau.[4] Richard von Cornvall trägt sich mit der Absicht, die Kleinodien dauernd der Stadt Aachen anzuvertrauen, ein Plan, der nie ausgeführt wird.[5] Als Rudolf von Habsburg zum Kaiser gewählt wird, läßt er sie auf seine Feste Kyburg bringen.[6] Für kurze Zeit

befindet sich der Reichsschatz in Waldburg bei Ravensburg.[7] Geldnöte zwingen Rudolf, die Reichskrone dem Erzbischof von Köln, einem der bestechlichsten Reichsfürsten, um 1050 Mark zu verpfänden.[8] Ludwig der Bayer vertraut den kaiserlichen Ornat nach der Schlacht bei Mühldorf 1322 der Stadt Nürnberg an.[9] Um die Mitte des 14. Jahrhunderts befinden sich die Kleinodien in Stams/Tirol.[10] Als die Luxemburger die Kaiserwürde erlangen, liefert sie der Sohn Ludwigs des Bayern, Ludwig von Brandenburg, am 12. März 1350 heimlich Karl IV. aus.[11] Alte Chroniken wollen wissen, dies sei unter der Bedingung geschehen, daß sie der König entweder in Nürnberg oder Frankfurt verwahre.[12] Dessen ungeachtet läßt sie Karl IV., ein – der Zeit entsprechend, nichts Außergewöhnliches – leidenschaftlicher Reliquiensammler, zunächst nach Prag bringen. Nur aus Anlaß der Taufe seines Sohnes Wenzel kommen sie 1361 für kurze Zeit nach Nürnberg und werden dort vom Umgang über dem Portal der Frauenkirche gezeigt. Karl IV. bringt die Reichskleinodien im März 1350 in die Wenzelskapelle, die Schatzkammer des Königreiches Böhmen, im Prager Veitsdom. 1365 läßt er sie auf die nahe Prag gelegene Burg Karlstein bringen.[13]

Die Folge des Hussitensturmes

In Böhmen gärt es in Herzen und Hirnen von Volk und Adel. Johannes Hus, der religiöse Reformator, tritt auf, muß sich wegen seiner Lehre am Konzil zu Konstanz verantworten, wird zum Tode verurteilt und 1415 am Scheiterhaufen verbrannt. Daraufhin kommt es in Böhmen zu national-religiösen Aufständen gegen König Sigismund. Der König fürchtet, die Reichskleinodien könnten in die Hände der Hussiten fallen. Er läßt sie daher 1422[14] nach Ungarn, und zwar zunächst nach Plintenburg (Visegrád) und später nach Ofen (Buda) bringen.[15] Die Kurfürsten sehen es nicht gerne, daß man die Prädikate der Kaiserwürde außerhalb des Reiches aufbewahrt. Angeblich zwingen sie Sigismund durch wiederholte energische Proteste, die Reichskleinodien nach Deutschland bringen zu lassen.[16] Nürnberg sieht seine Stunde gekommen. Der Rat entsendet den angesehenen Patrizier Sebald Pfinzig im Herbst 1423 zu König Sigismund nach Ungarn, um über einen Landfrieden für Franken und die Aufhebung der Handelssperre mit Venedig zu verhandeln. Außerdem wird Pfinzig beauftragt, mit Sigismund »von etlichen heimlichen Sachen, als die der Rath wohl weiß« zu sprechen. Um welche heimliche Sachen es sich dabei handelt, wird offenbar, als Sigismund am 29. September 1423 die Nürnberger mit dem Privileg ausstattet, »unser und des heiligen reichs heiligtum … ewiclich, unwiderruflich« aufzubewahren. Zum alleinigen Hüter des Schatzes wird der Nürnberger Rat bestellt. Die Stadt Nürnberg übernimmt die Verpflichtung, des Reiches Heiligtum alljährlich unter Assistenz der Priester öffentlich zu zeigen.[17] Der Grund dafür, daß Sigismund die Reichskleinodien gerade Nürnberg anvertraut, liegt sowohl im Interesse des Königs als auch der Stadt Nürnberg. Sigismund trägt sich mit der Absicht, als Gegengewicht zu den Territorialherrn, vor allem der Kurfürsten, einen Städtebund zu gründen. Die Städte sind von diesen Reformplänen nicht begeistert. Nürnberg jedoch tritt am Reichstag 1422 für die Sache des Königs ein. Der Bingener Kurverein aber schmiedet Pläne, den König abzusetzen.[18] Auch scheint Sigismund den Nürnbergern persönlich verpflichtet zu sein; mehrere Nürnberger Bürger haben dem König ein größeres Darlehen verschafft.[19] Vor allem gefährden die Hussiten Sigismunds Machtbereich. Einem Fürsten oder gar einem Kurfürsten die Kroninsignien anzuvertrauen, ist nicht möglich, sie in die Hände der Kirche zu legen, ist nach den Erfahrungen, die man seit dem Investiturstreit mit der mater ecclesia gemacht hat, ebenso undenkbar. Die Möglichkeit, die Reichskleinodien durch eine Reichsstadt verwahren zu lassen, bietet sich daher an.

Die Stadt Nürnberg hinwiederum kann sich aus der Aufbewahrung der Reichskleinodien erhöhtes Prestige und trotz der mit der Residenz der Reichskleinodien verbundenen finanziellen Aufwendungen aus der mit dem Privileg verbundenen Handelsmesse erhebliche wirtschaftliche Gewinne erwarten.[20] Am 23. Dezember 1423 müssen die Nürnberger dem Kaiser versprechen, die Reichskleinodien wieder zurückzustellen, »wer es Sach, da Gott vor sey, daß derselb unser gnädigster Herr der römische König, einen widerstand im reiche gewinne und yemantan dem reich wider im aufgeworfen wurd«.[21] In diesem Falle seien die Reichskleinodien entweder an Pilsen oder Ellbogen, zwei königtreu gebliebene böhmische Städte, auszuliefern. Warum gerade an diese Städte? Sigismunds Verhältnis zu den Kurfürsten ist gespannt. Insbesondere ist die ursprüngliche Freundschaft zum Markgrafen von Brandenburg ins Gegenteil umgeschlagen. Die Reichskleinodien im Falle einer Fronde gegen ihn in Nürnberg, in der Nähe hohenzollerschen Gebietes, aufzubewahren, scheint ihm also nicht ratsam. Am 9. Februar 1424 bestätigt Sigismund den Nürnbergern nochmals das Aufbewahrungsprivileg.[22]

Von Ungarn nach Nürnberg

Nun gilt es, die wertvolle Fracht nach Nürnberg zu bringen. Die Zeiten sind bewegt, die Wege unsicher. Die beiden Nürnberger Patrizier Sigesmund Stromer und Jörg Pfinzig werden nach Ungarn entsandt. Unter größter Geheimhaltung »also stilleschweigende und so heimliche, daß über 6 Personen nit (davon) wußten«, werden, wie ein Augenzeuge berichtet, die Kleinodien in Ofen übernommen und als Fischfuhre getarnt[23] am 8. März 1424[24] aus Ungarn fortgeschafft. Am 22. März trifft der Transport in Nürnberg ein. Selbst der Fuhrmann, der die Reichskleinodien in seinem Wagen den weiten Weg transportiert hat, wußte nicht, welch kostbare Güter ihm anvertraut waren. Jetzt fällt er auf die Knie und spricht ein Gebet. In einem glänzenden Zug werden die Reichskleinodien nach Nürnberg eingebracht. Die Stadt feiert den ganzen Tag. Die Bürger haben sich festlich gekleidet, die Gefangenen, selbst schwere Verbrecher, entläßt man aus dem Gefängnis, und die Leichname der Gehenkten, die sonst lange am Galgen hängen müssen, werden abgenommen, denn die heiligen Reliquien kommen nahe am Hochgericht vorüber, und alle – auch die Hingerichteten – sollen ihrer Gnade teilhaft werden. Die gesamte Geistlichkeit, der Nürnberger Rat, die ganze Bürgerschaft ziehen in feierlicher Prozession dem Kronschatz durch das Frauentor weit vor die Stadt hinaus entgegen.[25] Die Reichskleinodien werden in der Heiliggeistkirche untergebracht. Insignien und Ornat in der Chorkapelle, die Reliquien in einem kostbaren Schrein (dem »Sarch«), der mit einer Winde nach oben zur Höhe des Chores gezogen wird. Dort oben schweben die Heiligtümer in luftiger Höhe. Der Schrein kann zwar von allen Kirchenbesuchern gesehen werden, niemand kann jedoch ohne weiteres an ihn heran. Schaulust und Sicherheit ist in gleichem Maße Rechnung getragen. Die kaiserlichen Insignien und Ornate werden in einem kapellenartigen Gewölbe über der Sakristei in einem in die starke Chormauer eingelassenen viertürigen Wandschrank verwahrt. Die Reichskrone wird in einem nur durch den Wandschrank erreichbaren, in die Mauer eingetieften Geheimfach untergebracht. Der Zugang zum Treppenturm und zum Dachboden, die Aufzugsmechanik mit dem »Sarch« ist durch eiserne und hölzerne Türen sowie ein durchdachtes System meist mehrfacher und komplizierter Schlösser und Riegel gesichert. Dieses Schließsystem kann nur geöffnet werden, wenn mehrere Herrn des Rates und der Spitalmeister zusammenwirken. Eine Anlage, vergleichbar dem modernen Sperrsystem einer Bank. So verfügen etwa im frühen 17. Jahrhundert der Spitalmeister über vier Schlüssel, der Baumeister über neun, zwei der Losunger über je einen und der dritte Obersthauptmann über fünf. Zeitweise werden die Reichskleinodien zusätzlich von Doppelposten bewacht.[26] Die Obhut ist ausschließlich weltlichen Organen anvertraut. Kein Priester soll mit dem Heiligtum etwas zu tun haben, es sei denn in den Zeiten der sogenannten »Weisungen«,[27] auf die wir noch zu sprechen kommen werden. Die Kirche wird von den Insignien also ferngehalten. Allzu frisch sind noch die Erinnerungen an die Streitigkeiten zwischen Kaiser und Papst. Die Heiliggeistkirche wird als Verwahrungsort deswegen gewählt, weil sie ausschließlich dem Rate untersteht und der Verfügungsgewalt der Geistlichkeit vollkommen entzogen ist.[28]

Die Nürnberger haben zwar Sigismunds Privileg in der Tasche, doch sie wollen auf Nummer sicher gehen. Auch die zweite der damals die Welt regierenden Gewalten, der Papst, soll ihr Vorrecht anerkennen. König Sigismund – erst 1433 läßt er sich in Rom zum Kaiser krönen – hat die Nürnberger Delegation mit einem Empfehlungsbrief an das Oberhaupt der Christenheit ausgestattet. Der Nürnberger Rat entsendet den in wichtigen Missionen schon bewährten Kirchenmann Konrad Kunhofer nach Rom. Nach schwierigen Verhandlungen und – wie man wissen will – reichlichem Einsatz von »Handsalbe«, von Bestechungsgeldern also,[29] bestätigt Papst Martin V. in der Bulle vom 31. Dezember

1424 das königliche Privileg. Daß die Nürnberger auch des Papstes Zustimmung anstrebten, ist nicht nur aus dem politischen Einfluß des Oberhauptes der katholischen Kirche zu erklären. Den Reichskleinodien kommt ja auch eminente sakrale Bedeutung zu, und zwar nicht nur den Reliquien. Der Bischof von Bamberg stellt einen Ablaßbrief aus, eine Gunst, die nach damaliger Auffassung im Zusammenhang mit den Weisungen der Reichskleinodien unabdingbar war.[30] Auch der Papst hat also bestätigt, daß die Reichskleinodien auf ewige Zeiten in Nürnberg bleiben sollen, »außer wenn etwa, was Gott verhüte, die Bevölkerung vom katholischen Glauben abfallen sollte«. War es die über Jahrhunderte geschulte Vorsicht der Kirche? Hatte Martin V. böse Vorahnungen? Hundert Jahre später wird das, was Gott verhüten hätte sollen, tatsächlich eintreten.
Mit dem Aufbewahrungsprivileg sind erhebliche Kosten verbunden. Zunächst haben die Nürnberger an Sigismund eine Gebühr von tausend Gulden zu entrichten. Die Gnade des Königs hat eben ihren Preis. Die Kleinodien sind aber auch unter sicherem Geleit zu jeder Krönung zu bringen. Auch die Kosten dieser Transporte gehen zu Lasten des Nürnberger Säckels. Häufig sichert man den Transport am besten, indem der geleitbietende Reichsfürst gar nicht erfährt, was der Transport enthält. Etwa fünfundzwanzig Mal, einschließlich der Sonderanforderungen, werden die Reichskleinodien zum Krönungsort und wieder nach Nürnberg zurückgebracht.[31] Beim Krönungsakt achten die Abgesandten des Rates peinlich darauf, daß sich kein Unbefugter den Kroninsignien nähert. Sie sind bei der Einkleidung wie bei den Krönungsfeierlichkeiten selbst zugegen; in ihre Hand sind die Schmuckstücke zurückzustellen, sobald sie der Kaiser ablegt. Sie haften dem Rat dafür, daß der Kronschatz unversehrt und unvermindert nach Nürnberg zurückkommt.[32] Seit 1521, als Karl V. mit der Krone beim Reichstag in Worms einzieht, werden die Steine auf »Kayser Karls Kron« auch bei allen Überführungen abgezählt.[33] Welchen Grund mag diese Gepflogenheit wohl haben?

Solange die Krönungen in Aachen stattfinden, ist es Brauch, daß der neuerwählte römische König das Pferd, auf dem er einreitet, bei Verlassen Aachens vor dem Stadttor stehen läßt; das Roß gehört von nun an den Torhütern. Überdies ist es dem Aachener Bürgermeister gestattet, in das Geld, welches dazu bestimmt ist, unter das Volk ausgeworfen zu werden, einen »demselben bleibenden Griff« zu machen. Dem Bürgermeister waren also möglichst große Hände zu wünschen. Man bedenkt aber nicht nur Torhüter und Bürgermeister, auch die Ratsdiener gehen nicht leer aus; ihnen wird das bei Krönung und Huldigung zur Drapierung verwendete Tuch überlassen.[34]

Ein Kronschatz wird Reliquie

Mit der Auslieferung der Reichsinsignien und Reliquien an den vom Sammeleifer besessenen Luxemburger im März 1350 wächst den Insignien eine neue, zusätzliche Funktion zu: Karl IV. erblickt auch in den Insignien nur Reliquien. Er macht sie zum Gegenstand der Volksfrömmigkeit und gibt sie der Kompetenz des Papstes anheim. Clemens VI. erteilt 1350 einen Ablaß für jene, die bei der »Weisung« der Reliquien und Insignien anwesend sind.[35] Damit hat sich das Bedeutungsschwergewicht auch der Reichsinsignien in den Augen Karls IV. und des Papstes aus dem Bereich staatsrechtlicher Funktion in den der Frömmigkeit verlagert: Aus der Insignie wurde auch eine Reliquie. Die staatsrechtliche Funktion und Bedeutung ist damit aber keinesfalls verlorengegangen. Reliquien üben auf die Menschen des späten Mittelalters und der beginnenden Neuzeit eine für uns nicht mehr vorstellbare Anziehungskraft aus. Man ist überzeugt, daß von ihnen wundersam heilende Kräfte ausgehen. Ein böhmischer Herr, der Europa 1465 bis 1467 bereist, berichtet über das Nürnberger Heiltumsfest, Priester hätten seinen und seiner Gefährten Ringe, die sie am Finger trugen, auf die Heilige Lanze gelegt; wer vom Schmerz oder Stechen in der Seite geplagt sei, hätte nun ein sicheres Heilmittel dagegen. Auch Markgräfin Anna von Brandenburg habe einen Ring nach Nürnberg geschickt, damit man das Heiltum mit ihm berühre. Und der Erzherzog von Österreich schickte einen Mönch mit einem Tuch des spanischen Königspaares in die Reichsstadt. Er war beauftragt, das Tuch mit der Heiligen Lanze sechsmal durchstechen zu lassen. Daß solches geschehen sei, darüber wurde eine Urkunde ausgefertigt.[36] Daß Wein, in den die Heilige Lanze getaucht wurde, angeblich gegen Leibstechen hilft, darüber wurde bereits berichtet.

Schon für 1323 ist eine Heiltumsweisung in Nürnberg belegt, 1324 in Regensburg. Seit der Überführung auf Burg Karlstein bei

Prag 1365 werden die Reichskleinodien alljährlich nach Prag übergeführt, wo am Freitag nach Osteroktav, am Tage des Festes der Heiligen Lanze also, auf dem Karlsplatz die öffentliche Weisung stattfindet.[37] Nach der Überführung aus Ungarn finden in Nürnberg alljährlich ab dem 5. Mai 1424 nach dem Prager Muster Heiltumsweisungen statt; am Nürnberger Hauptmarkt vor dem Schopperschen Haus wird ein reich drapiertes Gerüst aufgestellt. Es ist mit einer Art Zeltdach, dem Tabernakel, gekrönt. Vor diesem mit bunten Zelttüchern und Teppichen behangenen Heiltumsstuhl drängt sich das staunende Volk. Priester zeigen der andächtigen Menge die Insignien und Reliquien, erläutern ihre Bedeutung. Mit der Wahl dieses Ortes wird die Heiltumsweisung dem Einfluß kirchlicher Gewalt entzogen und auch Gewähr dafür geleistet, daß der Rat die erwarteten Opfergaben selbst vereinnahmen kann.[38] Unschätzbare und unersetzbare Werte werden dem Auge des Volkes präsentiert. Könnte dabei nicht jemand auf gewisse Gedanken kommen? Um solche Gedanken gar nicht erst entstehen zu lassen, sind während der Heiltumsweisungen Markt und wichtige Straßen durch Schranken oder Ketten abgesperrt, ein Großteil der Bürgerschaft wird zu den Waffen gerufen, in der Nacht und während der Weisung durchstreifen berittene Wachen die Stadt, und für den Fall, daß ein Feind von außen die turbulenten Tage der Weisung dazu benutzen wollte, gegen Nürnberg einen Handstreich zu unternehmen, schickt man die Büchsenmacher an die Stadttore – sie sollen die dort aufgestellten Kanonen bedienen.[39] Der Bürgerschaft wird überdies befohlen, die Miststätten zu entfernen, von denen die Straßen reichlich geziert sind.[40]

Sämtliche Stadttore werden geschlossen, jedenfalls aber mit starken Wachen versehen, die Türme besetzt, Markt und Rathaus mit Bewaffneten umstellt; es ist dafür gesorgt, daß nicht etwa Feuer ausbricht oder Diebe in die Häuser eindringen. Vorsichtsmaßnahmen also wie in einer belagerten Stadt. Das alles kostet natürlich Geld. Was aus einem solchen Anlaß aufgewendet werden

muß, fließt jedoch in reichem Maße wieder in den Säckel der Stadt und der Bürger zurück. König Sigismund hatte den Nürnbergern mit dem Aufbewahrungsprivileg ja auch das Recht eingeräumt, »daz sie von dem tage der Weisung vierzehen tage eine messe und jahrmarkte ... haben mögen«.[41] Die geschäftstüchtigen Nürnberger gewähren jedem Besucher während der Veranstaltungen eine Art »freies Geleit«, ausgenommen jenen, die sich in Acht oder Bann befinden oder »geltschulden schuldig weren«.[42] Für Kaufleute, welche die Nürnberger nun einmal sind, zählten eben Geldschulden zu den größten Verbrechen.
So entwickelt sich die Veranstaltung, in deren Mittelpunkt die Heiltumsweisung steht, zu einem Jahrmarkt, zu einem großen Volksfest, auf dem – für einen Jahrmarkt nach heutigen Begriffen seltsam genug – auch Kunstwerke höchster Qualität, nämlich Albrecht Dürers Stiche und Schnitte feilgeboten werden. Der Zustrom ist ungeheuer. 1463 ziehen nach einer vom Rate angeordneten Zählung 1266 Wagen und 608 Karren, ungezählt jene Wagen, die Lebensmittel bringen, in die Stadt ein. Die tausend Gulden Gebühr, welche Nürnberg für das Aufbewahrungsprivileg zu entrichten hatte, machen sich bezahlt. Der Humanist Conrad Celtis, der 1495 an der Weisung teilnimmt, berichtet, das Volk überschwemme die Stadt zum Heiltumsfest wie eine Flut.[43]

Von der Reliquie zum Schaustück

Neben diesen öffentlichen Weisungen gibt es auch solche privater Natur und später auch bloße profane Besichtigungen. 1463 bestimmt ein päpstliches Privileg, daß Weisungen nicht nur in der Spitalskirche, sondern auch in den Frauenklöstern St. Clara und St. Katharina veranstaltet werden können. 1468 wird in die Nordmauer der Spitalskirche ein Fenster gebrochen, durch welches großen Pilgergruppen das Heiltum gezeigt werden kann. Später weist man die Heiltümer in der Spitalkirchensakristei. Zu diesen Zwecken werden die kostbaren Gegenstände während ihres Nürnberger Aufenthaltes wohl an die fünfhundertmal aus- und wieder eingepackt. Es läßt sich nicht vermeiden, daß dabei insbesondere an den Textilien Schäden entstehen. Der Rat versucht daher vor allem in der nachreformatorischen Zeit, private Besichtigungen einzuschränken. Das gelingt bis zu einem gewissen Grade. Persönlichkeiten wie Herzog Albrecht V. von Bayern (1576), Kaiser Matthias und Kaiserin Anna (1612), den böhmischen Prinzipalkommissär (1711) sowie den preußischen König Friedrich Wilhelm I. und seinen Sohn, den Kronprinzen und späteren König Friedrich den Großen (1730), kann man nicht einfach abweisen.[44]

Spätestens ab 1674 wird »die Beschauung des Kayserlichen Ornats« auf regierende Fürstlichkeiten und deren Gesandte begrenzt. Mancher Besucher läßt die gebotene Pietät vermissen. So setzt sich die Gemahlin eines kaiserlichen Generals 1678 die Krone selbst aufs Haupt, 1686 nimmt sich ein schwedischer General dieselbe »unanständige Freyheit«. Knapp drei Jahrzehnte vorher, 1658 nämlich, als die Insignien nach der Frankfurter Krönung in die königliche Herberge gebracht werden, um im Beisein etlicher Kammerherrn für den Rücktransport verpackt zu werden, benimmt sich ein junger Graf aus Brabant gleichermaßen despektierlich: Er greift nach der Krone und setzt »sie ihm selbsten auff das Haubt«.[45] 1697 beschließt man, einen verglasten Schaukasten zu schaffen. Dort werden die betreffenden Stücke nunmehr jeweils ausgelegt. 1762 erscheinen der preußische Generalmajor Friedrich Wilhelm Gottfried von Kleist und sein Freikorps vor Nürnbergs Toren. Der Nürnberger Rat läßt es nicht auf einen Waffengang ankommen und gestattet Kleist, etwa 1500 Mann in die Stadt zu legen. Allerdings läßt er sich vorher die »ungehinderte Verwahrung aller anvertrauten Reichs- und anderer Depositorien« ausdrücklich bestätigen. Aber von Kleist hat das dringende Bedürfnis, Heiltum und Kleinodien zu besichtigen, und gibt seinen Wunsch mit dem den Nürnbergern wohl recht bedenklich scheinenden Beisatz kund, »daß, um den sich etwa dabei ereignenden Zulauff zu steuern, eine hinlängliche Wache von seinen ... Truppen dazu gestellt werden solle«. Den Nürnbergern schwant Böses. Eine speziell aus diesem Anlaß verstärkte Ratsdeputation wird angewiesen, den Preußen »mit der größten Standhaftigkeit und ohnabweichlich, es möge auch daraus geschehen, was da wolle«, von seinem Vorhaben abzubringen. Die Deputation beruft sich darauf, daß die Gegenstände nur »höchsten Häuptern und Reichs-Fürsten« vorgezeigt werden dürfen, und Generalmajor von Kleist respektiert schließlich diese Order. Auch Joseph II. besucht 1781 Nürnberg. Er beschränkt sich ausdrücklich darauf, die Unterbringungsstätte seines Kaiserschatzes kennenzulernen; freilich hatte er ihn schon bei seiner Krönung 1764 in die Hand nehmen können.[46]

Ein Kaiser will seine Krone

Ist es für die Nürnberger noch 1433 selbstverständlich, die Insignien zur Kaiserkrönung Sigismunds nach Rom zu bringen, so ändert sich die Situation bis zur Krönung Friedrichs IV. (als deutscher Kaiser später Friedrich III.) zum deutschen König 1442 grundlegend. Friedrich fordert den Rat auf, Kleinodien und Ornat nach Aachen zu schicken. Die Nürnberger scheinen sich über ihre Rolle nicht im klaren zu sein und ihre Stellung gegenüber dem von den Kurfürsten schon gewählten König zu überschätzen: Sie lehnen die Aufforderung Friedrichs rundweg ab. Nun muß Friedrich deutlicher werden. Er droht dem Nürnberger Rat mit erheblichen Konsequenzen, falls er auf seinem Standpunkt beharre. Jetzt erst lassen sich die Räte herbei, die Kleinodien nach Aachen zu schicken. Friedrich vergißt ihnen ihre ursprüngliche Weigerung nie. Er händigt die Kroninsignien den Nürnbergern wohl wieder aus, bestätigt ihnen aber nicht ihr Verwahrungsprivileg und fordert schließlich die Reichskleinodien mit der Begründung zurück, auch seine Vorgänger hätten die Kroninsignien »allzeit in ihr gewalt gehatt«. Um den Ansprüchen Friedrichs besser entgegentreten zu können, läßt sich der Nürnberger Rat sein Aufbewahrungsrecht von der Universität zu Padua bestätigen. 1452 werden Friedrich die Insignien aus Anlaß seiner Kaiserkrönung in Rom nochmals zur Verfügung gestellt. Als Kaiser nunmehr Friedrich III., kommt er wohl infolge der bewegten Zeitläufe auf seinen Rückforderungsanspruch nicht mehr zurück.[47]

Ein Herzog will die Krone rauben

Im März 1525 entscheiden sich die Nürnberger für Martin Luthers Reformation.[48] Daraus ergeben sich für die Reichskleinodien zwei Konsequenzen. Zum ersten finden die Heiltumsweisungen nicht mehr statt.[49] Ein letztes Mal werden die Heiltümer 1523 öffentlich gezeigt.[50] Für den Rat sind die Heiltumsweisungen nichts als Abgötterei.[51] Das Recht auf Handelsmessen, das durch Sigismunds Privileg von 1423 der Stadt zugleich mit dem Verwahrungsrecht für die Reichskleinodien gewährt wurde, bleibt aber unangefochten; die Handelsmessen werden weiterhin abgehalten.[52] Zum zweiten wird den Nürnbergern aber das Aufbewahrungsrecht streitig gemacht. Wir erwähnten ja schon, daß Papst Martin V. 1424 das Aufbewahrungsprivileg den Nürnbergern bestätigte, es sei denn, »wenn etwa, was Gott verhüte, die Bevölkerung vom katholischen Glauben abfallen sollte«. Und nun ist dieser Fall eingetreten. Um den Besitz der Reichskleinodien beginnt eine Auseinandersetzung zwischen Katholiken und Protestanten, die in zahlreichen Schriften mit polemischer Schärfe geführt wird.[53] Aber es bleibt nicht bei Wortgefechten. Herzog Wilhelm von Bayern (1579–1598), leidenschaftlicher Reliquiensammler, fühlt sich berufen, den Reliquienschatz aus den Händen der Protestanten für die Katholiken zu retten und – der Zweck heiligt die Mittel – bereitet dessen gewaltsame Entführung vor. Der Herzog geht ausgesprochen professionell ans Werk. Daß die Reichsinsignien und Heiligtümer bestens gesichert aufbewahrt werden, ist ihm nur zu gut bekannt. Es ermangelt jedoch der Detailkenntnisse. Und die will man sich nun beschaffen. Zunächst wird ein zweiunddreißig Punkte umfassender Fragenkatalog erstellt. Wieviel Katholiken gibt es in Nürnberg? Welche von ihnen sind die Vornehmsten? Welche Meinung herrscht in der Bevölkerung über die Reliquien? Was denken die protestantischen Prediger darüber? Welche Sicherheitsvorrichtungen sind vorhanden? Wie sind sie beschaffen? Wie viele Schlösser gibt es? In welchen materiellen Verhältnissen leben die Schatzhüter? Wann ist die Heilig-Geist-Kirche geöffnet? Wie groß ist die Entfernung der Kirche zum Stadttor? – Ein Berufsganove könnte sich auf seinen Coup nicht besser vorbereiten.

Der Katalog soll dem Agenten des Herzogs als Arbeitsgrundlage dienen. Bei dem Agenten handelt es sich um den hochwürdigen Herrn Dechant des Sankt-Nikolaus-Stiftes in Spalt, Wolfgang Agricola. Er ist in Sachen Reliquien des Herzogs »rühriger Vermittler« und berichtet seinem Auftraggeber, er habe mit Rat und Hilfe noch guter und frommer Katholiken den Spitalsmeister des Heilig-Geist-Spitals »dermaßen bestochen«, daß ihn dieser den Reichsschatz ganz gewiß hätte sehen lassen, wenn es allein von ihm abhinge. Doch die Schlüssel werden von den älteren Herrn des Rates verwahrt. Der Spitalsmeister konnte ihm daher nur eine Aufstellung der bei den Heiltumsweisungen gezeigten Objekte aushändigen. Herzog Wilhelm V., dem das schmückende Beiwort »der Fromme« zuteil geworden ist, weiß nun, welche Beute ihm bei gelungenem Raubzug erwartet. Zur Ehre des Dechanten Agricola sei vermerkt, daß er seinen herzoglichen Auftraggeber – oder soll man sagen Komplizen? – von dessen finsteren Plänen abzubringen sucht. Er schlägt vor, die katholischen Reichsstände mögen auf einem Reichstag begehren, daß der Reichsschatz an einen katholisch gebliebenen Ort transferiert werde. Der Herzog kann sich für diesen Vorschlag nicht erwärmen. Die kühle Vernunft des Realisten Agricola muß der heißen Begehrlichkeit des herzoglichen Reliquiensammlers weichen.

Wilhelm der Fromme entwirft nun eigenhändig ein Zwölfpunkteprogramm, wie der Diebstahl am besten auszuführen wäre. Der Täter solle sich als lutherisch ausgeben und sich zur Ausübung der Tat eines katholischen Schlossergesellen mit ordentlichem Werkzeug bedienen; auch über genügend Geld soll er verfügen; Agricola möge vorsichtig sein; die Beute sei ehestens aus der Stadt zu bringen; alles habe wohlbedacht und listig angestellt zu werden etc., etc. Doch der Herzog vermag Agricola nicht zu überzeugen. Agricola hält den Plan für unausführbar. Im August 1584 sendet er dem Herzog noch eine Abbildung der Heiltümer, und damit verläuft der abenteuerliche, nicht gerade fromme Plan im Sand. Man soll mit Herzog Wilhelm nicht allzu arg ins Gericht gehen. Er wollte den lutherischen Ketzern, die es mit Feuer und Schwert zu bekämpfen galt, das seiner Meinung nach nunmehr zu Unrecht in ihren Händen befindliche Gut entreißen. Eine gut katholische Tat also. Daß er dabei auch noch seine Reliquiensammlung bereichern wollte, würde ihm jeder überzeugte Katholik aus dem 16. Jahrhundert nachgesehen haben.

Doch der Herzog gibt nicht auf. Selbst 25 Jahre später versucht er, seinen Sohn und Nachfolger, Maximilian I., für die Reliquien zu interessieren. Auch diesem Versuch bleibt der Erfolg versagt.[54]

Vom Dreißigjährigen Krieg zu den Raubkriegen

Im Dreißigjährigen Krieg scheinen den Reichskleinodien trotz der bewegten Zeiten keine besonderen Gefahren gedroht zu haben. Jedenfalls vermelden die Nürnberger Aufzeichnungen nichts davon. 1630 werden sie durch die Krongesandten für die Krönung der Königin Eleonore in Regensburg aus Nürnberg geholt und nach knapp zwei Wochen ordnungsgemäß zurückgestellt.[55] 1636 hat man Muße, von der Reichskrone im Auftrage der »römischen Königin« ein Gemälde herzustellen.[56] Von Ende November 1637 bis Anfang Januar 1638 befinden sich die Reichskleinodien zur Krönung Ferdinands III. in Regensburg.[57] Im Juli 1640 wird den kaiserlichen und kurfürstlichen Gesandten ein Teil der Reichskleinodien und Heiltümer gezeigt.[58] Es hat somit den Anschein, daß im Dreißigjährigen Krieg der gewöhnliche Lagerort in der Heilig Geist Kirche, über den 1655 gesagt wird, »daß viel Mühe und Wissenschaft vonnöten, zu dem Heilthum und Reichskleinodien zu gelangen«,[59] den Sicherheitsbedürfnissen völlig genügt hat.[60]

Auch Aachen macht Ansprüche auf die Nürnberger Reichskleinodien geltend. Zehn Jahre nach dem Ende des Dreißigjährigen Krieges berufen sich die Aachener auf Karl den Großen, der »neben seinem heiligen Cörper by seinem Absterben ... der Stadt Aachen« die Reichskleinodien hinterlassen habe, die »allda von vielen undenklichen jahren verblieben, mit keiner anderen Ursache halber als wegen der Kriegs- und anderer Gefahren ... auf unterschiedliche Örter ... endlich nach Nürnberg gebracht ... worden«.[61] Die Begründung der Aachener Ansprüche wechselt mannigfach. Zunächst stützt man sich auf eine Urkunde Karls des Großen; die aber erweist sich als Fälschung und enthält überdies nichts von den Insignien.[62] Auch aus Anlaß der Krönung Franz' I. protestieren die Aachener 1745 lauthals gegen die Verwahrung der Kleinodien in Nürnberg und berufen sich unter anderem auf die Bulle Martins V., der einer Aufbewahrung in Nürnberg nur unter der Bedingung zugestimmt hatte, daß die Nürnberger nicht vom katholischen Glauben abfielen.[63] Die Nürnberger sind aber längst lutherisch geworden. Aber auch untereinander befehden sich die streitbaren Aachener wegen der Reichskleinodien. 1759 verhandelt der Reichshofrat in Wien über einen Konflikt zwischen dem Stift und der Stadt Aachen über die Frage, welcher der Streitparteien das Aufbewahrungsrecht zukäme.[64] Ein Jahr später verhehlt der Aachener Magistrat dem Kaiser nicht, daß er sich wegen der Reichskleinodien mit den Nürnbergern »beständig zancket«.[65] Das einzige Ergebnis dieser Streitigkeiten ist, daß sich die Zahl der Streitschriften erhöht.[66]

Dem durch drei Jahrzehnte Krieg verwüsteten Reich droht alsbald neue Gefahr: die Machtansprüche Frankreichs, die Ludwig XIV. rücksichtslos in einer Reihe von Raubkriegen durchsetzt, wobei sich der Allerchristlichste König keineswegs scheut, selbst mit den gegen Wien vorrückenden Türken gemeinsame Sache zu machen. Im September 1688 fallen französische Heere in die Rheinlande ein; die Pfalz wird von den Franzosen furchtbar verheert, die Städte Heidelberg, Mannheim, Speyer und Worms sowie hunderte kleinere Orte werden von März bis Juni 1689 niedergebrannt. Die Nürnberger rechnen mit dem weiteren Vordringen der Franzosen und bringen die Reichskleinodien aus der Heilig-Geist-Kirche in eines der Gewölbe der Losungerstube im Rathaus. Es genügt, sie dort vom 2. bis 12. Mai 1689 aufzubewahren, dann scheint die Bedrohung der Stadt abgewendet.[67]

Gründliche

Ausführung

Der

Des Heiligen Reichs Stadt Nürnberg

EX COMMISSIONE PERPETVA

AVGVSTISS. IMPERATOR.

ET IMPERII

Zukommenden und etliche Saecula hindurch ruhig und ohne den geringsten Widerspruch gehabten

Verwahrung der Reichs-Insignien,

Auch daraus von selbsten abfliessende

Vest-gegründete

REPROTESTATION,

Welche

Denen neuerlichen unbefugten und widerrechtlichen

Aachischen Protestationen, und übel anmaßlichen Ansprüchen

auf

gemeldte Insignien,

ANNO 1742 entgegen gestellet worden.

Altdorf, gedruckt und zu finden bey Johann Adam Hessel,

Die Reichskleinodien im Siebenjährigen Krieg

Während des Siebenjährigen Krieges rücken die Preußen dreimal in Nürnberg ein, und zwar 1757, 1758 und 1762.[68] In diesen turbulenten Zeiten wenden sich Rat und Bürgermeister der Stadt ziemlich ratlos an den kaiserlich-königlichen Feldmarschall Pfalzgraf von Zweibrücken und den kaiserlichen Bevollmächtigten des fränkischen Kreises, Baron von Wiedman. Welche Maßnahmen seien »bei einer allfälligen Annäherung eines königlich preußischen Corps mit den der hiesigen Stadt allergnädigst anvertrauten Reichskleinodien zu treffen«?[69] Eine heikle Angelegenheit. Hüten die Nürnberger nicht seit 1424 eifersüchtig ihr Recht, Hüter der Reichskleinodien zu sein? Haben sie dieses Recht nicht stets und gegen jedermann vehement verteidigt? Jetzt, als sich der stete Eifer zu bewähren hätte, wissen sie offenbar weder ein noch aus, versuchen, die Entscheidung, was in diesen kritischen Zeiten zu geschehen habe, anderen zuzuschieben. Das mag sich wohl auch Baron von Wiedman denken, als er die Nürnberger im Juni 1759 wissen läßt, er sehe sich umso weniger ermächtigt, einen Rat zu erteilen, als er vom kaiserlichen Hof keine Instruktionen habe, und es sich überdies um eine Angelegenheit von Kaiser und Reich handle. Man könne sich allenfalls an den Hof oder den kaiserlichen Prinzipalkommissär beim Reichstag zu Regensburg wenden.[71]

Schon ein paar Tage vorher vermeldet Generalkonsulent Gustav Georg König aus Wien, in Kreisen des Reichshofrates zweifle man nicht, daß die Nürnberger alles daran setzen werden, »dieses allerkostbarste Depot an einen sicheren Ort« zu bringen. Auch hätten ihm gute Bekannte zu verstehen gegeben, bei drohender Gefahr habe der löbliche Magistrat durch einen eigenen »Courier oder Staffete Ihro kaiserl. Maj. schriftlich Nachricht davon zu geben und eventualiter um positiven Verhaltensbefehl ... allerunterthänigst zu bitten«. Wäre aber die Gefahr schon so groß, daß eine Order zu spät käme, so wären die Kronhüter verpflichtet, die Reichskleinodien »mit einem ähnlichen, ja noch viel stärkeren Cortege (Gefolge) als bei Krönungszeiten gesichert oder auch wohl in aller Stille und mit allermöglichster Circumspection (Umsicht) durch Umwegen oder auch mittels anderer Finessen« an einen gesicherten Ort zu bringen und dort auf weitere kaiserliche Befehle zu warten. Am allersichersten wäre es wohl, die Reichskleinodien direkt zum Kaiser nach Wien zu bringen. Würde man aber keine Anstalten machen, die Reichskleinodien in Sicherheit zu bringen und sollte »es mit der Stadt unglücklich ablaufen«, könnte man in den Verdacht geraten, die Reichskleinodien dem Feind vorsätzlich in die Hand zu spielen. Da jedoch auch ihm keine Instruktionen zugekommen seien, glaube er, seine Pflicht erfüllt zu haben, indem er über die in Wien kursierenden Meinungen berichte. Was wirklich zu tun sei, stelle er dem Nürnberger Rat geziemend anheim.[72] In einer »sehr geheimen Audienz« überreicht König im Juni dem Reichsvizekanzler in Wien ein Pro Memoria und hofft, auf Grund dieses Memorandums eine »geheime schriftliche« Instruktion zu erhalten.[73] Aber weder der Kaiser noch der Reichsvizekanzler reagieren. Bürgermeister und Rat der Stadt Nürnberg sind nicht klüger als zuvor. Sie wollten sich der Verantwortung entledigen, konnten sie aber nur im Kreise herumreichen; jetzt ist sie wieder bei ihnen gelandet.

1762 droht der Reichsstadt durch die Preußen wieder Gefahr. Die politisch Verantwortlichen versuchen, ihr durch ein ihrer Meinung nach probates Mittel zu begegnen: Sie erteilen den Auftrag, ein Gutachten zu erstellen. Welche Maßnahmen sind im Falle eines feindlichen Überfalles zur Sicherung der Reichsinsignien vorzukehren, »um sich sowohl bei Ihrer Kaiserl. Mayst. als dem gesamten Reich außer Verantwortung zu setzen«?[74] Generalkonsulent König macht sich nochmals daran, weitläufig, umständlich, bürokratisch und vorsichtig seine Auffassung zu Papier zu bringen.

In der 16 Seiten umfassenden, vor wenn und aber strotzenden

verklausulierten Expertise gelangt König zur Auffassung, in erster Linie obliege die Sorge für die Sicherheit der Kroninsignien dem Nürnberger Rat, insbesondere »bei sich vergrößernder Gefahr eines schnellen Überfalls«. Darüber hinaus habe sich der Rat jedoch »auch endlich an die Kaiserl. Mayst. zu wenden... Geschwinde Entschließungen, eilende Berichte u. Anfragen bei dem Kaiser Selbsten, wie auch jegliche Anstalten möglicher Verheimlichung müßten in solchen Fällen die beste Resource seyn«. Für eine Entscheidung in Angelegenheit der Kroninsignien seien weder das Reich in seiner Gesamtheit noch die Kurfürsten kompetent. »Übrigens wäre vor allen Dingen nachzuschlagen, was in ähnlichen Fällen, z. B. währenden 30jährigen Krieges...« veranlaßt wurde.[75] Seht also zu, wie man es früher gehalten hat.
Auch dieses Gutachten löst beim Wiener Hof keine Reaktion aus. Nürnberg wird mit seinem Problem allein gelassen. Doch die Preußen entheben die Nürnberger ihrer Sorge: Sie interessieren sich nicht für die Kroninsignien; im Gegensatz zu den Franzosen, die ein paar Jahrzehnte später aus ihren Gelüsten nach den Reichskleinodien kein Hehl machen werden.

Goethe und das Gespenst Karls des Großen

Der fünfzehnjährige Goethe ist 1764 Zeuge der Krönung des späteren Kaisers Josef II. zum römisch-deutschen König in Frankfurt. Lebendig schildert er das Ereignis und blendet auch zurück auf die letzte Kaiserkrönung. Goethe läßt sich von älteren Zuschauern, die 1745 der Krönung Franz' I. beigewohnt haben, erzählen, wie es damals zuging: Maria Theresia, »über die Maßen schön«, habe den Feierlichkeiten vom Balkonfenster eines Hauses neben dem Römer zugesehen. »Als nun ihr Gemahl in der seltsamen Verkleidung aus dem Dome zurückgekommen und sich ihr sozusagen als Gespenst Karls des Großen dargestellt, habe er wie zum Scherz beide Hände erhoben und ihr den Reichsapfel, das Szepter und die wundersamen Handschuhe hingewiesen, worüber sie in ein unendliches Lachen ausgebrochen, welches dem zuschauenden Volk zur größten Freude und Erbauung gedient«. Damals schon wären die Aachener Insignien beinahe von den Pfälzern weggenommen worden, und jetzt, 1764, dürfen die »hergebrachten Händel« auch nicht fehlen. So müssen die Insignien auf freiem Feld den halben Tag bis in die späte Nacht zubringen wegen einer Territorial- und Grenzstreitigkeit zwischen Kur-Mainz und der Stadt Frankfurt. Frankfurt gibt schließlich nach, die Mainzer geleiten die Insignien bis an den Schlagbaum; der Streit ist damit beigelegt.

Die Frankfurter haben am Platz vor ihrem Rathaus, dem Römer, einen Brunnen errichtet. Am Krönungstag springen daraus Fontänen roten und weißen Weins. In einer großen Bretterbude schmort seit Tagen der fette Krönungsochse an einem ungeheuren Spieß. Jetzt füllt sich der große Platz, das Wogen und Drängen wird stärker, der Zug, in welchem die Herren aus Aachen und Nürnberg die Reichskleinodien in den Dom bringen, nähert sich. Im Dom werden die Insignien dem Mainzer Kurfürsten überreicht. Krone und Schwert trägt man ins kaiserliche Quartier.

Endlich erscheinen Kaiser Franz I. und sein Sohn Joseph, der eben gekrönte deutsch-römische König, auf dem Platz vor dem Rathaus. Des Kaisers Ornat von pupurfarbener Seide, mit Perlen und Steinen reich geziert, sowie Krone, Szepter und Reichsapfel fallen wohl ins Auge; denn alles ist neu daran, und die Nachahmung des Altertums geschmackvoll. Der junge König hingegen schleppt sich »in den ungeheuren Gewandstücken mit den Kleinodien Karls des Großen wie in einer Verkleidung einher, so daß er selbst, von Zeit zu Zeit seinen Vater ansehend, sich des Lächelns nicht enthalten« kann. »Die Krone, welche man sehr hatte füttern müssen«, steht »wie ein übergreifendes Dach vom Kopf ab. Die Dalmatika, die Stola, so gut sie auch angepaßt und eingenäht worden, gewähren doch keineswegs ein vorteilhaftes Aussehen. Szepter und Reichsapfel setzen in Verwunderung.«

Auch der alte Brauch, Münzen unter das Volk zu werfen, wird geübt. Der Erbschatzmeister besteigt sein Pferd, an dem zu beiden Seiten anstatt der Pistolenhalfter ein paar prächtige, mit dem kurpfälzischen Wappen bestickte Beutel herabhängen. Kaum hat er sich in Bewegung gesetzt, greift er in die Beutel und streut nach rechts und links freigebig Gold- und Silbermünzen aus. Tausende Hände recken sich, um die Gaben aufzufangen; kaum aber sind die Münzen zu Boden gefallen, ringt man »gewaltig um die Stücke, welche zur Erde gekommen sind«. Während sich die Zuschauer am Platz um den gebratenen Ochsen raufen, begeben sich Kaiser Franz I. und sein Sohn Josef in den großen Saal des Römers. Dort ist die Tafel bereitet.

Des jungen Goethes sehnlichster Wunsch: beim Festmahl dabei zu sein. Durch eine List gelingt es ihm, in den Saal zu kommen. Er bittet einen »Hausoffizianten«, ihm Zutritt zu verschaffen. Der Bedienstete besinnt sich nicht lange und übergibt ihm ein silbernes Gefäß, das er zur Tafel zu tragen hätte. Und so gelangt Goethe in den Römersaal.

Am Ende des Saales sitzen, auf Thronstufen erhöht, unter Baldachinen Kaiser und König in ihren Ornaten; und im Hintergrund

in einiger Entfernung erblickt Goethe Krone und Szepter auf einem goldenen Kissen.[76] Goethe beobachtet scharf. Das beweist die genaue Beschreibung des Römersaales, wie er »an dem Allerhöchsten Solennen Römisch Königlichen Krönungstag Josef des IIten sind zubereitet worden«.[77]
Die Krönung, ein staatsrechtlicher Akt, durch Jahrhunderte mit größter Ehrfurcht zelebriert, zu Goethes Zeiten gewiß noch respektvoll gefeiert, doch nicht nur von Beobachtern, auch schon von den unmittelbar Beteiligten nicht mehr ganz ernst genommen. Die Krönung überdies ein Fest für Zuschauer und Gaffer, für Fresser, Säufer und Raffer.

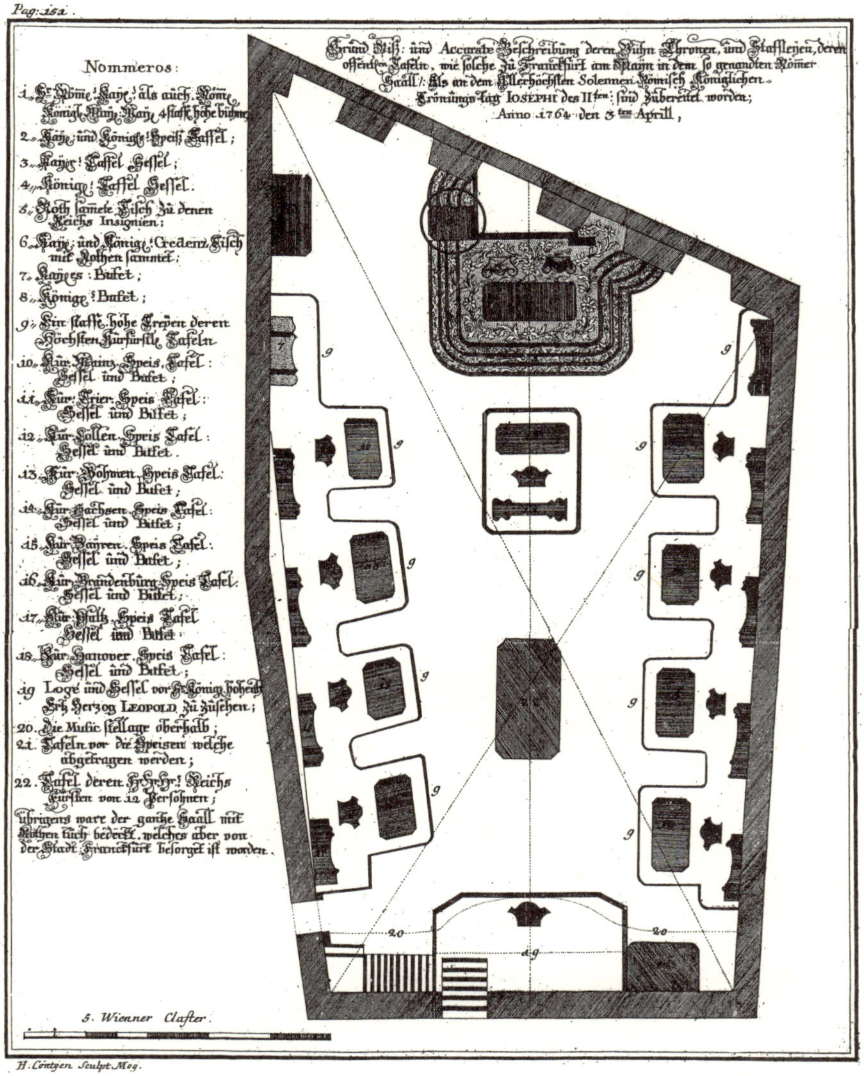

Der Krönungssaal im Frankfurter Römer (Grundriß). Punkt 5 (siehe Kreis) bezeichnet jenen Tisch, auf dem die Reichskleinodien zur Schau gestellt wurden.

6. Kapitel

Von der Revolution zur Restauration

Mit dem 14. Juli 1789 brechen für Kronen, vor allem für die Köpfe, die von ihnen geziert werden, schlechte Zeiten an. An diesem Tag wird in Paris das Staatsgefängnis, die Bastille, gestürmt. Die französische Revolution ist ausgebrochen. Unter Strömen von Blut werden Freiheit, Gleichheit und Brüderlichkeit aus der Taufe gehoben. Die Guillotine, das »Rasiermesser der Nation«, beginnt ihre Arbeit. Selbst der Kopf des französischen Königs fällt unter ihrem Beil. Die Monarchen Europas sehen all dem nicht tatenlos zu; sie bedrängen Frankreich mit ihren Armeen. Aber auch die Franzosen werden offensiv. Die Koalitionskriege beginnen. In ihrem Verlauf fallen französische Revolutionsheere auch in deutsche und österreichische Lande ein.

Als sich im Jahre 1796 die undisziplinierten Scharen des französischen Generals Jourdan[1] der Stadt Nürnberg nähern, fürchten die Nürnberger, Jourdan könnte sich auch für die Reichskleinodien interessieren. Sie fragen beim Kürfürsten von Köln an, »was sie mit den Reichsinsignien anfangen sollen«. Man verweist sie an den kaiserlichen Konkommissarius beim Reichstag zu Regensburg, Johann Aloys Joseph des Heiligen Römischen Reiches Freiherr von Hügel. Dieser eröffnet der Nürnberger Delegation am 20. Juli, er müsse es den Nürnbergern überlassen, »für die ihnen anvertrauten Reichskleinodien nach eigener bester Einsicht zu sorgen«. So abweisend er sich gegenüber der Delegation gibt, so moderat agiert er gegenüber deren Leiter: Dem Oberst Johann Georg Haller von Hallerstein gibt er insgeheim zu verstehen, »daß, wenn er allein und ohne weitere Begleitung die Insignien an ihn überliefern wolle, er die gesicherte Aufbewahrung bereitwillig übernehme«.[2] Der Nürnberger Rat geht auf den Vorschlag ein und beauftragt Haller am 21. Juli, die Reichskleinodien unauffällig und ehebaldigst wegzuschaffen und dem Reichstag zu übergeben. Natürlich gegen Empfangsbescheinigung und die Versicherung, daß die Insignien »nach sich geänderten dermaligen traurigen Zeiten und eingetretenem lieben Frieden« dem Rate der Stadt Nürnberg zurückzustellen sind.[3]

Ab diesem Punkt der Ereignisse bemächtigt sich später die Legende des weiteren Schicksals der Kleinodien. Selbst als durchaus seriös geltende historische Arbeiten sind davon nicht frei. Zunächst ist die sogenannte »Mistfuhrfabel« zu nennen. Ihr zufolge wären die Reichskleinodien »in aller Frühe in Kisten sorgfältig verpackt, mit Pferdedünger überschüttet, auf einem Karren aus der Stadt geschafft« worden. Auf dem nahen ansbachischen Gebiet angelangt, hätte der kaiserliche Oberst Roller die Mistfuhre übernommen und auf Befehl des Grafen Schlick nach Prag gebracht. Schließlich wird die Möglichkeit angedeutet, man hätte die Reichskleinodien im Anschluß daran von Prag nach Ungarn verlagert. Als Quelle für diese Version werden Nürnberger Kirchenbücher genannt.[4] Bis 1833 finden sich in den Nürnberger Kirchenbüchern keine diesbezüglichen Hinweise. Erst 1833, also siebenunddreißig Jahre nach den Geschehnissen, als die Pfarrgeschichte von Heilig-Geist geschrieben wird, macht der Pfarrer jene Eintragungen, die wahrscheinlich als Quelle für diese Darstellungen dienen: Er spricht davon, daß man die Kleinodien geheim in der Nacht in einer unscheinbaren Kiste wegschaffte. Von dem Obristen ist die Rede, von dem Befehl des Grafen Schlick, den Schatz nach Prag zu schaffen und davon, daß man ihn auf die ungarische Festung Mungatsch gebracht habe, wo er sich vielleicht noch befände. Die Mistfuhrfabel sucht man vergebens in der Darstellung des Geistlichen.[5] Die Mär von der Mistfuhre kann man erst später bei Karl von Kreß, der 1888 von einem Düngerwagen spricht,[6] sowie in Schlossers Monumentalwerk über die Wiener Schatzkammer (1918) finden und 1920 in einer Schrift vom selben Autor.[7] Nürnberg steht nicht nach; 1934 veröffentlicht dort Traugott Schulz eine Broschüre über die Kleinodien, aus deren Inhalt zu schließen ist, daß er die Schlossersche Darstellung ohne Nachprüfung übernommen hat.[8] Wie man sieht, und wie das in der Geschichts- und Geschichtenschreibung nicht gerade selten vorkommt, haben solche Fabeln ein zähes Leben. Tatsächlich jedoch nimmt das Schicksal der Reichskleinodien ab dem 23. Juli 1796 einen völlig anderen, deswegen aber nicht weniger abenteuerlichen Verlauf. Oberst von Haller verläßt Nürnberg mit dem Kronschatz um fünf Uhr morgens. Üblicherweise könnte er damit rechnen, noch am selben Tag in Regensburg einzutreffen. Doch die Straßen sind voll von Flüchtlingen, die sich und ihre Habe vor den Franzosen zu retten suchen; auch Pferde sind rar, sodaß der Oberst erst am folgenden Tag nach acht Uhr früh in Regensburg eintrifft. Nur mit Mühe findet er Unterkunft im Gasthof »Weißes Lamm«. Regensburg ist von Fremden überfüllt. Die an der Regensburger Lände liegenden Schiffe sind mit Flüchtlingsgut vollgepfropft. Die Furcht vor den anrückenden Franzosen beherrscht auch diese Stadt. Die Reichstagsgesandten erwägen bereits ihre Abreise; jedenfalls haben sie ihre »besten effecten« schon gepackt, um »nöthigen Falls ohne Anstand abreisen zu können«.

Obrist von Haller meldet sich sogleich bei Hügel und wird mittags »mit aller politesse« empfangen. Er überreicht dem Konkommissar den Brief, in dem der Nürnberger Magistrat seinen Entschluß bekannt gibt, die Reichskleinodien wegen der drohenden Gefahr der Reichsversammlung in Nürnberg abzuliefern, und verhehlt auch nicht, beauftragt zu sein, dem Kurmainzischen Direktorial-Gesandten Baron von Strauß ein gleichlautendes Schreiben auszuhändigen. Doch Hügel liegt daran, den Aufenthalt des Kron-

schatzes möglichst geheim zu halten. Hatte er schon verhindert, daß die vor wenigen Tagen bei ihm erschienene Deputation von seinem Einverständnis erfuhr, die Kleinodien zu übernehmen, hatte er Haller unter vier Augen zu verstehen gegeben, durchaus gewillt zu sein, den Kronschatz zu übernehmen, wenn dies nur geheim geschehe, so versteht es Hügel nun, Haller zu überzeugen, es sei alles zu unterlassen, wodurch die Übergabe der Reichskleinodien bekannt werden könnte. Insbesondere von gewissen Gesandtschaften müßten Schwierigkeiten erwartet werden, beispielsweise von Brandenburg und Hessen-Kassel. Im übrigen könne der Geheimhaltung nicht besser gedient werden, je weniger Personen um das Geheimnis wüßten. Haller kommt dem Wunsch des routinierten Diplomaten Hügel nach. Der Brief an Baron von Strauß bleibt unbestellt. Ausgenommen Hügel selbst, weiß kein Deputierter des Reichstages, daß die Reichskleinodien dem Konkommissar ausgefolgt werden.
Um fünf Uhr nachmittags findet sich Obrist Haller mit dem Kronschatz im Taxischen Palais ein, wo auch das kaiserliche Archiv untergebracht ist. Hügel hätte ihm zum Transport des Kronschatzes vom Gasthaus zum Palais ohne weiteres seine Wagen anbieten können, doch er sah davon ab: das würde unter Umständen Aufsehen erregt haben. So benutzte Haller für die Kroninsignien einen gewöhnlichen »Lohn-Wagen«. Im Archiv öffnet der Sekretär die Kiste, jedes Stück wird herausgenommen und revidiert, Reichskrone, Szepter, Pluviale, Handschuhe, Strümpfe, Schuhe, Gürtel werden »mit möglichster Vorsicht wieder in das nämliche Behältnis« gelegt.[9] Hügel händigt dem Obersten zwar eine Empfangsbestätigung aus, ebenso einen Revers bezüglich ihrer Rückgabe; dieser Revers beinhaltet jedoch nicht die von den Nürnbergern erbetene Erklärung. Er enthält dafür die Mitteilung, daß Hügel bereits einen »unterthänigsten Bericht mit heutiger Post an den Allerhöchsten Hof gemacht, sich die allergnädigste Willensmeinung Ihrer Kaiserlichen Majestät erbethen und um die weitere Ermächtigung angestanden habe, die verlangten

Reversales wegen der seiner Zeit zu bewirkenden Rückaushändigung in der beruhigensten Art auszustellen.« Er läßt die Nürnberger auch nicht im unklaren darüber, daß er, falls es die Situation erfordern würde, die Reichskleinodien zu ihrer Rettung »nach dem Allerhöchsten Hoflager«, also nach Wien, bringen würde.[10] Oberst Haller teilt er mit, er habe das kaiserliche Archiv schon eingepackt, ein Schiff sei bereits seit Tagen gemietet, Archiv und Kroninsignien würden in Kürze abgesandt werden.[11]

Der Wiener Hof reagiert prompt. Reichshofvizekanzler Fürst von Colloredo-Mannsfeld berichtet sogleich dem Kaiser: »Da aber in Regensburg selbst gegenwärtig jedermann mit Anstalten zur Flüchtung beschäftigt ist, so fragt der Kaiserliche Konkommissar an, ob er im Falle der eintretenden Noth die seiner Aufbewahrung anvertrauten Reichsinsignien ... zu Wasser nach den Allerhöchsten Hoflager abschicken, oder wegen des hohen Werthes den Transport der letzteren zu Lande besorgen solle?« Kaiser Franz ordnet an, daß die Reichskleinodien »zu Wasser hierher zu transportieren sind«.[12] Colloredo lobt Hügels Verhalten. Der Konkommissär habe »durch die Übernahme dieser Effecten (Anm.: der Reichskleinodien) und durch die Art des Vollzuges der Klugheit und Vorsicht gemäß gehandelt«. Hügel wird aufgetragen, den Magistrat Nürnberg auf Befehl des Kaisers zu benachrichtigen, »daß, sobald die Gefahr vorübergegangen sein werde«, dem Nürnberger Rate »auch die kaiserlichen Kroninsignien gehöriger Maßen würden zurückgehändigt werden«. Colloredo läßt Hügel wissen, es sei von ihm »ganz wohl daran geschehen, ... die weitere Eröffnung der Sache an den Herrn Reichs-Direktorialen (Anm: Strauß) verhindert zu haben. Wenn jedoch bei sich allenfalls vergrößernder Gefahr der Fall der wirklichen Absendung sich ergeben sollte, so walte kein Anstand mehr vor, daß er dem Herrn Reichsdirektorialen von den getroffenen Maßregeln gelegentlich und gesprächweise Nachricht erteile«.[13]

Was unternehmen inzwischen die Franzosen? Die Befürchtungen der Nürnberger stellen sich als durchaus begründet heraus. Jourdans Truppen halten die Reichsstadt vom 9. bis 24. August besetzt. Am 15. August marschieren sie zur Heilig-Geist-Kirche, lassen den Heiltumskasten vom Chorgewölbe herab und finden – nichts. Auch in die Sakristei dringen sie ein – auch hier nichts. Der Hauptteil der Kleinodien befindet sich ja schon in Hügels Händen. Das glauben die Franzosen aber nicht ohne weiteres. Erst nachdem die Kronhüter den Schwur leisten, die Kleinodien seien tatsächlich weggebracht worden, ziehen die Franzosen ab.[14] Es wurde schon erwähnt, daß sich die Reichstagsgesandten in Regensburg mit ihrer wertvollsten Habe reisefertig machten. Zur wertvollsten Habe Hügels zählen im Augenblick die Reichskleinodien. Auch Hügel macht sich reisefertig, wäre sogar einer vorübergehenden Verlegung des Reichstages nach Passau nicht abgeneigt, beklagt sich, daß der Hof die Evakuierung seiner Familie und des Archivs noch nicht gestattet, und reist eigenmächtig nach Passau,[15] wo er am späten Abend des 30. August[16] mit den Reichskleinodien eintrifft.[17] Flüchtlinge überschwemmen die Stadt, eine Unterkunft ist nicht zu finden, Hügel sucht für sich, seine Familie und die mitgeführte Habe vergebens eine Herberge. Man muß auf offener Straße übernachten. Höchstwahrscheinlich teilen auch die Reichskleinodien dieses Schicksal. Erst am kommenden Tag stellt der Hügel gegenüber stets zuvorkommende Bischof eine Wohnung zur Verfügung.[18] Am 20. September reklamiert Hügel in Nürnberg jenen Teil der Reichskleinodien, der ihm bisher noch nicht ausgefolgt worden ist: »... die zwei Schwerter Caroli Magni und Sancti Mauritii und verschiedene Heiligtümer, welche Kaiser Sigismund Nürnberg zur ewigen Verwahrung anvertraut worden«. Er versichert, es verstehe sich von selbst, »daß diese wie die wirklich abgelieferten Stücke bei gänzlicher Entfernung der Gefahr der Reichsstadt Nürnberg zur ferneren treuen Aufbewahrung für Ihre Kaiserliche Majestät werden obrückerstattet werden«.[19] Ist es Hügel selbst aufgefallen, daß diese Stücke fehlen? Hat ihn jemand aufmerksam gemacht? Es überrascht zu erfahren, daß Oberst von Haller Hügels Augenmerk darauf lenkt. Denn nicht nur Franzosen, auch preußische Truppen halten sich in der Nähe Nürnbergs auf. Schon ehe die Franzosen kommen, rücken sie am 4. Juli 1796 vor die Stadt, verjagen die städtischen Wachposten und schlagen den preußischen Adler an die Tore.[20] Nach dem Abzug der Franzosen liegen sie von Anfang September bis Anfang Oktober sogar in Nürnberg im Quartier. Sie könnten gleich den Franzosen Appetit auf den in der Stadt verbliebenen Rest der Reichskleinodien bekommen. Noch dazu, als die Nürnberger sogar selbst daran denken, sich dem alten Feind, dem König von Preußen, freiwillig zu unterwerfen, eine Absicht, die von der Bürgerschaft fast einstimmig gebilligt wird.[21] Haller hält es daher mit Recht für besser, auch diese Stücke in Händen des Konkommissärs zu wissen, wenngleich es ihm nicht angenehm wäre, daß jemand von seiner Nachricht an Hügel erführe. Er bittet, seinen Namen »bei dieser Sache zu menagieren«,[22] was in der Sprache von heute »zu schonen«, also vertraulich zu behandeln, heißt.

Hügel, noch immer in Passau, weist seinen Sekretär Karl Emmerich an, die restlichen Kleinodien zu übernehmen und dabei jedes Aufsehen zu vermeiden. Emmerich müsse daher »nur in Stillen und gleichsam von ohngefähr im Lamm nach dem Herrn Obrist fragen«.[23] Oberst von Haller fährt am 28. September mit der Post nach Regensburg ab. Als Gepäck führt er einen verschlossenen Koffer und eine Kiste bei sich. Am Abend desselben Tages trifft er in Regensburg ein, nimmt Logis im »Weißen Lamm«, läßt am folgenden Tag die Reichskleinodien durch einen Lohnkutscher in das Fürstliche Taxische Palais bringen und händigt im Prinzipal-Archiv Koffer und Holzkiste dem Sekretär aus.[24]

Offen ist die Frage, wo die Nürnberger die zunächst nicht an Hügel ausgefolgten beiden Schwerter der Reichsinsignien und alle wertvollen Reichsreliquien unterbrachten, die Hügel anfordert, und die ihm vom Nürnberger Rat nun auch übergeben werden. Zu Beginn des 16. Jahrhunderts wurde im Zuge von Abbrucharbeiten beim Spitalsbau ein unbekanntes Gewölbe gefunden. Der Entdecker riet, er könne ein noch viel besseres und geheimeres Versteck anlegen, »worin man in einer Noth verbergen und verhalten kann, was man will«. In der Franzosenzeit vermerkt ein Spitalsbediensteter, er sei in diesem unterirdischen Gewölbe mehrmals gewesen und habe auch im Jahre 1796 manches verborgen. Es ist sehr wohl möglich, daß es sich bei diesem Gewölbe um jenen Ort handelt, an dem man den Rest der Insignien verbarg. Warum aber verbergen die Nürnberger 1796 nicht alle Reichskleinodien an diesem geheimen Ort? Vermutlich ist das Versteck doch schon zu bekannt, als daß man ihm den gesamten Kronschatz anvertrauen will.[25] Und warum sandten die Nürnberger nicht sogleich alle Insignien und Kleinodien nach Regensburg? Wahrscheinlich tatsächlich aus jenem Grund, den sie Hügel gegenüber angeben: »..., daß man bei der Überführung der Kleinodien Bedenken getragen hatte, die Ladung des Wagens zu umfangreich zu machen«.[26]

Für Hügel und den Wiener Hof ergibt sich durch die Anwesenheit der Preußen in Nürnberg eine neue Situation. Hügel fragt aus Passau bei Colloredo an, wie er sich nun bezüglich der »Kaiserlichen Reichs- und Kroninsignien zu benehmen habe«. Colloredo trägt die Frage dem Kaiser vor, weist darauf hin, daß sich Nürnberg »in königlich preußischer Gewalt und Botmäßigkeit befindet«, und schlägt vor, den Kronschatz »bis zur näheren Entwicklung des künftigen Schicksals dieser Reichsstadt einstweilen unter dem Vorwand der für dortige Gegenden noch möglichen Kriegsgefahr hierher an das Allerhöchste Hoflager kommen zu lassen, um nach Maßgabe der künftigen Ereignisse weiter darüber verfügen zu können«. Der Kaiser stimmt diesem Vorschlag am 24. September 1796 zu. Colloredo unterrichtet davon den Konkommissar noch am selben Tag.[27]

Doch günstige Wendungen der militärischen Lage machen es nicht erforderlich, die Reichskleinodien nach Wien zu bringen – noch nicht. Vielmehr kehrt Hügel nach etwa einmonatigem Aufenthalt in Passau am 2. Oktober nach Regensburg zurück,[28] verwahrt die Reichskleinodien in seinem Haus[29] Ecke Augustinergasse-Gesandtenstraße[30] und versteckt sie dort unter einem Haufen Hafer.[31] In diesem Versteck werden die Kleinodien einige Jahre verborgen gehalten. Es gehören, wie Hügels Tochter »Nanny« in ihrem Tagebuch vermerkt, »hoher Mut und Entschlossenheit dazu, Objekte von so großem Wert der dringenden Gefahr zu entziehen und dem Reichsoberhaupt zu erhalten«. Dazu kommt, daß in der neben dem Verwahrungsort liegenden Kutscherwohnung ein Brand ausbricht. Den Kleinodien droht unmittelbare Gefahr. Hügel hat in sein Geheimnis außer seiner Familie nur eine Person eingeweiht: den Portier. Mit dessen Hilfe rettet er »um mitternächtlicher Stunde« den Schatz.[32] Europa kommt nicht zur Ruhe. England, Österreich, Rußland und eine Reihe anderer Staaten schließen sich 1799 zu einem Bündnis gegen Frankreich zusammen. Der zweite Koalitionskrieg bricht aus. Als im darauffolgenden Jahr die Franzosen wieder in Süddeutschland einrücken und Regensburg bedrohen, verläßt Hügel am 1. Juli 1800 die Stadt und bringt die Reichskleinodien sowie das Archiv »unter gesicherter Begleitung« zunächst nach Passau. Dort wird der Kronschatz im »fürstlichen Gewölb« eingelagert. Als der kommandierende Offizier anordnet, daß alle »Effekten von Werth« aus Passau wegzuschaffen sind, läßt Hügel die Kroninsignien abtransportieren. Sie werden Anfang September per Schiff nach Linz gebracht. Auch das Archiv wird dorthin verlagert. Hügel leitet den Transport selbst. In Linz liegt das Schiff bis Anfang Oktober an der Lände. Geeignete Räume, die Reichskleinodien sicher aufzubewahren, sind nicht vorhanden. Der Reichsschatz bleibt daher während dieser Zeit an Bord. Hügel ist auf sich allein gestellt. »Bei drohender Winterzeit, bei der Ungewißheit und Unwahrscheinlichkeit, daß eine Rückkehr möglich sein werde,« hält er den Zeitpunkt für gekommen, die kostbaren Effekten entsprechend dem ihm schon 1796 erteilten Auftrag ans kaiserliche Hoflager zu überführen. Hügel reist daher Anfang Oktober weiter Richtung Wien. In Engelhartszell, der »Haupteintrittsstelle in die k.k. Erblande«, werden die beiden Koffer und der »Verschlag«, in denen sich die Kleinodien befinden, »plombiert«. In Wien deponiert Hügel das wertvolle Gut bei der Hauptmaut. Wohlweislich verschweigt er den genauen Inhalt. Er deklariert ihn als Pretiosen des Kaisers und schärft den Zollbeamten ein, das Depositum sorgfältig zu verwahren. Unmittelbar darauf berichtet Hügel dem k. k. Finanzminister Graf von Saurau, was in der Hauptmaut tatsächlich hinterlegt worden ist.[33]

In der Tradition der Familie Hügel wird die Übergabe der Reichskleinodien farbig, ja kurios geschildert. Karl Anselm Freiherr von Hügel, Sohn des Konkommissarius, berichtet, als sein Vater in Wien mit dem Kronschatz eintrifft, sei es ihm »beinahe übelgenommen worden, die Kleinodien gerettet zu haben«. Statt daß ihm für »die großen Mühen, welche es ihm gekostet hatte, dieselben seinem Kaiser zu erhalten«, Anerkennung gezollt wird, will sie niemand übernehmen. Sie bleiben »in einem Winkel in den Magazinen des Mauthgebäudes während mehrerer Jahre aufgestellt, bis sie endlich reklamiert und die Kisten geöffnet werden, wobei sich herausstellte, daß ein Sporn Kaiser Karls des Großen und noch ein anderes Stück in Verlust geraten war«.[34]

Diese Geschichte muß unter die vielen Legenden eingereiht werden, die sich um die Reichskleinodien ranken. Karl Anselm von Hügel, der uns die angebliche jahrelange Einlagerung im Winkel des Mauthauses überliefert, ist 1796 geboren, zur kritischen Zeit also vier Jahre alt. Aus eigener Wahrnehmung kann er wohl kaum berichten. Auch wird wiederholt behauptet, Kaiser Franz habe sich gegen die Übernahme der Reichskleinodien gesträubt. Eine unglaubwürdige Behauptung. Hat der Kaiser nicht schon 1796 dem Vorschlag Colloredos zugestimmt, den Kronschatz »an das Allerhöchste Hoflager«, also nach Wien zu bringen?

Tatsächlich verhält sich die Sache folgendermaßen: Am 13. Oktober 1800 unterrichtet Konkommissär Alois Freiherr von Hügel aus Döbling bei Wien den Reichsvizekanzler von seiner Ankunft und bittet um Weisung, was nun zu geschehen habe. Colloredo unterbreitet die Angelegenheit dem Kaiser. Dieser entscheidet am 26. Oktober, »daß die beiden Koffer und der Verschlag in die k. k. Schatzkammer zu überbringen und dem k. k. Schatzmeister Herrn von Wolfskron« durch Hügel zu übergeben sind. Hügel wendet sich nochmals an den Finanzminister; er möge veranlassen, daß Koffer und Verschlag »ohne Eröffnung des Bleyes«, also ohne Aufbruch der Siegel, von einem »vertrauten Beamten« am 29. Oktober »zwischen elf und zwölf Uhr in die k. k. Schatzkammer überbracht« werden, damit Hügel die Reichskleinodien an Wolfskron ausfolgen könne. Hügel legt dem Schatzmeister »Stück für Stück« vor. Wolfskron bestätigt, alle in der seinerzeitigen Übergabeurkunde verzeichneten Reichsheiligtümer »in guter Beschaffenheit« übernommen zu haben. Lediglich das Reichskreuz sei an zwei Ecken beschädigt, was wahrscheinlich auf die sorglose Verpackung zurückzuführen sei. Auch »einige große Steine« hätten Schaden davongetragen, mehrere Perlen scheinen aber offensichtlich »schon im Voraus in Verlust gerathen zu seyn«.[35]

Auch die Behauptung, »ein Sporn Karls des Großen und noch ein anderes Stück« seien zwischen der Übernahme der Reichskleinodien durch Hügel 1796 und ihrer Ablieferung an die Wiener Schatzkammer im Oktober 1800 verlorengegangen, ist nachweislich unrichtig. Dasselbe gilt für die von anderer Seite erhobene, noch weitergehende Behauptung, wonach aus diesem Anlaß nicht nur »ein Paar gotischer Sporen«, sondern auch »die beiden Armspangen aus der Zeit Ottos I., die normannisch-sizilische Stola, ein Paar einfarbiger Handschuhe, die Gugel (Anm.: Kopfbedekkung) zur Adlerdalmatika ..., zwei gotische Reichsäpfel und das Humerale (liturgisches Schultertuch)« verlorengegangen wären.[36] Die Unrichtigkeit dieser Behauptungen ergibt sich aus dem Vergleich der Übergabe- und Übernahmebestätigungen. Der Inhalt dieser Dokumente stimmt überein. Eine Differenz, die auf den Verlust irgendeines durch Hügel bzw. seines Sekretärs übernommenen Gegenstandes schließen läßt, ist nicht zu erkennen.[37]

Diese Gegenstände müssen also schon vorher in Verlust geraten sein.
Als korrekter Beamter überreicht Hügel dem Reichsvizekanzler die Originale der Empfangsscheine. Sie seien zu seiner »Legitimation und Sicherheit zu des Reiches Acten« zu legen. Nicht ohne Befriedigung und Stolz vermeldet Hügel schließlich ein wenig pathetisch: »Welches immer das fernere Schicksal dieser ehrwürdigen und kostbaren Überreste des grauen Alterhums seyn wird, so gereicht es mir zur großen Beruhigung, sie im Augenblick dringender Gefahr im July des Jahres 1796 in Zeiten in Sicherheit gebracht, den Magistrat der Reichsstadt Nürnberg zur vollständigen Ablieferung mittelst Nachsendung der Reichsheiligtümer bewogen, sie in der offenen, kaum mit einer zureichenden Polizeimacht versehenen Reichsstadt Regensburg ungeachtet der einigemale daselbst bedenklich gestörten öffentlichen Sicherheit in Treue und engster Verschwiegenheit aufbewahrt, sie in diesem Jahre der erneuten und bey einem viermonatlichen Aufenthalt in der Nähe der Armee mannigfaltigen Gefahr entzogen und nun endlich einem ihrer erhabenen Bestimmung sicheren Zufluchtsort überliefert zu haben.«[38]
Doch so sicher ist der Zufluchtsort nicht. Kaum befinden sich die Reichskleinodien in der Wiener Schatzkammer, droht neue Gefahr. Anfang Dezember 1800 wird das österreichische Heer unter Erzherzog Johann in der Schlacht bei Hohenlinden nahe München von General Moreau geschlagen. Die Franzosen besetzen am 15. Dezember Salzburg, Erzherzog Karl übernimmt, von Volk und Armee gerufen, das Kommando. Aber es ist zu spät. Die Franzosen gehen über die Traun, rücken am 21. Dezember in Steyr ein, ihre Kavallerie erreicht Melk.
Unter dem Eindruck dieser militärischen Mißerfolge befiehlt Kaiser Franz am 23. Dezember: »Die unglücklichen Ereignisse bei Meiner Armee in Deutschland und das Vordringen des Feindes in Österreich ob der Enns machen es notwendig, die Meinigen ehestens in Sicherheit zu bringen... Da aber auch der Fall sich

ergeben kann, daß der Feind so ganz bis vor die Mauern Wiens kommen möchte, so ist gleich jetzt darauf fürzudenken, damit sowohl die Kostbarkeiten und Vorräthe des Hofes als auch die Archive... von hier weggeschafft werden.«[39]

Von dieser kaiserlichen Anordnung ist selbstverständlich auch die Schatzkammer betroffen. Die Kostbarkeiten, darunter jedenfalls auch die Reichskleinodien, werden »emballiert« und auf schwere Transportwagen verladen. Bestimmungsort ist Brünn.[40] Die Befürchtung, »daß der Feind so ganz bis vor die Tore Wiens kommen möchte«, tritt infolge des am 25. Dezember 1800 in Steyr geschlossenen Waffenstillstandes nicht ein. Die Franzosen rükken entlang des rechten Donauufers bis zur Erlauf vor, welche die Demarkationslinie bildet.[41] Als Folge des Waffenstillstandes erreicht den Oberhofmeister Starhemberg am 27. Dezember 1800 die Nachricht, daß die Abreise »bis auf weiteres verschoben« ist. »Was aber die Schatzkammer... belanget, so sollen dieselbe zwar gepackt einstweilen noch hier belassen, jedoch die erforderlichen Vorkehrungen gleich dermalen getroffen werden, daß sie auf den ersten weiteren Befehl ohne allen Verzug von hier nach Mähren abgeführt werden könne«.[42] Man traut dem Frieden offenbar noch nicht recht. Zwei Tage darauf entschärft sich die Situation weiter. Der Kaiser ordnet am 30. Dezember an, »daß die emballierten Schatzkammer Colli... wieder abgenommen und in die Schatzkammer überbracht werden«. Schließlich befiehlt der Kaiser, daß die Abschickung auch aller übrigen Wagen »bis auf meinen weiteren Befehl zu unterbleiben« hat.[43] Dieser Befehl ist nicht mehr erforderlich; im Februar 1801 wird zu Lunéville Friede geschlossen. Den Reichskleinodien aber wird damit eine Frist von fünf Jahren eingeräumt, in denen sie ungestört in der Schatzkammer ruhen können.

Nach dem Friedensschluß von Lunéville ziehen die Franzosen aus Nürnberg ab.[44] Nürnberg erwartet, daß der Wiener Hof, entsprechend den gemachten Zusagen, die Reichskleinodien wieder zurückstellt. Kaiser Franz II. aber läßt nichts von sich hören.

Der Nürnberger Rat greift daher die Angelegenheit im August 1803 von sich aus auf. Konsiliarius Dr. A. Kalhard wird angewiesen, an Hügel ein Schreiben wegen Wiederaushändigung der Kleinodien ehebaldigst zu verfassen. Der Herr Konsiliarius hat es aber nicht eilig. Erst Ende Oktober 1803 legt der pedantische und übervorsichtige Mann dem Rat ein Gutachten vor, das eigentlich nur aus Wenn und Aber besteht. Sei es überhaupt zweckmäßig, fragt er, von sich aus die Reichskleinodien zu reklamieren? Die durch ihre Aufbewahrung in Nürnberg für die Stadt erwachsenden Vorteile, wie Wallfahrten und die damit verbundenen Messen, seien doch weggefallen. Dem Wegfall dieser Vorteile stünden nur die Kosten gegenüber, die durch die Erneuerung des Privilegs erwüchsen.

Der Nürnberger Patrizier Johann Christoph Sigmund Kreß von Kressenstein hingegen ist ganz anderer Meinung, verwirft die rein »kameralistische und pekuniarische« Überlegung Kalhards, argumentiert mit Ehre, Rechten, Vorzügen und Prärogativen, die mit der Verwahrung der Reichskleinodien verbunden wären, läßt aber die praktische Seite nicht ganz außer Betracht, wenn er darauf hinweist, daß bei Einholung der Insignien die Gesandten der Reichsstände mit ihren Suiten in Nürnberg abstiegen, daß der mit dem Transport der Insignien betraute Nürnberger in den Ritterstand erhoben würde, und daß überhaupt durch die Verwahrung der Reichskleinodien der Kredit Nürnbergs wieder hergestellt werden würde. Bei den schwierigen Verhältnissen, unter denen die Reichsstadt leidet, ein gewiß recht verlockender Aspekt. Herr Kreß von Kressenstein kommt zu dem Schluß, die Rückführung der Reichskleinodien müsse so bald wie möglich in die Wege geleitet werden, auch wenn gewiß zu bedenken sei, daß damit finanzielle Verpflichtungen der Stadt verbunden seien.[45] Im April 1804 wird der Nürnberger Patrizier Jobst Wilhelm Karl von Tucher beauftragt, sich wegen des Rücktransportes der Insignien an Hügel zu wenden. Tucher soll dafür sorgen, daß die Reichskleinodien durch einen Stabsoffizier mit »ein paar tüchtigen und entschlossenen Personen« zurückgebracht werden. Tucher konferiert eingehend mit dem Konkommissär und hält Nürnbergs Bitte schließlich in einem Memorandum fest.[46] Hügel bedauert. Er könne dem Wunsche nicht nachkommen, die Reichskleinodien befänden sich in Wien. Er wolle aber von dem Nürnberger Begehren gerne »seinem allerhöchsten Hofe Kenntnis« geben. Im übrigen beruhigt Hügel den Nürnberger Gesandten: Kein Zweifel, die Reichskleinodien würden zurückgestellt, es sei auch zu hoffen, daß selbst die Aachener Insignien, die sich ebenfalls in Wien befänden, der Stadt Nürnberg zukämen.[47] Nach Wien berichtet Hügel, der Gewährung der Bitte Nürnbergs »scheint nichts entgegen zu stehen als die Ungewißheit der Zukunft«. Selbst die Vertreter Nürnbergs gäben bei jeder Gelegenheit zu erkennen, daß die Reichsunmittelbarkeit ihrer Stadt nicht erhalten werden könne, »wenn der gewalthtätigen Besitznahme von Preußen und Bayern nicht Einhalt gesetzt« werde.[48]

Welche Bewandtnis hat es mit den von Hügel erwähnten Aachener Insignien? 1356 bestimmt die Goldene Bulle als Krönungsort der deutschen Könige die Stadt Aachen. Die Nürnberger brachten daher ab 1442 Insignien und Ornat zu den Krönungen in diese Stadt.[49] Ab dem 14./15. Jahrhundert finden sich bei den Feierlichkeiten neben den schon vorhandenen Insignien wie Krone, Szepter, Reichsapfel und Schwert drei weitere Kleinodien, nämlich das Reichsevangeliar, die Stephansbursa und der sogenannte Säbel Karls des Großen. Auf das Evangeliar wurde bei der Krönung der Eid abgelegt, die Stephansbursa, die nach der – im übrigen unrichtigen –[50] Tradition vom Blute des Heiligen Stephanus getränkte Erde enthalten sollte, stand bei der Krönung am Altar, und mit dem Säbel umgürtete sich ab dem 17. Jahrhundert der Monarch. Wenn die Krönungen auch ab 1531 nicht mehr in Aachen, sondern in Frankfurt, Regensburg und Augsburg stattfanden, so sandten die Aachener doch gleich den Nürnbergern auch ihre Insignien an die Krönungsorte, bis das Reich 1806 unterging.[51]

In den turbulenten Jahren der Koalitionskriege hielt es das Aachener Domkapitel für ratsam, den Domschatz samt den Aachener Reichskleinodien aus der Stadt zu bringen, um sie dem begehrlichen Zugriff der Franzosen zu entziehen. 1792 wird Aachen von den Franzosen besetzt. Im folgenden Jahr müssen sich die Besatzer wieder zurückziehen. Die Aachener Bürgerschaft beteiligt sich rege an der Vertreibung. Im Sommer 1794 nähern sich die Franzosen wieder. Die Aachener befürchten ein Strafgericht und bringen ihre Wertgegenstände in Sicherheit. Im September 1794 rückt General Jourdan in die Stadt ein. Die Franzosen machen von dem im Schwange befindlichen Recht des Siegers Gebrauch; Wohlmeinende sprechen von requirieren, weniger Wohlmeinende von plündern. Unter anderem werden das Bleidach des Münsters abmontiert, die Statue Karls des Großen vom Marktbrunnen entfernt sowie die sechsundvierzig Marmorsäulen aus dem Oktogon des Münsters gebrochen und nach Paris verschleppt.[52] Das Domkapitel tat gut daran, den Münsterschatz und die Kleinodien in Paderborn zu bergen, wo alles im Kapuzinerkloster untergebracht wurde. Hält sich zunächst ein guter Teil des Stiftskapitels in Paderborn auf, so kehrt es allmählich nach Aachen zurück – bis auf einen: Kanonikus Anton Joseph Blees. Er bleibt, obwohl offiziell nicht autorisiert, gleichsam als Hüter des Schatzes. Blees verfügt nicht über die notwendigsten Mittel, um seinen Lebensunterhalt zu bestreiten, und versucht daher, sich auf verschiedenste Weise über Wasser zu halten. So wendet er sich auch an den kaiserlichen Gesandten beim niederrheinisch-westfälischen Kreis, Graf Westphalen, und unterrichtet ihn über die Reichskleinodien in der Hoffnung, als ihr Hüter angestellt und besoldet zu werden. Graf Westphalen beeilt sich, diese Neuigkeit dem Fürsten Colloredo zu vermelden und um Instruktionen zu bitten. Nun beginnt ein Tauziehen, das sich über ein ganzes Jahr erstrecken wird. Noch sind die erbetenen Anordnungen in Paderborn nicht eingetroffen, schon fordert Westphalen Anfang Oktober 1797 Blees auf, ihm die drei Aachener Kleinodien zu übergeben. Blees lehnt ab. Colloredo, nicht ohne Erfahrung in solchen Belangen, befinden sich doch schon die Nürnberger Reichskleinodien in Hügels Händen, erteilt postwendend klare Direktiven: Westphalen habe sich die Kleinodien »zur desto sichereren Verwahrung derselben und bis zur weiteren Weisung gegen Empfangsbescheinigung übergeben zu lassen«. Sollte sich Blees weigern, so möge Westphalen die Hilfe des Fürstbischofs von Paderborn anfordern; die Objekte seien ja nicht Eigentum des Aachener Stiftes, sie seien dem Stift nur von Kaiser und Reich zur Verwahrung anvertraut, dem Kaiser als Reichsoberhaupt obliege sowohl die Befugnis als auch die Verpflichtung, die für ihre Sicherheit erforderlichen provisorischen Maßnahmen zu treffen.[53]

Westphalen erteilt seinem Bevollmächtigten, Hofrat Wichmann, wenig später den Auftrag, sich die Aachener Reichskleinodien »bis zu weiterer Allerhöchsten Verfügung einstweilen ad depositum übergeben zu lassen«.[54]

Außer Winkelzügen zwischen Paderborn, Aachen und dem Gesandten Westphalen geschieht jedoch zunächst nichts. 1798 aber verschärft sich die Situation. Die Franzosen beauftragen die linksrheinisch gelegenen »geistlichen Cooperationen«, das gesamte mobile und immobile Vermögen anzugehen. Westphalen ist also nicht ohne Grund besorgt, »daß von dem in Aachen zurückgebliebenen Stifte die Beibringung dieses Kirchenschatzes verlangt werden« würde.[55] Er ist daher gezwungen, schärfere Töne anzuschlagen. Sollte Blees die Herausgabe verweigern, so habe Hofrat Wichmann »Auftrag zur Gewalt«.

Wichmann solle jedoch darauf achten, »daß alles so weit möglich in größter Stille geschehe und auf keine Art einiges Aufsehen mache«.[56] Und dem noch immer zögernden Paderborner Fürstbischof, dessen Verhalten in dieser Sache er nicht nur als schüchtern, sondern auch als dumm bezeichnet, ersucht er am 29. September 1798 unter Hinweis auf den kaiserlichen Befehl, aber auch auf die Maßnahmen der Franzosen, welche die Aachener

Reichskleinodien gefährden, auf eine ihm genehme Art die »Ablieferung verfügen zu lassen«.[57]
Gerade in einer Zeit, in der Frankreich eine Reihe dem Reich zugehöriger Staaten arg bedrängt, muß mit allen Mitteln verhindert werden, daß auch nur ein Teil der Insignien des Reiches in die Hände der Franzosen fällt. Es ist also verständlich, daß man insbesondere im Hinblick auf die von den Franzosen verfügte Meldepflicht alles unternimmt, um auch die Aachener Stücke zu bewahren. Nach über ein Jahr dauernden Winkelzügen fügt sich der Fürstbischof dem Wunsche Westphalens und erteilt am 10. Oktober 1798 Order, die Kleinodien vom Aachener Kirchenschatz absondern zu lassen. Westphalen ist nun endlich am Ziel. Am 15. Oktober 1798 versammeln sich Hofrat Wichmann als Vertreter Westphalens, Vertreter des Geheimen Rates, ein ex officio bestellter Mandatar Aachens, zwei Notare und weitere Zeugen in den Nachmittagsstunden im Kapuzinerkloster. Ein Inventar des Schatzes ist nicht vorhanden. Man weiß also nicht, in welchem Behältnis sich die Reichsinsignien befinden. Zwei Kisten werden geöffnet. Vergeblich. Da erinnert sich ein Laienbruder, einige in karmesinroten Beuteln befindliche Stücke seien in einer am Boden befindlichen Tannenholzkiste verwahrt worden. Und tatsächlich: In dieser Kiste finden sich Säbel, Bursa und Evangeliar.[58] Hofrat Wichmann übernimmt die Insignien, Westphalen bestätigt ihren Empfang.[59]
Im Frühjahr 1801 legt Westphalen seine Funktion als kaiserlicher Gesandter zurück, reist nach Wien und fragt an, was mit den Aachener Stücken geschehen soll. Colloredo schlägt dem Kaiser vor, es wäre am zweckmäßigsten, »dieselben gleich den Nürnberger Reichsinsignien und Kleinodien einstweilen in die hiesige Schatzkammer Euerer Kaiserlichen Mayestät zu hinterlegen«. Der Kaiser stimmt zu.[60] Am 9. Juli 1801 liefert ein August Franck, Vertrauter Westphalens, die drei Aachener Stücke in der Wiener Reichshofkanzlei ab. Am 14. Juli bescheinigt der Wiener Schatzmeister, die Aachener Stücke in ihren karmesinroten Beuteln und

schwarzen Umschlägen erhalten zu haben.[61] Alle Reichskleinodien, jene aus Nürnberg und auch die aus Aachen befinden sich also seit Oktober 1800 und Juli 1801 in Wien.

Das ist die Situation, als der Nürnberger Gesandte Tucher, dem wir uns nun wieder zuwenden, 1803 mit Hügel wegen der Rückstellung Verhandlungen aufnimmt. Als Ergebnis der ersten Kontakte reist Herr von Hügel nach Nürnberg, tritt dort bestimmt auf und bringt seine Sache gewandt vor. Er habe die Nürnberger Reichskleinodien bei Annäherung des Feindes unter viel Gefahren nach Wien gebracht. Dort befänden sie sich auch jetzt. Das Begehren der Nürnberger habe er daher nach Wien gesandt. Weitere Verfügungen würden dort getroffen. Ein halbes Jahr verstreicht. Wien läßt nichts von sich hören. Der Nürnberger Rat erwägt und verwirft. Noch ein Schreiben Tuchers an Hügel? Noch einen Brief des Rates an den Konkommissär? Oder gar eine Deputation nach Wien? Das Für und Wider mündet schließlich im November 1804 in dem Beschluß, der Rat solle – wieder einmal – an Hügel schreiben. Recht eilig hat man es jedoch nicht. Erst im Februar 1805 geht der Brief aus Nürnberg ab.[62] Hügel leitet die Eingabe sogleich nach Wien weiter mit dem Bemerken: »Der Zurückgabe dieser Insignien scheint nur noch fortdauernd die ungewisse Lage der Stadt Nürnberg entgegenzustehen, welcher, so lange sie von preußischer Seite gleichsam im Belagerungszustand gehalten wird, jene Insignien nicht wohl mit aller Beruhigung anvertrauet werden können.«[63]

Es verstreichen vier Monate, ohne daß der kaiserliche Hof in Wien etwas von sich hören ließe. Der Nürnberger Rat läßt durch Paul von Welser bei Herrn von Hügel noch einmal Erkundigungen einziehen. Hügel teilt mit, es sei noch keine Nachricht eingetroffen. Doch habe er bei seinem letzten Wienaufenthalt erfahren, man hege Bedenken, die Kleinodien an Nürnberg zurückzugeben, solange die Stadt »bis an ihre Tore von feindlichen Truppen besetzt sei«. Im Herbst 1804 habe man geglaubt, zwischen Preußen und Nürnberg werde ein Vergleich zustande kommen. Für diesen Fall hätte der Kaiser beabsichtigt, Nürnberg mit der weiteren Aufbewahrung der Reichskleinodien zu beauftragen und damit die alten Rechte zu bestätigen. Vorderhand jedoch sei jede Hoffnung auf Erfüllung solcher Wünsche vergeblich.[64]

Hatte man noch 1798 bei der Übergabe der Aachener Stücke vergebens nach dem Cingulum Imperatoris, dem »Leibgürtel Karls des Großen«, gesucht,[65] so wird der Gürtel samt einem Duplikat durch die Preußen gefunden, als sie Paderborn in Besitz nehmen. Preußens König ordnet an, daß der Fund Österreich auszuliefern ist. Graf Stadion, Österreichs Gesandter am Berliner Hof, übernimmt die beiden Stücke und liefert sie im Februar 1803 an die Reichshofkanzlei ab. Von dort gelangen sie im März in die Wiener Schatzkammer.[66]

Auch Kanonikus Anton Joseph Blees aus Aachen macht von sich reden. Er tritt zu Beginn des Jahres 1804 an Freiherrn von Hügel mit dem Ansinnen heran, für die von ihm behaupteten Verdienste als Hüter der Aachener Schätze auch jetzt noch – Jahre danach – finanziell honoriert zu werden. Offenbar um sich weitere Verdienste zu erwerben und damit seine finanziellen Ansprüche zu unterstützen, bringt er gleichzeitig zur Sprache, daß neben dem schon 1801 nach Wien gebrachten Schwert Karls des Großen, der Stephansbursa und dem Reichsevangeliar noch weitere Objekte vorhanden seien, die den Reichskleinodien zugerechnet würden, nämlich: das silberne Brustbild Karls des Großen, dessen Jagdhorn und ein in Silber gefaßter Armknochen. Dabei handelt es sich um einen Teil der sogenannten »Kleinen Reichskleinodien«.[67] »Obwohl von dem kaiserlichen Gesandten, Herrn Grafen Westphalen, Arrest auf diesen Schatz gelegt«, seien wahrscheinlich einige Kisten durch den damaligen Stiftsyndikus nach Aachen gebracht worden. Hügel vertritt die Auffassung, auch diese »Kleinen Reichskleinodien« könnten »von dem kaiserlichen Allerhöchsten Hof bey der preußischen Regierung ohne Anstand zurückgefordert werden«, insbesondere im Hinblick darauf, daß der preußische Hof vor nicht allzulanger Zeit bei der Ausfolgung des Cingulums Karls des Großen keine Schwierigkeiten bereitet habe.[68]

Hügel wendet sich mit Zustimmung Colloredos[69] sogleich an den kurpreußischen Gesandten, den Grafen Görz. Dieser versichert, er werde das Anliegen ungesäumt seinem Hofe vorlegen. Er zweifle nicht, daß die Kleinodien ausgefolgt würden, soferne sie sich noch in den königlichen Staaten befinden.[70] Doch »der sämtliche Aachener Kirchenschatz« sei bereits – wie Hügel einer Nachricht des Brandenburgischen Gesandten entnehmen muß[71] – »nach Frankreich extradiert« worden. In der Tat sind die Schätze des Aachener Stiftes am 22. Juni 1804, kurz nach Hügels Intervention also, unversehrt nach Aachen zurückgestellt worden. Hügel kommt zu dem Schluß, unter diesen Umständen sei in der Sache nichts mehr zu tun, »denn von dem französischen Gouvernement... würde man vergeblich ihre Rückgabe verlangen«.[72]

Für Freiherrn von Hügel ist damit die ihn jahrelang beschäftigende Angelegenheit der Reichskleinodien abgeschlossen. Nicht so für Kanonikus Blees. Zunächst gewährt der Kaiser 1805 dem Kanonikus eine Gnadengabe von 500 Gulden »in Bankozetteln«. Das ist Blees zu wenig.[73] 1808 macht er beim Wiener Hof nochmals erfolglos Ansprüche geltend. Doch Blees gibt nicht auf. 1815 – der Zeitpunkt nach dem Sieg über Napoleon scheint ihm günstig – reist er während des Wiener Kongresses in die Reichshauptstadt und stellt erneut Forderungen. Kaiser Franz entscheidet, Blees sei »mit seinen unstatthaften Gesuchen ein für allemal abzuweisen«.[74] Blees läßt sich nicht entmutigen. Mit unverminderter Beharrlichkeit verfolgt er seine vermeintlichen Ansprüche weiter. 1816 wendet er sich wieder an den Wiener Hof und wird wieder abgewiesen. Als 1818 der Kaiser zum Kongreß nach Aachen kommt, läßt Blees auch diese Gelegenheit nicht vorübergehen, um Franz I. neuerlich ein Bittgesuch zu überreichen. Darin macht Blees die nicht gerade geringe Summe von 65 000 Reichstalern geltend. Der Kaiser ersucht Metternich – zum wievielten

Male eigentlich schon? –, Stellung zu nehmen. »In schuldiger Befolgung des von Eurer Majestät mit allergnädigstem Handschreiben vom 5. Oktober d. J. an mich herabgelangten Befehls« schildert Metternich den ihm ja schon sattsam bekannten Fall nochmals des langen und breiten und schlägt dem Kaiser – vielleicht um den Fall Blees endlich vom Halse zu haben – vor, »daß dem Bittsteller, der, wie es scheint, aus Patriotismus einen Teil seines Vermögens aufopferte, dabei aber sich selbst über die Größe und Wichtigkeit seiner Verdienste um die Rettung der fraglichen Reichskleinodien getäuscht hat, und der eigens zur Zeit des Kongresses nach Wien gekommen war, um sein Gesuch persönlich geltend zu machen – etwa aus Mitleid eine Beisteuer von 200 Dukaten oder 1000 Gulden Convert. Münze allergnädigst bewilligen mögte«; als Gnadengabe, durch den Großmut Seiner Majestät sozusagen. Auf Allerhöchsten Befehl vermerkt Erzherzog Ludwig jedoch: »Bittsteller ist mit seinem unstatthaften Gesuche ein für alle Mahl abzuweisen.«[75]

Man sollte annehmen, Blees käme nun zu besserer Einsicht und ließe die Dinge ruhen. Obzwar er sich selbst zur ewigen Ruhe legt – er stirbt in den zwanziger Jahren –, sorgt er dafür, daß die Angelegenheit auch nach seinem Tode nicht zur Ruhe kommt. Mit seinem vermutlich nicht gerade bedeutenden Nachlaß vererbt er auch seinen vorgeblichen Anspruch gegen den Wiener Hof, vor allem aber vererbt er seine außerordentliche Beharrlichkeit seiner Nichte. In – man ist versucht zu sagen – gewohnter Bleesscher Manier – reisen seine Schwägerin und deren Tochter im April 1826 nach Wien, wenden sich mit den geerbten »Forderungen« sowohl an die Hofkammer als auch an den Kaiser selbst, antichambrieren in der preußischen Gesandtschaft, erreichen, daß sich der preußische Geschäftsträger bei Metternich für sie verwendet und – erweichen schließlich des Monarchen Herz. Von 65 000 Reichstalern ist allerdings nicht die Rede. Die vererbten Entschädigungsansprüche werden abgewiesen. Da sich jedoch während des mehrmonatigen Aufenthaltes der beiden

Frauen in Wien Schulden angehäuft haben und auch die Heimreise nach Aachen nicht ohne weiteres finanzierbar ist, läßt der Kaiser den Bittstellerinnen »aus Gnade 300 Gulden zum Antritt ihrer Rückreise« durch den Polizeiminister Graf Sedlnitzky aushändigen.[76] Damit nimmt die länger als ein Vierteljahrhundert währende Geschichte der beachtenswerten Hartnäckigkeit der Familie Blees am Rande der Geschichte der Reichskleinodien ihr Ende.

Napoleons Gelüste

Ursprünglich bestand zweifellos die Absicht, die Reichskleinodien nach Nürnberg zurückzustellen. Wie kommt es zur Gesinnungsänderung des Kaisers? Hat er den Nürnbergern durch Hügel nicht stets wissen lassen, die Kleinodien kämen in ihre Stadt zurück, sobald die Gefahr vorüber ist? Nun, die Gefahr ist keineswegs abgewehrt. Im Gegenteil. Der dritte Koalitionskrieg bricht aus. Das benachbarte Ausland Nürnbergs ist preußisch. Seit dem Frieden von Hubertusburg 1763, mit dem der Siebenjährige Krieg beendet wurde, befindet sich Preußen zu Österreich in latenter Spannung; es geht um die Vorherrschaft im Reich. Seit dem Frieden von Basel 1795 sind die Preußen zur Freude der Franzosen neutral. Im Gefolge der Besetzung Nürnbergs durch General Jourdan werden der Stadt durch Raub, Plünderung und Kontributionen Schäden in Höhe der für damalige Verhältnisse kolossalen Summe von 1 529 651 Gulden zugefügt. In dieser Not kommen die Nürnberger auf den Gedanken, sich ihrem alten Feind, dem König von Preußen, aus freien Stücken zu unterwerfen.[77] 1804 werden die Preußen von Napoleon sogar animiert, sich ebenfalls die Kaiserkrone aufs Haupt zu setzen.[78] Bei Napoleons fester Absicht, sich selbst als Nachfolger Karls des Großen zu installieren, wohl nur ein tückisches Manöver, um Preußen zu ködern. In einer solchen Situation ist es nicht nur das Recht des Trägers der deutschen Kaiserkrone, es ist seine Pflicht, die Symbole des Reiches, da sie sich einmal in seinen Händen befinden, auch weiterhin zu bewahren. Welch ein Triumph für Napoleon, könnte er sie als Beute heimführen! Ein Mann wie er würde eine solche Gelegenheit gegenüber der ganzen Welt als ein Zeichen des Schicksals deuten, als eine Aufforderung der Geschichte, sich die Krone Karls des Großen aufs Haupt zu setzen. Franz II. tut das einzig Richtige: Er behält die Reichskleinodien bei sich in Wien. Darüber hinaus aber hat sich die politische Lage grundlegend geändert, eine Änderung, die, wie sich erweisen wird, auch auf Besitz und Aufbewahrung der Reichskleinodien unmittelbaren Einfluß haben muß. Auslösend hierfür ist – wie damals für jede wesentliche politische Bewegung im mitteleuropäischen Raum – Napoleon. Annähernd ein Jahrzehnt haben die Franzosen im Rausch von Anarchie und Bürgerkrieg gegeneinander gewütet. Ideale und Idole der Revolution drohen, im Blut zu ersticken. Nur allmählich schwindet die Lust des Pöbels, Köpfe der Aristokraten auf Piken zu stecken und johlend durch die Straßen zu tragen. Napoleon, des Chaos und des Glückes Sohn, stürzt am 18. Brumaire (9. November) 1798 das Direktorium und wird für zehn Jahre zum Ersten Konsul bestellt. Die Revolution ist gebändigt. Napoleon organisiert den Staat streng zentralistisch, ordnet die zerrütteten Finanzen, nimmt ein neues Gesetzbuch, den Code Napoleon, in Angriff und bleibt militärisch weiterhin erfolgreich. Im zweiten Koalitonskrieg besiegt er England, Rußland und Österreich. Im Frieden von Lunéville müssen Kaiser und Reich 1801 der Abtretung des linken Rheinufers zustimmen. Die dort regierenden deutschen Fürsten verlieren ihre Länder. Die nunmehr landlosen Fürsten werden 1803 durch die Gebiete der rechtsrheinischen, bis dahin selbständigen geistlichen Fürsten und Reichsstädte entschädigt. Die ohnedies nicht mehr allzugroße Macht von Kaiser und Reich wird dadurch weiter geschwächt.

Napoleon setzt seinen meteorenhaften Aufstieg fort. Jetzt hält er die Zeit für reif, nach der Krone zu greifen. Nicht nach jener der Bourbonenkönige. Er will Kaiser der Franzosen werden. Napoleon verfolgt mit dieser Erhöhung mehrere Ziele. Nach außen hin dienen insgesamt sieben gegen ihn gerichtete Umsturzversuche als Begründung dafür, ein erbliches Kaiserreich zu errichten.[79] Durch die Erblichkeit sollen Anschläge auf das Leben und die Herrschaft Napoleons »entmutigt« werden.[80] Und die wirklichen Gründe? Napoleon will seine Macht festigen und seine Größe noch deutlicher sichtbar machen. Wie sehr er um die Macht

bangt, geht aus der Äußerung hervor, die er später (1813) gegenüber Metternich macht: »Eure Herrscher, geboren auf dem Thron, können sich zwanzigmal schlagen lassen und doch immer wieder in ihre Residenz zurückkehren. Das kann ich nicht, ... Meine Herrschaft überdauert den Tag nicht, an dem ich aufgehört habe, stark und folglich gefürchtet zu sein.«[81] Napoleon ist sich seiner Isolierung bewußt, er wirft daher, wie er auf St. Helena bekennt, »nach allen Seiten Rettungsanker auf den Grund des Meeres aus«.[82] Einer davon soll das Kaisertum sein, das er in dem damals trotz aller Umwälzungen scheinbar noch immer festen Boden der Legitimität verankern will. Vor allem aber will Napoleon das Erbe Karls des Großen antreten. Und damit schließt sich der Kreis: Sichtbare Größe und neu begründete, jedoch in der Tradition des Mittelalters wurzelnde Legitimität zu erringen, sind die Triebfedern seines Handelns. Der Senat begibt sich am 28. Mai 1804 zu Napoleon nach St. Cloud. Inmitten der Generale und Minister verkündigt der Zweite Konsul Cambacérès: »Der Senat ruft in diesem Augenblick Napoleon Bonaparte als Kaiser der Franzosen aus.«[83] Daß gerade Cambacérès diese Rolle zufällt, entbehrt nicht der Pikanterie. Als Mitglied des Konvents bejahte er im Januar 1793 im Prozeß gegen Ludwig XVI. dessen Schuld, weswegen er nach Napoleons endgültigem Sturz als »Königsmörder« in die Verbannung nach Brüssel gehen muß. Der »Königsmörder« von 1793 tritt 1804 als »Kaisermacher« auf.
Am Nachmittag des 5. September 1804 läuten in Aachen alle Kirchenglocken, Napoleons sechsspänniger Reisewagen donnert über das holprige Pflaster der alten Kaiserstadt. Hier residierte Karl der Große, hier liegt er im Dom begraben. Napoleon besucht Dom und Grab, hält sich acht Tage in der Residenz Karls des Großen auf, erledigt von hier aus seine Staatsgeschäfte, als befände er sich in seinem Kabinett in den Tuilerien.[84] Er ergreift Besitz von der Aura, die sein Vorbild Karl den Großen umgab, veranstaltet, symbolisch gesehen, eine Art Probesitzen – noch ist er nicht gekrönt – auf dessen Thron. Nicht ohne Grund dient als

Spitze des Szepters Napoleons eine Erdkugel, auf der Karl der Große dargestellt ist.[85]

Am 2. Dezember 1804, einem strahlenden Tag, findet der Krönungsakt statt – prächtig, prunkvoll; die Granden Frankreichs sind in Notre-Dame versammelt. Papst Pius VII. am Altar. Der Sohn jener Revolution, die Priester mordete, Kirchen plünderte und zerstörte, ließ, wie Kardinal Consalvi empört schreibt, »den heiligen Vater von Rom nach Paris galoppieren wie einen Kaplan, den sein Herr herbeiruft, damit er die Messe lese«.[86] Der Höhepunkt der Zeremonie, der Augenblick der Krönung, ist gekommen. Napoleon setzt sich die Krone, ein goldenes Diadem, gebildet aus Eichen- und Lorbeerblättern, selbst aufs Haupt.[87] Allgemein will man wissen, als der Papst die Krone vom Altar nehmen wollte, sei ihm Napoleon zuvorgekommen und habe sich selbst gekrönt, ein Verstoß gegen das Krönungszeremoniell also. Nach einer anderen Version trägt sich die Sache viel einfacher und nüchterner zu. Die Krönungsfrage wird vorher im Staatsrat erörtert: Der schon bekannte Campacérès ergreift das Wort: »Wenn der Papst kommen wird, um die Krone aufzusetzen, so wäre das ein großer Fehler. Wollen Sie diese bedauerliche Einrichtung wieder erstehen lassen, die den Päpsten das Recht verleiht, Kronen zu geben und zu nehmen? ... Der Papst kann den Kaiser nicht krönen, denn er hat ihn bereits anerkannt. Meiner Ansicht nach muß der Kaiser mit der Krone auf dem Haupt zur Feier kommen. Der Papst nimmt sie ab, wenn sich der Kaiser vor Gott verneigt, und segnet sie. Dann setzt sich der Kaiser die Krone wieder selbst aufs Haupt.«[88] Dem Papst ist diese Vorgangsweise angeblich durchaus bekannt.

Das Verhalten Napoleons wird auf seine Erinnerung an den Bericht Einhards zurückgeführt, daß Karl bei der Kaiserkrönung am Weihnachtstag des Jahres 800 »den Namen Kaiser und Augustus empfing, der ihm anfangs zuwider war, daß er versicherte, er würde an jenem Tag, obgleich es ein hohes Fest war, die Kirche nicht betreten haben, wenn er des Papstes Absicht hätte vorherwissen können«.[89] Diese viel umstrittene Erzählung ist sicherlich nicht als falsche Bescheidenheit, als wirkliche Überraschung oder als Abneigung Karls gegen die Kaiserwürde zu verstehen, sondern wahrscheinlich so, daß Karl die allzu gewichtige und mißdeutbare Rolle der Römer und des Papstes bei dieser Rangerhöhung gern vermieden gesehen hätte.[90]

Auf die Rückkehr Frankreichs zur erblichen Monarchie, vor allem aber die Erhöhung Napoleons zum Kaiser der Franzosen, muß man in Wien natürlich reagieren. Diplomatische Fäden werden gesponnen. Napoleon fordert Anerkennung. Am 7. August 1804 überreicht der französische Botschafter eine geheime Erklärung, in der versprochen wird, sozusagen im Gegenzug Franz II. als »Empereur héréditaire d'Autriche«, als den »Erbkaiser Österreichs«, anzuerkennen. Der Wunsch Napoleons an Franz II., das französische Kaisertum und ihn als Kaiser anzuerkennen, artet am 15. August in ein Ultimatum aus. Franz II. hat nur eine Alternative: Krieg gegen Frankreich oder Anerkennung. Er entscheidet sich für letzteres. Als Konsequenz nimmt der Kaiser des Römischen Reiches Deutscher Nation am 11. August 1804 zusätzlich »für Uns und Unsere Nachfolger… den Titel und die Würde eines erblichen Kaisers von Österreich« an.[91] Dieser Akt ist ein Verstoß gegen das Reichsrecht, ein Recht allerdings, das sich auf ein Reich bezieht, das im Delirium liegt.

Franz II. sieht sich zu diesem Schritt veranlaßt, um – wie es in der Proklamation vom 11. August 1804 heißt – die »vollkommene Gleichheit des Titels und der erblichen Würde mit den vorzüglichsten europäischen Regenten und Mächten aufrecht zu erhalten«[92], also eine Rangfrage, die jedoch, weiß man, welches Gewicht solche Fragen gerade damals besitzen, weit über einen bloß formalen Aspekt hinausgeht. Der wesentliche Grund aber liegt in der Furcht, der deutschen Kaiserwürde verlustig zu gehen; sollte dies eintreten, dann ist man immerhin noch Kaiser von Österreich.

Die Erfolgschancen solcher Überlegungen werden außerhalb des

Kaiserhofes gering eingeschätzt. So schreibt der österreichische Botschafter in Paris an seinen Vetter in Wien: »All dies ist nicht das Papier und die Tinte wert. Die Gleichheit des Ranges mit Napoleon und Rußland verleiht keinen höheren Rang und verhindert Napoleon nicht, sich zum Meister Europas zu machen, vom Golf von Kalabrien bis zum deutschen Meer und vom Rhein bis zur Mündung des Tajo.«[93] Und Friedrich von Gentz, einer der geistreichen Publizisten Österreichs, drückt am 22. August 1804 seinem Freund Metternich gegenüber sein Entsetzen aus: »... Bleibt die deutsche Kaiserkrone im österreichischen Hause – und welche Unmaßen von Unpolitik schon jetzt, wo noch keine dringende Gefahr vorhanden, öffentlich erkennen zu geben, daß man das Gegenteil befürchtet! – so ist jene neue Kaiserwürde ganz unnütz ...«[94]

In diese politische Landschaft stoßen die Wünsche des Nürnberger Rates, der sich, es wurde schon erwähnt, durch Paul von Welser an Herrn von Hügel wendet: Die Reichskleinodien mögen nach Nürnberg zurückgebracht werden. Verbietet schon die militärische Lage, diesen Wunsch zu erfüllen, so läßt die politische Situation aus der Sicht des Wiener Hofes die Restitution ebensowenig zu. Was nützte es dem Reich, was nützte es den Nürnbergern, wenn die Kleinodien in die Reichsstadt zurückkehrten? Es ist nur zu wahrscheinlich, daß sich Napoleon – möglicherweise auch die Preußen – der Symbole des Reiches bemächtigen. Und nun folgt Schlag auf Schlag. Napoleon schmückt sich Ende Mai 1805 im Mailänder Dom mit der Eisernen Krone der Langobarden, jener Krone, die sich auch Karl der Große aufs Haupt gesetzt hatte. Zur gleichen Zeit versammelt er seine Truppen an der oberen Donau. Bernadotte marschiert durch das Nürnberg unmittelbar benachbarte neutrale ansbachsche Gebiet Preußens. Bayern, Württemberg und Baden verstärkten Napoleons Heer. Im Oktober 1805 wird der österreichische General Mack in Ulm zur Kapitulation gezwungen. Die Franzosen marschieren auf Wien. Es ist hoch an der Zeit, für die Sicherheit der Reichskleinodien zu sorgen. Kaiser Franz erteilt am 31. Oktober 1805 dem Obersthofmeister Fürst Starhemberg den Auftrag, »zu veranlassen, daß all jenes, was bei letzter Feindesgefahr von Wien zu retten gesucht worden, auch nun von hier weggebracht und nach Ofen intradiert werde«.[95] Am selben Tage noch – Eile ist ja geboten – wird Oberststallmeister Fürst Kaunitz angewiesen, »die zur Transportierung des Hofgutes erforderlichen Schiffe bereit halten zu lassen«.[96] Kaiser Franz befiehlt schließlich, daß ein Teil der Burgwache mit den Pretiosen – worunter sich ohne allen Zweifel auch die Reichskleinodien befinden – nach Ofen abzugehen habe.[97] Der Kronschatz muß ja auch geschützt werden. Die Evakuierung erfolgt nicht zu früh, denn kurz darauf besetzen die Franzosen unter Murat, dem Schwiegersohn Napoleons, kampflos die kaiserliche Residenz. Am 2. Dezember siegt Napoleon in der Drei-Kaiser-Schlacht bei Austerlitz über Russen und Österreicher. Alexander I. und Franz II. müssen um Frieden bitten, der ihnen am 26. Dezember in Preßburg diktiert wird. Hatte 1795 der Sonderfriede von Basel zwischen Preußen und Frankreich »die letzten Reste der deutschen Verfassung,... alles, was noch die Staaten Deutschlands zu einem gemeinsamen politischen Ziel verband« und vor allem die noch vorhandenen Prärogative der kaiserlichen Würde in ihren Grundfesten erschüttert,[98] so gingen die kaiserliche »Macht und das Ansehen, das aus ihr folgt«, seit dem Frieden von Lunéville 1801, insbesondere seit dem Diktat von Preßburg auf Napoleon über.[99] Vor allem im Frieden von Preßburg höhlt Napoleon die Reichsverfassung vollkommen aus, als er durchsetzt, daß Bayern, Württemberg und Baden nicht nur mit den südwestdeutschen Gebieten Österreichs belohnt, sondern auch mit voller Souveränität ausgestattet und sohin mit Österreich und Preußen gleichgestellt werden. Der Einfluß Franz' II., wie er ihn dank seiner römisch-deutschen Kaiserwürde ausübt, ist fast völlig zunichte gemacht; die südwestdeutschen Staaten sind nun praktisch frei von der bisherigen Bindung an die Reichsverfassung.[100] Im Frühjahr 1806 schreibt Napoleon an Papst Pius VII.: »Ich bin

von nun an Karl der Große. Denn ich besitze die Krone samt jener der Lombarden, und mein Reich grenzt an den Orient.«[101] Und wenig später äußert sich Napoleon gegenüber Talleyrand: »Es wird keinen Reichstag mehr geben; denn Regensburg soll Bayern gehören; es wird auch kein Deutsches Reich mehr geben.«[102]
Napoleon hat sich ein hohes Ziel gesetzt: unter seinem Szepter das Reich Karls des Großen zu erneuern. Und die französische Öffentlichkeit steht hinter ihm: »Es gibt in Europa nur eine einzige Hand, die berechtigt ist, das Schwert Karls zu tragen, das ist Bonaparte der Große«, schreibt das Journal de Paris.[103] Das Ende des Reiches und die Abdankung des Kaisers wird – ein Treppenwitz der Geschichte – schließlich durch einen Mann ausgelöst, dessen Aufgabe es wäre, die Kaiserwahl zu leiten, Hüter des Reichsarchivs, Haupt der Reichskanzlei und Aufseher des Reichsgerichtes zu sein: von des Heiligen Römischen Reiches Erzkanzler, Karl Reichsfreiherrn von Dalberg, letzter Kurfürst von Mainz, Leiter des Reichstages, Primas Germaniae. Er ernennt nämlich zu seinem Koadjutor mit dem Recht auf Nachfolge den Großalmosenier des französischen Kaiserreiches, Kardinal Fesch. Der Kardinal ist nicht nur Franzose, der kein Wort deutsch spricht, Fesch ist auch – ein Onkel Napoleons! Sobald Dalberg stirbt oder sonst aus seiner Position als Kirchenfürst scheidet, würde Napoleons Onkel Erzkanzler des Reiches.[104] Napoleon kann mit Dalberg zufrieden sein!
Am 28. Mai 1806 wird der Reichstag davon in Kenntnis gesetzt. Die Nachricht wirkt wie ein Donnerschlag. Friedrich Graf Stadion, Österreichs Außenminister, erkennt klar die Folgen: entweder Auflösung des Reiches oder Umgestaltung unter französischer Autorität. Franz II. rafft sich nach langem Zögern am 18. Juni zu einem ebenso lahmen wie wirkungslosen Protest auf.[105] Onkel Fesch wird jedoch nicht zugunsten seines Neffen Napoleon in Aktion treten müssen, denn die Ereignisse überstürzen sich. Mit Dalberg erklären am 12. Juli Bayern, Württemberg, Baden, Hessen-Darmstadt, Nassau, Cleve-Berg und eine Reihe weiterer

Staaten, ihren Austritt aus dem Reich. Als souveräne Staaten schließen sie sich unter Dalbergs Direktorium und Napoleons Protektorat zum Rheinbund zusammen, der sich zusammen mit Frankreich und Italien verbündet. Die den Rheinbundmitgliedern benachbarten Staaten werden annektiert.[106] Die Stadt Nürnberg, der Kaiser Sigismund die Reichskleinodien anvertraut hat, verliert ihren Charakter als Freie Reichsstadt und wird Bayern einverleibt. Was vom Heiligen Römischen Reich übrigbleibt, ist ein Torso. Der Rheinbund hat ihm endgültig den Todesstoß versetzt. Das Reich muß nur noch zu Grabe getragen werden. Die Beerdigung läßt nicht lange auf sich warten. Am 10. Juli 1806 trifft bei Graf Stadion, dem österreichischen Außenminister, aus Paris die Nachricht ein, Napoleon wolle »in sehr kurzer Zeit« Reichsverfassung und Kaisertum vernichten.[107] Am 22. Juli läßt Napoleon den österreichischen Geschäftsträger in Paris, General Vincent, zu sich rufen, überschüttet ihn mit einer Flut von Vorwürfen; Österreich habe den Friedensvertrag verletzt, die Kaiserwürde sei ein leerer Titel, er werde das Reich nicht mehr anerkennen. Und schließlich die entscheidenden Worte: Wenn Kaiser Franz II. nicht bis zum 10. August abdanke, werden französische Truppen den Inn überschreiten. Der Aristokrat Vincent tritt dieser erpresserischen Forderung zwar äußerst würdig entgegen: »Sire, nur an der Spitze einer Armee können diese Worte die richtige Antwort erhalten«,[108] doch seine Drohgebärde bleibt letztlich nichts anderes als eine zwar große, so doch wirkungslose Geste; sein Kaiser verfügt zur Zeit über keine Armee, die er Napoleon entgegenstellen könnte.

Das Ende des Heiligen Römischen Reiches Deutscher Nation

Seit Wochen schon sind Aloys Freiherr von Hügel und der kurböhmische Gesandte am Reichstag, Friedrich Lothar Graf Stadion, beauftragt, Gutachten zur Frage der Bewahrung der deutschen Kaiserwürde zu erstellen. Die beiden Gutachter gehen ohne Sentimentalität, rational und nüchtern an ihre Aufgabe. Ihre ausführlichen Expertisen gleichen Kosten-Nutzen-Analysen. Freiherr von Hügel insbesondere läßt daran keinen Zweifel: »Allein in den Abwägungen der Politik sieht man nicht auf das, was ehrenvoll und angenehm ist, sondern auf das, was nützt.« Im wesentlichen stimmen Hügel und Stadion in ihren Auffassungen überein: Frankreich wird versuchen, die deutsche Reichsverfassung aufzulösen, um aus dem Reich einen von seinem Einfluß abhängigen Bund, einen Föderativ-Staat zu bilden. »Das Opfer der Reichsoberhauptlichen Würde und der Verzicht auf die Reichskrone kann – wenn man den noch übrig bleibenden Nutzen betrachtet – keinen Bedenken unterworfen seyn. Die Reichskrone bringt vielmehr auf der anderen Seite in der dermaligen Lage manche Verlegenheit und wird zu Collisionen mit Frankreich in der Folge unvermeidlich Anlaß geben.«
Ist es Franz II., sind es seine Berater, die kühl berechnend, nüchtern und geschäftsmäßig die Beerdigung des Heiligen Römischen Reiches vorbereiten, ohne jeden Sinn für Tradition, die mit der Krone verbunden ist, ohne Sinn auch für die Pflichten des Reichsoberhauptes, den Bestand des Reiches zu erhalten? Mitnichten. Mit einer Frivolität ohnegleichen haben sich die Fürsten vom Reiche losgesagt, jeder nur bedacht, so viel Nutzen wie möglich aus den durch Napoleon herbeigeführten Umständen zu ziehen.[109] Napoleon und die deutschen Reichsfürsten haben das Reich in den Konkurs getrieben, Franz verbleibt die traurige Notwendigkeit, den Konkurs nun anzumelden.

Daß der Kaiser die Krone niederlegen soll, steht für Hügel und Stadion außer Frage. Offen ist nur noch wann. Im Augenblick sei der Verzicht nicht ratsam. Und da alles, was auf dem politischen Parkett geschieht, Napoleon bestimmt, wird auch dieser Zeitpunkt von Napoleon abhängen. Er wird sich »nach dem ... Drang des Kaisers Napoleon nach der Römischen Kaiserkrone und nach der allmählichen Entwicklung seiner Pläne richten müssen«, prophezeit Hügel nüchtern und – wie sich alsbald herausstellt – auch richtig. Aber – und auch darin sind sich Stadion, Hügel sowie der Kaiser einig – man soll versuchen, mit dem Verzicht auf die Kaiserwürde möglichst viel Vorteile für Österreich einzuhandeln. Die deutsche Kaiserwürde soll also so gut wie möglich verkauft werden; ein unter dem Zwang der Ereignisse zu schließendes Geschäft.[110]

Am 17. Juni 1806 legt der Außenminister seinem Kaiser die Gutachten vor. Wochen vergehen, bis der Kaiser sich zu einer Entscheidung durchringt. Den letzten Anstoß gibt das erwähnte Ultimatum: Verzicht bis 10. August, ansonsten Krieg. So bedächtig der Wiener Hof bisher vorging, so hektisch agiert er nun. Franz II. entschließt sich am 30. Juli, auf die Krone zu verzichten.[111] La Rochefoucauld, der französische Gesandte, erscheint am 1. August in der Staatskanzlei am Ballhausplatz. Es kommt zu erregten Auseinandersetzungen. Erst als La Rochefoucauld formell verspricht, Napoleon werde sich niemals die Reichskrone aufsetzen und die volle Unabhängigkeit Österreichs respektieren, willigt Stadion in die Abdankung ein.[112] Am 6. August, vier Tage vor Ablauf des Ultimatums, richtet der »von Gottes Gnaden erwählte römische Kaiser« und es klingt wie Hohn – »zu allen Zeiten Mehrer des Reiches, König von Germanien« zum letzten Mal das Wort an die deutsche Öffentlichkeit. Der kaiserliche Herold verkündet den Wiener Bürgern, »daß Wir das reichsoberhauptliche Amt und Würde durch die Vereinigung der conföderierten rheinischen Stände als erloschen und Uns dadurch von allen übernommenen Pflichten gegen das deutsche Reich los

gezählet betrachten und die von wegen desselben bis jetzt getragene Kaiserkrone und geführte kaiserliche Regierung, wie hiemit geschiehet, niederlegen«.[113] Damit sind der römisch-deutsche Kaiser und das deutsche Reich nur noch Geschichte.
Die Reichskleinodien haben ihre Funktion verloren. Was soll mit ihnen geschehen? Eine Frage, die sich auch Hügel und Stadion stellen. Hügel erteilt den Rat, sie mögen zum ewigen Andenken in Wien behalten werden. Ein Vorschlag, der seiner Berechtigung nicht entbehrt, war Wien doch ab 1438 Hauptstadt des Reiches, residierte doch in Wien jenes Geschlecht, das die Krone des Reiches mit Unterbrechungen Jahrhunderte trug. Friedrich Graf Stadion zählt die theoretischen Möglichkeiten auf, was mit den Kroninsignien geschehen könnte. In Wien als »Antiquitäten« behalten, sie nach Rom senden oder dem Erzmarschall überantworten? Rom und der Erzmarschall bergen allerdings die Gefahr, daß sie später einmal »hervorgeholt und auf ein fremdes Haupt gesetzt werden«. Es sei also das Beste, diese Frage überhaupt nicht zu berühren,[114] was wohl bedeutet, daß auch Stadion die Auffassung vertritt, die Reichskleinodien in Wien zu belassen.
Mit dem zukünftigen Schicksal der Reichskleinodien befassen sich aber nicht nur der Kaiser und seine Berater, auch die Satire hat sich dieses Themas bemächtigt. Einer der bedeutendsten Publizisten Deutschlands in der ersten Hälfte des 19. Jahrhunderts, Joseph von Görres, damals als jugendlicher Feuergeist noch begeisterter Anhänger der französischen Revolution, disponiert in dem von ihm verfaßten Testament des »in dem blühenden Alter von 955 Jahren... sanft und selig an einer gänzlichen Entkräftung und hinzugekommenem Schlagflusse, bei völligem Bewußtsein und mit allen heiligen Sakramenten versehenen« dahingeschiedenen Heiligen Römischen Reiches über dessen Hinterlassenschaft. Die Reichsinsignien sollen unter den »ihren Eigentums beraubten« Kurfürsten verteilt werden, und zwar hätten der Kurfürst von Trier das Schwert Karls des Großen, der Kurfürst von Köln das des Heiligen Mauritius zu erhalten. Frankfurt und

Wir Franz der Zweyte, von Gottes Gnaden erwählter römischer Kaiser, zu allen Zeiten Mehrer des Reichs, Erbkaiser von Oesterreich ꝛc., König in Germanien, zu Hungarn, Böheim, Croatien, Dalmazien, Slavonien, Galizien, Lodomerien und Jerusalem, Erzherzog zu Oesterreich ꝛc.

Nach dem Abschlusse des Preßburger-Friedens war Unsere ganze Aufmerksamkeit und Sorgfalt dahin gerichtet, allen Verpflichtungen, die Wir dadurch eingegangen hatten, mit gewohnter Treue und Gewissenhaftigkeit das vollkommenste Genügen zu leisten, und die Segnungen des Friedens Unsern Völkern zu erhalten, die glücklich wieder hergestellten friedlichen Verhältnisse allenthalben zu befestigen, und zu erwarten, ob die durch diesen Frieden herbeygeführten wesentlichen Veränderungen im deutschen Reiche, es Uns ferner möglich machen würden, den nach der kaiserlichen Wahlcapitulation Uns als Reichs-Oberhaupt obliegenden schweren Pflichten genug zu thun. Die Folgerungen, welche mehreren Artikeln des Preßburger-Friedens gleich nach dessen Bekanntwerdung und bis jetzt gegeben worden, und die allgemein bekannten Ereignisse, welche darauf im deutschen Reiche Statt hatten, haben Uns aber die Ueberzeugung gewährt, daß es unter den eingetretenen Umständen unmöglich seyn werde, die durch den Wahlvertrag eingegangenen Verpflichtungen ferner zu erfüllen: und wenn noch der Fall übrig blieb, daß sich nach fördersamer Beseitigung eingetretener politischen Verwickelungen ein veränderter Stand ergeben dürfte, so hat gleichwohl die am 12. Julius zu Paris unterzeichnete, und seit dem von den betreffenden Theilen begnehmigte Uebereinkunft mehrerer, vorzüglichen Stände zu ihrer gänzlichen Trennung von dem Reiche und ihrer Vereinigung zu einer besondern Conföderation, die gehegte Erwartung vollends vernichtet.

Bey der hierdurch vollendeten Ueberzeugung von der gänzlichen Unmöglichkeit, die Pflichten Unseres kaiserlichen Amtes länger zu erfüllen, sind Wir es Unsern Grundsätzen und Unserer Würde schuldig, auf eine Krone zu verzeihen, welche nur so lange Werth in Unsern Augen haben konnte, als Wir dem, von Kurfürsten, Fürsten und Ständen und übrigen Angehörigen des deutschen Reichs Uns bezeigten Zutrauen zu entsprechen und den übernommenen Obliegenheiten ein Genügen zu leisten im Stande waren.

Wir erklären demnach durch Gegenwärtiges, daß Wir das Band, welches Uns bis jetzt an den Staatskörper des deutschen Reichs gebunden hat, als gelöst ansehen, daß Wir das reichsoberhauptliche Amt und Würde durch die Vereinigung der conföderirten rheinischen Stände als erloschen und Uns dadurch von allen übernommenen Pflichten gegen das deutsche Reich los gezählt betrachten und die von wegen desselben bis jetzt getragene Kaiserkrone und geführte kaiserliche Regierung, wie hiermit geschieht, niederlegen.

Wir entbinden zugleich Kurfürsten, Fürsten und Stände und alle Reichsangehörigen, insonderheit auch die Mitglieder der höchsten Reichsgerichte und die übrige Reichsdienerschaft von ihren Pflichten, womit sie an Uns, als das gesetzliche Oberhaupt des Reichs, durch die Constitution gebunden waren.

Unsere sämmtlichen deutschen Provinzen und Reichsländer, zählen Wir dagegen wechselseitig, von allen Verpflichtungen, die sie bis jetzt unter was immer für einem Titel gegen das deutsche Reich getragen haben, los und Wir werden selbige in ihrer Vereinigung mit dem ganzen österreichischen Staatskörper, als Kaiser von Oesterreich unter den wieder hergestellten und bestehenden friedlichen Verhältnissen mit allen Mächten und benachbarten Staaten, zu jener Stufe des Glücks und Wohlstandes zu bringen beflissen seyn, welche das Ziel aller Unserer Wünsche, der Zweck Unserer angelegensten Sorgfalt stets seyn wird.

Gegeben in Unserer Haupt- und Residenzstadt Wien, den 6. August, im eintausend achthundert und sechsten, Unserer Reiche des Römischen und der Erblichen im funfzehnten Jahre.

F r a n z.

Johann Philipp Graf von Stadion.

Ad Mandatum Sacrae Caesareae
ac caes. regiae apost. Maj. proprium.

Hofrath von Hudelist.

Nürnberg sollen sich die Krone, Worms und Köln das Szepter teilen. Der Herzog von Zweibrücken soll die Stola, der Bischof von Passau die Dalmatika, der von Salzburg die Alba, der Kurfürst von Hannover die Strümpfe, der von Mainz die Handschuhe, der Kurfürst von Bayern den Gürtel, die russische Armee aber die Sandalen erhalten – vermutlich eine Anspielung auf das elende Schuhwerk der russischen Soldaten. Der Reichsapfel endlich, als Zeichen der Weltherrschaft, soll dem britischen Minister William Pitt, einem geschworenen Feind der Revolution und jedenfalls damals noch auch Görres', vorbehalten bleiben. Das Heilige Römische Reich bestimmte weiters in Görres' Testament, das »Reichswappen soll an unserem Grabe aufgehangen und der darauf befindliche doppelte Adler zu Tode gefüttert werden.« In Anspielung auf die Praktiken des Landgrafen von Hessen, der seine Landeskinder als Soldaten an die Engländer verkaufte, um damit sein Schloß mit prächtigen Gärten und Wasserspielen zu finanzieren, läßt Görres das Heilige Römische Reich auch testamentarisch verfügen, daß die Reichsarmee diesem Fürsten übergeben werden soll, »damit er sie bei erster bester Gelegenheit dem Meistbietenden zuschlagen und nach England, Amerika oder Ostindien verhandeln und an den Mann bringen möge«. Schließlich vermacht das Reich alle Nonnen »unseren Mönchen und hofft, daß beide Teile sich wohl dabei befinden werden«; endlich wird Bonaparte zum Testamentsvollstrecker bestellt. Die Grabinschrift soll aber lauten:

Von der Sense des Todes gemäht, atemlos und bleich
Liegt hier das Heilige Römische Reich.
Wanderer, schleiche dich leise vorbei, du möchtest es wecken,
Und das Erstandne von neuem mit Konklusen bedecken.
Ach! Wären die Franzosen nicht gewesen,
Es würde nicht unter diesem Stein verwesen.
Requiescat in Pace.

Napoleon gibt trotz des durch seinen Gesandten La Rochefoucauld abgegebenen Verzichts die abendländische Kaiseridee nicht auf. Sein Streben, Revolution und Tradition zu verbinden, wird in der Ehe mit Marie Louise, der Tochter Franz' I., manifest. Auch in die Zukunft spinnt er seine abendländischen Pläne. Schon in der Wiege verleiht er seinem 1811 geborenen Sohn den Titel eines »römischen Königs«, eine Würde, die im Reich vor 1806 die bei Lebzeiten des Kaisers erwählten Nachfolger trugen.[116] Alle diese Pläne aber werden in den Schlachten bei Leipzig 1813 und endgültig bei Waterloo 1815 zunichte gemacht.

Soll Napoleon getäuscht werden?

1809 steht Napoleon wieder vor den Toren Wiens. Schon damals soll es Imitationen der Reichskleinodien in der Kaisermetropole gegeben haben. Sie seien angefertigt worden, um Napoleon zu täuschen, falls er den Kronschatz anfordern sollte, teilt Joseph Freiherr von Hormayr, als ehemaliger kaiserlicher Beamter und Historiker Kenner der Materie, mit.[117] In seinen 1825 erschienenen »Denkwürdigkeiten von Wien« berichtet er, daß sich im Vorsaale der Wiener Schatzkammer »auch das vollständige Krönungsornat eines römischen Kaisers samt Krone, Szepter und Schwert, auf Franzens I. Befehl dem Nürnberger Urbild nachgebildet«, befinden.[118] Und 1828 hält er fest, die zur Täuschung Napoleons angefertigten Kopien seien es auch, die in Wien »an den gewöhnlichen Einlaßtagen dem Publikum in Glaskästen hergezeigt werden«.[119] Auch ein Franz Kollendorfer, bildungsbeflissener Benediktiner, berichtet, er habe anläßlich eines Wienbesuches 1823 in der Schatzkammer die »Reichskrone« und die »österreichische Krone« mit »Krönungskleid, Szepter und Schuhen, alles mit Steinen und Perlen geschmückt« gesehen. Gewiß sind es Kopien, über die uns dieser Vorfahre der Bildungstouristen berichtet.[120] Daß solche Kopien vorhanden waren, ergibt sich eindeutig aus dem Schatzkammerverzeichnis aus 1824: »Im Schmuck-Cabinett« waren im Kasten Nummer 10 unter anderem »Das Modell der römischen Kaiserkrone« sowie »die Modelle der kaiserlich-königlichen Krönungskleidungen« zur Schau gestellt.[121]

Seitens des Wiener Hofes wird der Aufenthaltsort der Reichskleinodien zunächst geheimgehalten. Erst nach dem Aachener Kongreß (1818) wird er allgemein bekannt.[122] Und ab 1827 kann das Publikum die Originale der Reichskleinodien im Kasten 13 des »Schmuck Kabinetts« der Wiener Schatzkammer bewundern. Kaiser Franz I. hat dazu seine ausdrückliche Genehmigung gegeben.[123]

Von nun an hört man längere Zeit nichts von den Kopien. Erst 1870 findet sich wieder ein Hinweis. Die Exponate der Schatzkammer werden umgruppiert. Die Anordnung der Reichskleinodien wird als unbefriedigend empfunden. »Eine nicht geringe Einbuße erleidet dieser Kunstschatz durch die Nachbarschaft der unkünstlerisch gearbeiteten und ärmlich ausgestatteten Kopien, welche den Gesamteindruck abschwächen. Ausgeschlossen von der Aufstellung bleiben daher die nachgemachten deutschen Krönungsinsignien und Kleider wie der demontierte Erzherzogshut.«[124] Später findet sich im »Inventar über den Privatschmuck des Allerhöchsten Kaiserhauses 1871« der Hinweis, die Glieder zweier Kollanen des Goldenen Vlieses – heute noch in der Schatzkammer zu bewundern – »stammen von der substitutorischen deutschen Kaiserkrone«, die 1872 »gebrochen« wurde. Die sogenannte substitutorische Krone ist gleichsam eine »Zweitkrone«, eine Reservekrone also, des Kaisers gewesen. Daß sie »gebrochen« wurde, heißt: Man hat aus ihren Edelsteinen und dem Edelmetall andere Pretiosen angefertigt; diesfalls die beiden Kollanen. Es ist möglich, daß es sich bei dieser Krone um jene handelt, die Hormayr erwähnte, die der bildungsbeflissene Benediktiner 1823 in der Schatzkammer gesehen hat und die 1870 aus der Schatzkammer entfernt wurde. Insbesondere die zeitliche Aufeinanderfolge des Entfernens der »Copien« und des »Brechens« der besagten substitutorischen Krone spräche dafür. Vor allem aber scheint der Hinweis eines Schatzkammerkustoden von 1921 ein Indiz dafür zu sein: »Es handelt sich um das früher in der Schatzkammer befindliche Modell der römisch-deutschen Kaiserkrone, ...«[125] Seit damals ist über die Kopien der Reichskleinodien, mit denen einst Napoleon möglicherweise hätte getäuscht werden sollen und – jedenfalls eine Zeit lang – das Publikum auch getäuscht worden ist, nichts mehr zu vernehmen.

Flucht nach Temesvar

Zu Beginn des Jahres 1809 hält die Wiener Kriegspartei den Zeitpunkt für gekommen, gegen Frankreich mit Erfolg loszuschlagen. Die Umstände scheinen günstig. Talleyrand, vormals Napoleons Außenminister, konspiriert mit dem mächtigen Polizeiminister Fouché und einem kleinen Häuflein Unzufriedener aus den legitimistischen Salons gegen den Kaiser. Er ist bestrebt, Napoleon von Frankreich zu trennen und als Feind der Nation hinzustellen.[126] Auch den österreichischen Gesandten in Paris, Graf Metternich, hat Talleyrand ins Vertrauen gezogen, sodaß Metternich in einer Denkschrift vom 4. Dezember 1808 sagen kann: »Wir sind also endlich an einem Zeitpunkt angelangt, wo sich im Innern des französischen Kaiserreiches selbst Alliierte anzubieten scheinen, und nicht etwa niedrige Intriganten, sondern Männer, die imstande sind, die Nation zu vertreten, verlangen unsere Unterstützung; diese Unterstützung ist unser eigenstes Interesse und zugleich das der Nachwelt.«[127] Dazu kommt, daß im November 1808 Napoleons Anwesenheit in Spanien notwendig wird, um des durch die Engländer unterstützten Aufstandes Herr zu werden. Am Wiener Hof hofft man auch auf Preußen. Doch der sich auf den Lorbeeren Friedrichs des Großen ausruhende preußische König winkt ab.[128] Allein in Österreich selbst herrschen vaterländische Begeisterung und kriegerischer Schwung.[129] Die Kriegspartei, maßgebend gestützt durch die Kaiserin Maria Ludovica, einer glühenden Franzosenhasserin, gewinnt gegen mahnende Stimmen wie die des Erzherzogs Karl, des Kaisers Bruder, die Oberhand.[130] Am 8. Februar 1809 beschließt der Hofkriegsrat den Krieg. Mit dem Oberkommando wird Erzherzog Karl beauftragt.[131] Napoleon bleiben Österreichs Kriegsvorbereitungen nicht verborgen. Drohend stellt er aus Spanien die Frage: »Welches Wasser trinkt das Wiener Kabinett? Donauwasser oder Wasser aus dem Fluß Lethe?«[132]

Bei Lage der Dinge ist für die Sicherheit der kaiserlichen Familie vorzusorgen. Aber auch die Wertgegenstände des Hofes sollen vor möglichen Gefahren bewahrt werden. Am 21. Februar 1809 ergeht an die obersten Hofämter wieder einmal die Instruktion, »daß die verschiedenen Behörden des k.k. Hofstaates gleich jetzt die geheime Weisung zum Einpacken jener Gegenstände erhalten, welche ihres Werthes, ihrer Wichtigkeit oder ihrer Unentbehrlichkeit wegen hiezu geeignet sind«. Zu diesem Zwecke sind »sämtliche Effekten in drey Klassen zu theilen, nämlich in jene, welche unter allen Umständen hier zu bleiben haben, in jene, die zum Gebrauche auf der Reise und während des Aufenthaltes am Bestimmungsort nöthig sind, und jene, welche nur von hier entfernt, aber unausgepackt wieder zurückgeführt werden. Mit dem Einpacken wollen Seine Majestät jedoch erst beim Ausbruch des Krieges angefangen wissen.« Alles habe unter strengstem Stillschweigen zu geschehen. Wenn es zur wirklichen Absendung kommen sollte, so hat das Gepäck zu Wasser nach Peterwardein zu gehen.[133] Ohne Zweifel gehören die Reichskleinodien zu jenen Effekten, »welche nur von hier entfernt, aber unausgepackt wieder zurückgeführt werden«.
Der Hofbedienstete Johann Baptist Skall beobachtet die Geschehnisse aus nächster Nähe. Schon am 1. März geht man daran, die »Effekten von Werth zu salvieren«. Alles muß »geräuschlos wie möglich« vorbereitet werden.[134] Noch ist der Krieg nicht ausgebrochen, schon wird entgegen den ursprünglichen Intentionen das kaiserliche Hofgut in Sicherheit gebracht. Mit der Oberleitung wird der Direktor des Naturalienkabinetts von Schreiber bestellt. Schreiber geht mit Umsicht ans Werk, trifft die zur Verladung notwendigen Maßnahmen, teilt das Aufsichtspersonal ein und weist standhaft alle Versuche zurück, »unbedeutende Gegenstände oder gar Privateffekten zu befördern«.[135]
Am 9. April 1809 erklärt Österreich den Franzosen den Krieg.[136] Napoleon kommt »avec la rapidité de l'éclair – mit der Geschwindigkeit des Blitzes« aus Spanien nach Süddeutschland.[137] Erzher-

Krone des Heiligen Römischen Reiches Deutscher Nation, die sogenannte Wiener Krone

10 Die Heilige Lanze

11 Der sogenannte Säbel Karls des Großen

Reichsapfel

13 Das Zeremonienschwert

s Reichs- oder Mauritiusschwert

15 Die Stephansbursa

r Krönungsmantel aus Palermo

Adlerdalmatica

18 Die blaue Dalmatica (Tunicella)

19 Das Reichskreuz

zog Karl wird mit der österreichischen Armee bis vor die Tore Wiens zurückgedrängt. Dort gelingt es ihm, Napoleon bei Aspern anfangs Mai zum ersten Mal zu schlagen. Der Korse hat den Nimbus der Unbesiegbarkeit verloren. Diesem Sieg der Österreicher folgt jedoch im Juli die Niederlage in der Schlacht bei Wagram. Kaiser Franz verfolgt das Geschehen vom Bisamberg aus. Als ob es sich um eine beliebige Veranstaltung handelte, kommentiert er die Niederlage seiner Truppen mit den dürren Worten: »Nun wollen wir nach Hause gehen«,[138] worauf er es für gut befindet, sich nach Ungarn in Sicherheit zu bringen. Am 3. Mai 1809 verlassen die ersten drei Schiffe des nach Ungarn bestimmten Transportes Wien Richtung Pest. Auf dem ersten Schiff sind Pretiosen der Schatzkammer verstaut: vierundvierzig Kisten. Die Sorge für diese Kisten obliegt dem in der Schatzkammer beschäftigten Diener Lang.[139] Er begleitet den Transport. Entsprechend einem Ende April erteilten »allerhöchsten Befehl haben die 6 Kisten mit Gold und Pretiosen nicht mit dem Transport zu Wasser zu gehen«.[140] Befinden sich die Reichskleinodien auf den Schiffen oder in den sechs Kisten beim »Privatschatz« des Kaisers, von dem wir noch hören werden und der auf dem Landweg aus Wien fortgebracht wird?[141] Wir wissen es nicht.

Transportleiter von Schreiber berichtet an Erzherzog Reiner aus Ofen, »daß gestern, Freitag, 12. Mai 1809, mittags sämtliche sieben Schiffe des seiner Leitung anvertrauten Hoftransportes wohlbehalten ... angelangt sind.« Der Kaiser ordnet an, die Hoftransportschiffe hätten unmittelbar nach Temesvar zu fahren, »allwo das Schiffsvolk zu entlassen ist, sobald sämtliche Effekten aus den Schiffen geladen und in sichere Verwahrung gegeben sind«.[142]

Im Juli verlassen die Schiffe Ofen donauabwärts, liegen etwa zwei Wochen im nicht allzuweit entfernten Paks, »einem kleinen, armen, wenig populierten Ort«. Die vielen Schiffsleute, die Begleitmannschaften wollen versorgt sein. Darauf ist das kleine Nest nicht eingerichtet. Der Preis für Lebensmittel und dringende

Bedürfnisse des Tages schnellt in die Höhe. Schreiber erreichen beunruhigende Nachrichten. Es geht das Gerücht, ein feindlicher Überfall sei stündlich zu befürchten; Franzosen, wenn auch vermutlich nur Deserteure, seien in der Nähe gesehen worden. Schreiber drängt auf rasche Weiterfahrt, ordnet an, sich am linken, feindfreien Ufer zu halten, überwacht auch noch in Paks die Abfahrt der Schiffe. Selbst aber reist er zu Lande weiter, um zu erkunden, ob den Schiffen auf der Fahrt zum Bacser Kanal Gefahr drohen könnte. Am 20. Juni mittags passieren schließlich »sämtliche Hofschiffe in bestem Zustand« die erste Schleuse des Kanals.[143]

Die Flotte fährt weiter Richtung Temesvar. Am 15. Juli trifft der Kaiser in Komorn ein. Bald darauf übersiedelt er ins nahe Schloß Dobis.[144] Gegen Ende September werden Vorbereitungen getroffen, um für den Fall des etwa wieder ausbrechenden Krieges auf das Schlimmste gefaßt zu sein.[145] Das Betragen der Russen, die Galizien in Besitz nehmen und den neuesten Nachrichten zufolge zu räumen gar keine Lust zeigen, erregt »für das geflüchtete Eigentum des Staates und Seiner Majestät gerechte Besorgnis«. Darum »soll der Privatschatz Seiner Majestät mit dem Gütertransport der allgemeinen Cammer vereint und ... von Ofen nach Zengg (Anm.: heute Senj) in Dalmatien gebracht werden, wo bereits englische Schiffe lägen, welche das Ganze übernehmen und damit nach Malta segeln« sollen. Sofern die Reichskleinodien nicht zu Wasser, sondern auf dem Landweg gemeinsam mit dem »Privatschatz« des Kaisers abtransportiert worden sein sollten, nun würden die Schätze wieder vereint. Allein, diesem Vorhaben stellen »sich bedeutende Hindernisse entgegen«. Die Engländer, die den Feldzug der Österreicher mitfinanzieren, sind wegen des nach der Niederlage von Wagram zwischen den Österreichern und Franzosen in Znaim geschlossenen Waffenstillstandes erbittert. Sie erklären, falls Österreich ohne Zuziehung Englands Frieden schlösse, würden sie alles österreichische Eigentum, dessen sie habhaft werden könnten, konfiszieren.[146] Der

Krone des Heiligen Römischen Reiches bleibt es also erspart, zum ersten Mal eine Seereise antreten zu müssen.
Bald darauf wird am 14. Oktober 1809 der für Österreich so verlustreiche Wiener Friede geschlossen. Die Monarchie verliert Salzburg mit Berchtesgaden, das Innviertel, einen Teil des Hausruckviertels, Westgalizien mit Krakau, das westliche Kärnten, die Grafschaft Görz, die Stadt Triest, Istrien, Krain und einen Teil Kroatiens mit mehr als drei Millionen Einwohnern. »Doch nicht diese territorialen Einbußen waren es, um derentwillen die Verhandlungen zu scheitern drohten, nein, um die Kriegsentschädigung wurde der erbittertste Kampf geführt, weil in diesem Punkt der ansonsten keineswegs standfeste Kaiser Franz merkwürdigerweise fest blieb. Mehr als fünfzig Millionen wollte er nicht zahlen, und als die Unterhändler mit Napoleon über eine Kontribution von fünfundachtzig Millionen sich einigten, bekamen sie die kaiserliche Ungnade zu fühlen. Der ›ungehorsame‹ General Bubna wurde zum Gestütwesen versetzt. Freiherr von Gentz hatte Recht, wenn er vom Kaiser sagte: ›Er regt sich nur auf, wenn er zahlen muß.‹«[147]
Am 27. November 1809, einem trüben Herbsttag, kehrt Kaiser Franz »in einer unscheinbaren und sogar bepackten Chaise«, nur von Graf Bubna begleitet, nach Wien zurück.[148] Damit steht auch der Rückkehr der Reichskleinodien in die Wiener Schatzkammer nichts mehr im Wege. Die verlagerten Schätze kehren erst im Juli des darauffolgenden Jahres »unbeschädigt und ohne Abgang« nach Wien zurück. Auch stehen am 29. Juli 1810 »sechs mit Kostbarkeiten gefüllte Verschläge, welche nicht zu Wasser, sondern zu Lande transportiert und wieder zurückgekommen sind, in der k. k. Schatzkammer«.[149] Ob zu Wasser oder zu Lande befördert, die Reichskleinodien befinden sich nun jedenfalls wieder wohlbehalten in Wien.

Flucht vor dem eigenen Sieg

Napoleon, von seiner ersten Frau Joséphine Beauharnais geschieden, heiratet 1810 Marie Louise, Erzherzogin von Österreich. Kaiser Franz I. hat seinen Stolz und seine Tochter wohl nicht geopfert – dazu besitzt er zu wenig Empfindungsvermögen – gewiß aber hat er Stolz und Tochter gegen Napoleons Wohlwollen eingetauscht. 1811 gebiert der Sproß des ältesten regierenden europäischen Kaiserhauses den vom Emporkömmling Napoleon heiß ersehnten Sohn, dem sein Vater sogleich den Titel eines Königs von Rom verleiht und auf diese Weise mit dem Anspruch auf die Nachfolge Karls des Großen ausstattet. Napoleon hat den Gipfel seiner Macht erklommen. Vom Gipfel aber kann es nur noch abwärts gehen. An diese Gesetzmäßigkeit denken jedoch zur Zeit weder der Korse noch Kaiser Franz noch das übrige Europa. Napoleon holt vielmehr mit der mächtigen Pranke seiner »Grande armée« zu einem, wie er meint, vernichtenden Schlag gegen den Zaren aus. Rußland tanzt nicht nach Frankreichs Pfeife, weigert sich, die Kontinentalsperre gegen England strikt einzuhalten. Noch ist Europa dem Korsen tributpflichtig. Seine Armee umfaßt mehr als 600 000 Soldaten; Franzosen, Deutsche, Italiener, Schweizer, Niederländer, Polen, darunter 30 000 Preußen und 20 000 Österreicher. Insgesamt stellen die Deutschsprechenden ein Drittel der gesamten Heeresmacht. Der Weg nach Moskau ist verlustreich. Mit dem auf 100 000 Mann zusammengeschmolzenen Heer besetzt Napoleon Rußlands Hauptstadt. Vom 15.–20. September 1812 brennt Moskau. Die Hauptstadt des Zarenreiches liegt in Schutt und Asche. Napoleon erwartet ein Friedensangebot des Zaren. Doch Alexander I. denkt nicht daran. Am 18. Oktober muß Napoleon den Rückzug antreten. Vor allem der furchtbare russische Winter läßt den Feldzug für Napoleon in einer Katastrophe enden. Am 5. Dezember verläßt Napoleon das in Auflösung begriffene Heer und eilt nach Paris.

General Yorck von Wartenburg, der das preußische Kontingent der »Grande armée« befehligt, schließt am 30. Dezember 1812 mit den Russen in Tauroggen einen Neutralitätsvertrag; das ist der Anfang vom Ende der Herrschaft Napoleons über seine europäischen Vasallen. Preußen, das sich seit dem Frieden von Basel 1795 nur 1806 und 1807 an dem Kampf gegen den Korsen beteiligte, insbesondere 1809 nicht zu den Waffen griff, verbündet sich mit Rußland. König Friedrich Wilhelm III., durch Yorck in Tauroggen gleichsam präjudiziert, eher ein »Held wider Willen«, erläßt im März 1813 den Aufruf »An mein Volk«. Die Kriegsparteien, Rußland und Preußen auf der einen, Frankreich auf der anderen Seite, umwerben bei wechselndem Kriegsglück Österreich. Kaiser Franz hat sich für oder gegen seinen Schwiegersohn, für oder gegen seine Tochter zu entscheiden. Doch der Krieg holt noch einmal Atem: Im Juli 1813 wird ein zehnwöchiger Waffenstillstand geschlossen.

Österreich bereitet sich auf alle Eventualitäten vor. Im Juli ergeht an die Chefs sämtlicher Hofstellen der Auftrag, alle jene Maßnahmen einzuleiten, die schon 1809 zur Flucht der Archive, Sammlungen und sonstiger wertvoller Effekten getroffen wurden. Sie hätten im »nicht zu erhoffenden Fall einer Räumung Wiens« zu Wasser nach Ungarn gebracht zu werden. Die Chefs der Hofstellen selbst hätten sich nach Brünn zu begeben. Alle Maßnahmen seien »in der Stille« und so vorzubereiten, daß, »wenn wider Verhoffen der Fall zur Rettung wirklich eintreten sollte, hiezu ohne mindesten Verzug gleich geschritten... werden könne.«[150]

Die Schatzkammer, zu deren Bestand die Reichskleinodien zählen, nominiert zunächst nur 12 bis 15 Kisten zu je zwei Zentner für den Abtransport. Am 10. August 1813, an jenem Tag, an welchem der Waffenstillstand abläuft, befiehlt der Kaiser, die Pretiosen seien für den Fall, daß der Waffenstillstand aufgekündigt würde, »zur allsogleichen Absendung bereit zu halten«. Die kostbarsten Hofeffekten sind so weit wie möglich zu Lande zu transportieren. Das gilt insbesondere für »die kostbarsten Gegenstände der Schatzkammer«, also jedenfalls für die Reichskleinodien. Zu Leitern des Hoftransportes werden der Expediteur Morgenbesser und der Hofkommissär Raymond bestellt.[151]

Der Schatzkammertransport wird zu Lande vom Kabinettsdiener Johann Renkolik, zu Wasser von dem schon aus dem Jahre 1809 bekannten Johann Lang begleitet.[152] Die Transportwagen und die Transportschiffe sind beladen. Nicht nur durch Napoleon droht Gefahr. Gefahr droht auch durch Angehörige der k. k. Hofburgwache, die zum Schutz auf die Schiffe des Hoftransportes abkommandiert wurden. Bei einer Kontrolle wird »ein auf dem Schiffe tabakrauchender Mann der Hofburgwache wahrgenommen«. Es ergeht der strenge Befehl, »sich auf den Schiffen des Tabakrauchens zu enthalten«.[153] Die zur Verfügung stehenden Hofpferde für den Landtransport reichen nicht aus. Es müssen private »Großfuhrleute« unter Vertrag genommen werden.[154] Schließlich werden für den Abtransport zu Wasser insgesamt etwa 5129 Zentner vorbereitet.[155]

Am 1. September 1813 verlassen 27 Schiffe Wien in Richtung Fischamend. Dort legen sie an, dort soll abgewartet werden, wie sich die militärischen und politischen Verhältnisse entwickeln. Man wähnt das Transportgut in Sicherheit. Doch am 10. und 11. September brechen solche Unwetter herein, daß – wie der den Transport begleitende Kabinettsdiener Andreas Rodler in einem Hilferuf nach Wien vermeldet – »unser Leben samt den Schätzen an der letzten Spitze der Gefahr standen«. Sintflutartige Wolkenbrüche bescheren Hochwasser mit seit Jahrzehnten nicht mehr gekannter Gewalt. Brücken und Schiffsmühlen werden weggerissen; Balken, Fässer, Kisten und Schwemmholz werden von den reißenden Fluten mitgeführt und bedrohen die mit Kunstschätzen beladenen Schiffe. »Das Geschrei, das Jammern, das wir ausgestanden haben, ist gar nicht zu beschreiben«.[156] Die aus Wien geflüchteten Schätze also in höchster Gefahr! Sie wird nicht allein durch das Unwetter heraufbeschworen, auch das knausrige Hofärar trägt daran ein gerütteltes Maß Schuld, denn der Grund liegt auch am »Mangel an Schiffsleuten, welche wegen der geringen Bezahlung die Schiffe verlassen haben«, wie der Direktor der Sammlungen berichtet. »Auf diese Art nun diesfalls ohne Leitung, sich selbst überlassen, so würde ein geringer Zufall vermögend sein, einen unersetzlichen Verlust zu verursachen.«[157] Ist es die Sorge um die militärische Entwicklung, die »an höchster Stelle« keine Zeit erübrigen läßt, der Bergung der Kunstgüter das entsprechende Augenmerk zu widmen? Oder hat die bekannte Knausrigkeit des Kaisers Franz die Halbherzigkeit der Rettungsmaßnahmen auf dem Gewissen?

Die politische und militärische Lage entwickelt sich zugunsten der Verbündeten. Der preußische Feldmarschall Blücher gibt dem Feldzug durch den Übergang über die Elbe im September 1813 die entscheidende Wendung. Am 8. Oktober sagt sich Bayern vom Rheinbund los und tritt dem Bündnis gegen Napoleon bei. Unter dem Eindruck dieser Ereignisse, nicht zuletzt aber unter der Last der Kosten, die durch die Vorbereitungen des Abtransportes der Hofgüter nun schon seit Wochen auflaufen und die ohnedies desolaten Staatsfinanzen belasten, macht Staats- und Konferenzminister Graf Zichy am 12. Oktober den Vorschlag, »die für den Fall einer feindlichen Invasion getroffenen Flüchtungs-Anstalten in Wien einzustellen«. Die glänzenden Fortschritte der verbündeten Heere berechtigten zu großen Hoffnungen, eine Gefahr für Wien sei nicht mehr zu befürchten. Jetzt, wo die Donau noch schiffbar ist, müsse entschieden werden: Abtransport oder Widerruf der Fluchtvorbereitungen.

Am 16., 18. und 19. Oktober wird Napoleon in der Völkerschlacht bei Leipzig durch die verbündeten Heere der Österreicher, Preußen und Russen vernichtend geschlagen. Ein Großteil der noch mit den Franzosen verbündeten Sachsen und Württemberger geht zu den Verbündeten über. Napoleon erleidet einen Verlust von 60 000 Mann.

Kaiser Franz kann am 20. Oktober, zwei Tage nach dem Sieg, unbesorgt seine Unterschrift unter die Anordnung setzen: »Bei den durch Gottes Hilfe errungenen Siegen können die Flüchtungs-Anstalten eingestellt werden.«[158]

Wenige Tage später ordnet das Obersthofmeisteramt an, daß »die Hoftransportschiffe von den Stationen, auf denen sie sich jetzt befinden, wieder zurückgebracht und die Hofgüter ausgeschifft werden«.[159] Weit haben die Schiffe ja nicht zu fahren; zum Teil liegen sie noch im Wienerkanal, zum Teil wurden sie bis Fischamend gebracht.[160]

Die Rückführung geht nicht ohne Zwischenfall vor sich. Schatzmeister Silbernagl vermißt von seinen insgesamt 48 den Schiffen angeblich anvertrauten Kisten ein Exemplar: die Kiste 52.[161] Die beiden Transportleiter widersprechen entschieden. Die vermißte Schatzkammerkiste sei ihnen überhaupt nicht übergeben worden. »Wahrscheinlich liegt der Sache eine Irrung zum Grunde, die erst zur Zeit, wann die Kisten werden ausgepackt worden seyn, sich veroffenbaren wird, wie es der Fall im Jahre 1810 ... war.«[162] Man einigt sich, die zu Wasser abtransportierten Kisten der Schatzkammer in Gegenwart des Schatzmeisters Silbernagl und der beiden Transportleiter zu öffnen.[163] Und dabei scheint sich die Angelegenheit tatsächlich als Irrtum herausgestellt zu haben, denn die Aufzeichnungen vermelden darüber nichts weiter.

Wäre die Flucht sinnvoll gewesen, wenn die Völkerschlacht bei Leipzig einen anderen Ausgang genommen hätte? Eine hypothetische Frage, die an sich in solchem Zusammenhang nicht gestattet ist, die aber, bedenkt man Napoleons Ziel, das Reich Karls des Großen wieder zu errichten, diesfalls erlaubt sei. Wäre Napoleon Sieger geblieben, würde die Flucht der Reichskleinodien wohl vergebens gewesen sein. Napoleons langer Arm hätte die Krone, wo immer man sie verborgen haben würde, jedenfalls erreicht.

Griff nach Gräbern

Frankreich hatte nicht nur die Absicht, nach der Krone des Heiligen Römischen Reiches zu greifen, die Franzosen griffen in sehr realem Sinn auch nach den – wenn auch schon toten – Kaisern des Reiches. Im Dom zu Speyer liegen die Gebeine von Kaisern aus den Geschlechtern der Salier, Staufer und Habsburger; darunter jene des Kaisers Rudolf von Habsburg und seines Sohnes Albrecht. Während des pfälzischen Erbfolgekrieges wird Speyer mit anderen kurpfälzischen Städten von den Franzosen 1689 systematisch zerstört, die Bevölkerung vertrieben.[164] Französische Soldaten brechen den Königschor auf, durchwühlen und zerstören einen Teil der Särge, zerstreuen die Gebeine,[165] davon nicht ausgenommen die Sarkophage Rudolfs und Albrechts.[166] Während der französischen Revolution bleibt der wiederaufgebaute Dom 1793 vom Kriege nicht verschont. In den folgenden Feldzügen wird er profaniert und geplündert, seine Ausstattung verwüstet. Der schon beschlossene völlige Abbruch des Domes kann nur durch eine Intervention bei Napoleon 1806 verhindert werden.[167]
Napoleon, 1813/14 von den Verbündeten geschlagen und nach Elba ins Exil geschickt, verläßt seinen Verbannungsort und landet am 1. März 1815 in Frankreich. Die gegen ihn von den Bourbonen entsandten Truppen gehen mit fliegenden Fahnen zu ihm über, der beendet geglaubte Krieg ist wieder ausgebrochen.

In dieser für Österreich sorgenvollen Zeit erhält Kaiser Franz I. die Eingabe des Kabinettsoffizials Löpchner. Der getreue Beamte beschreibt das Schicksal des Domes zu Speyer, schildert, wie die Franzosen mit den sterblichen Resten Rudolfs und Albrechts, der Vorfahren Franz' I., umgegangen sind, und weist darauf hin, daß »dieser Gegend inzwischen neue, wo nicht wahrscheinlich, doch mögliche Kriegsverwüstungen und diesen ehrwürdigen Grabstätten neue Unbillen oder etwa gar eine gänzliche Vernichtung« drohen. Er gibt zu erwägen, die irdische Hülle der Vorfahren des

Kaisers nach Wien zu bringen und der »der allerhöchsten Familie hier gewidmeten Grabstätte beigesellen zu lassen«.[168] Franz I. konsultiert Staatskanzler Metternich. Was sei zu veranlassen oder etwa schon veranlaßt worden?[169]

Um diese Zeit setzen die Alliierten alles daran, der Gefahr zu begegnen, die sich durch die Rückkehr des Korsen drohend erhoben hat. In Belgien werden ein preußisches Heer unter Blücher und ein englisch-deutsches Heer unter Wellington zusammengezogen. Metternich hat vermutlich zu wenig Zeit, sich der Gebeine Rudolfs und Albrechts von Habsburg anzunehmen. Am 18. Juni wird Napoleon bei Waterloo endgültig geschlagen. Die Gefahr ist gebannt, gebannt ist aber auch die erneute Gefährdung des Domes zu Speyer und der Grabesruhe der dort bestatteten Habsburger. Man wird die Eingabe des Kabinettsoffizials Löpchner wohl zunächst auf sich beruhen haben lassen.

Kaiser Franz verliert jedoch seine erlauchten Ahnen nicht aus dem Auge. Als er während des Aachener Kongresses in der Stadt Karls des Großen weilt, beauftragt er Metternich, über den Zustand des Grabes im Dom zu Speyer Erkundigungen einzuziehen. Metternich berichtet, es existiere nur noch der Grabstein mit »Kaiser Rudolfs Abbildung«. Seine Majestät möge entscheiden, ob man beim königlich bayerischen Ministerium einschreiten solle, damit das Denkmal restauriert und »an einem honorigen Platz wieder hingestellt« werde, oder ob verlangt werden solle, den Grabstein an Österreich auszufolgen. Die Ausfolgung wäre aber vermutlich mit großen Schwierigkeiten verbunden. Sollte dieser Versuch dennoch gelingen, gäbe es wohl keinen besseren Platz für den Grabstein als die Wiener Stephanskirche.

Der Kaiser entscheidet, es möge versucht werden, die bayerische Regierung zu veranlassen, das Grabmal zu restaurieren. Geschehe das nicht, dann erst solle verlangt werden, den Stein auszufolgen. Metternich kann gegen Ende 1818 vermelden, der königlich bayerische Hof habe sein Bedauern darüber ausgedrückt, »daß Eure Majestät hierin den eigenen Absichten des

Königs zuvorgekommen seien«. Der Auftrag, das Grabmal wieder herzustellen, sei bereits an einen Architekten erteilt worden. Franz nimmt die Nachricht befriedigt zur Kenntnis.[170] Und so ruhen Rudolf und Albrecht von Habsburg auch heute noch in der Krypta des deutschen Kaiserdomes am Rhein.

Soll Franz wieder deutscher Kaiser sein?

Napoleon, »das Ungeheuer«, wie Zeitgenossen ihn nennen, ist gebändigt, die Rheinbundfürsten, die bis vor kurzem noch als Trabanten um den korsischen Planeten kreisten, haben sich nach Napoleons Sturz wieder darauf besonnen, Deutsche zu sein, für Europa ist eine neue Ordnung zu schaffen, und für Bayern, Württemberger, Preußen, Sachsen, Österreicher usw. stellt sich die sogenannte deutsche Frage: Sollen sich die deutschen Staaten vereinen? In welcher Form? Soll das Heilige Römische Reich Deutscher Nation wieder erstehen?

Fürsten und Staatsmänner unterbreiten dem Wiener Kongreß Vorschlag um Vorschlag. Die Frage, ob ein Kaiser gekürt werden soll, bewegt die Gemüter. Im November 1814 richten neunundzwanzig souveräne deutsche Fürsten und Städte an den Wiener und Berliner Hof den Wunsch, »die Wiedereinführung der Kaiserwürde in Deutschland bei dem Komitee, welches sich mit der Entwerfung des Planes zu einem Bundesstaat beschäftigt, in Vorschlag zu bringen«.[171] Gewiß ist es nicht nur patriotischer Eifer, der aus dieser Forderung spricht. Die neunundzwanzig kleinen und mittleren Souveräne, durch welche die Petition eingebracht wurde, fürchten die Dominanz der großen deutschen Fürsten, wie die der Könige von Württemberg, Bayern und Sachsen. Die durch Napoleons Gnade zu voller Souveränität und Königstitel gelangten Fürsten aber sind nicht geradezu darauf erpicht, einen Teil ihrer eben erworbenen Rechte wieder an einen Kaiser abgeben zu müssen. Auch andere Stimmen nach einem deutschen Kaiserreich werden laut.[172] Wer soll Kaiser werden? Es kämen wohl nur zwei Fürsten in Betracht: der Kaiser von Österreich oder der König von Preußen. Um die Konkurrenz zu neutralisieren, schlägt man sogar vor, »daß die Würde des Reichsoberhauptes zwischen den mächtigsten Fürsten im südlichen Deutschland und dem mächtigsten Fürsten im nördlichen Deutschland dergestalt alterniert, daß die deutsche Krone jedesmal nach dem Ableben des einen auf den anderen übergehe«.[173] Hans Freiherr von Gagern, der Vertreter der kleinfürstlichen und reichsritterlichen Interessen auf dem Wiener Kongreß, will die Kaiserkrone »auf dem Haupt des Kaisers Franz« sehen.[174] Der preußische Minister und bedeutende Reformer Reichsfreiherr Karl vom und zum Stein nimmt sich kein Blatt vor den Mund: »Fünfzehn Millionen Deutsche sind der Willkür von sechsunddreißig kleinen Despoten preisgegeben, und man verfolge die Geschichte der Staatsverwaltung in Bayern, Württemberg und Westphalen, um sich zu überzeugen, wie es in einer wilden Neuerungssucht, einer tollen Aufgeblasenheit und einer grenzenlosen Verschwendung und tierischen Wollust gelegen ist, jede Art des Glückes der beklagenswerten Bewohner dieser einst blühenden Länder zu zerstören... Die Fortdauer der sechsunddreißig Despotien ist folglich verderblich für die bürgerliche Freiheit und für die Sittlichkeit der Nation. Erhält Österreich die Kaiserwürde, so wird seine Macht bedeutsam vermehrt, es ist ratsam, sie ihm anzuvertrauen, um sein Interesse an Deutschland zu binden, und wegen des langen Besitzes in der Gewohnheit der Völker – aber auch Preußen darf Deutschland nicht entfremdet werden.«[175]

Auch die Öffentlichkeit setzt sich mit dieser Frage auseinander. Der »Rheinische Merkur«, im Bayerischen, Württembergischen und auch Badischen wegen seiner liberalen Schreibweise verboten, ruft zur Jahreswende 1814/1815 nach Franz als deutschem Kaiser: »... öffne Deine Ohren und Du wirst von einem Ende Deutschlands zum anderen das Volk mit aufgehobenen Händen nach Dir, dem Kaiser, rufen, sehen und hören, sie sehnen sich nach Dir, so sehr sich auch die Dich umgebenden Fürsten dagegen stemmen, so sehr sie ihre Völker zur Stummheit verdammen, so sehr sie die Zeitungen in Aufsicht nehmen oder gar unterdrükken, damit das Geschrey nicht allgemein wird und vor Deinen Thron komme. So ist Deutschland nicht nur in sich zerrissen, es ist auch zwischen Volk und Fürst ein Streit entstanden, den nur ein Kaiser zu schlichten vermag. Auf ihn sind aller Augen hin gerichtet, alle Hoffnungen gegründet, damit von ihm gerechter Besitz, billige Vertheilung, sicheres Erbe, vernünftige Freyheit ausgeht.«[176]

Erblickt Freiherr vom Stein noch im August 1813 in der Übertragung der deutschen Kaiserwürde an Österreich ein erstrebenswertes Ziel, so läßt ihn der Verlauf der Dinge bis zum Dezember zu anderer Einsicht gelangen: »Da man das Hindernis, welches Bayern der Einheit Deutschlands entgegensetzt, nicht beseitigen kann, so bleibt nur noch eine Bundesverfassung möglich, die die anderen Staaten zusammenhält...«[177] Im Januar 1814 präzisiert Stein seine Einsicht, »daß die Bildung eines Staatenbundes in Deutschland nach der gegenwärtigen Lage der Sache leichter als die Wiederherstellung der ehemaligen Reichsverfassung mit einer vergrößerten Gewalt des Reichsoberhauptes...« ist. Im übrigen sei das Wiener Kabinett ohnedies abgeneigt, »seinem Souverän zu der Wiederannahme der deutschen Kaiserwürde anzuraten«,[178] womit er auch tatsächlich die Meinung Metternichs zum Ausdruck bringt.

Herzog von Dalberg, Napoleons Geschöpf und französischer Parteigänger, der Frankreich beim Wiener Kongreß auch als Bevollmächtigter vertritt, äußert sich zur Frage eines deutschen Kaisers freimütig: »Der Kaiser von Österreich will es nicht seyn, und die anderen wollen nicht, daß es der König von Preußen wird. Zu München so wie zu Stuttgart will niemand von einem Reich oder einer Constitution etwas hören.«[179] Damit scheint Dalberg ein ziemlich richtiges Bild gezeichnet zu haben. Auch Bayern und Württemberg, die für alle jene Staaten stehen können, deren Selbständigkeit durch Napoleon aufgewertet wurde, die Könige von Frankreichs Gnaden, wünschen keinen Kaiser über sich. Die mittleren und kleinen deutschen Fürsten haben sich bereits für Franz ausgesprochen, sind aber auf keine Gegenliebe gestoßen. Ein gewisser Hochmut in Frankreichs Diensten spricht aus Dalberg, wenn er fortfährt: »Frankreich wünscht nichts als Ruhe und

wird es gerne sehen, wenn die Deutschen sich eine Verfassung geben, welche diese Ruhe sichert.«[180] Als ob die Ruhe in den abgelaufenen beiden Jahrzehnten durch die deutschen Staaten gestört worden wäre.
Realistisch wird die Situation vom Kabinettsminister und ersten Bevollmächtigten des großbritannischen und hannoverschen Königs, Ernst Graf zu Münster, eingeschätzt. Seit dem Beitritt Österreichs zur großen Allianz gegen Napoleon habe er im Auftrage seines Hofes »alle Mittel der Überredung angewendet, um Österreich zu bewegen, die deutsche Kaiserkrone von neuem anzunehmen. Diese Bemühungen sind aber wegen der dagegen eintretenden Schwierigkeiten vergebens gewesen, und kaiserlich österreichischerseits hat man sich auf eine Art erklärt, daß endlich im Pariser Frieden die bekannte Bestimmung erfolgt ist, daß die unabhängigen Staaten Deutschlands durch ein föderatives Band vereinigt werden sollen«.[181]
Wenn Österreich die Kaiserwürde nicht mehr annehmen will, wie steht es mit Preußen? Man fragt den preußischen Minister Freiherrn von Stein: »Wenn Österreich die Kaiserkrone nicht will, kann dann nicht Preußen sie tragen?« Steins Antwort: »Diese Frage kann nur durch die Kanonen beantwortet werden«[182], was wohl bedeutet, daß Österreich ein preußisches Kaisertum nicht zulassen würde.
Warum lehnt es Österreich ab, die ihm angebotene Kaiserwürde nochmals anzunehmen? Metternich und Franz wissen aus bitterer Erfahrung, daß diese Würde in ihrer bisherigen Ausgestaltung nichts anderes als eine Bürde wäre.
Jene, welche der Wiederherstellung des Heiligen Römischen Reiches Deutscher Nation besonders laut das Wort reden, die kleineren und mittleren deutschen Fürsten, haben nicht die Macht, das wieder zu errichtende Kaisertum mit jenen Rechten auszustatten, die erforderlich wären, um den Kaiser tatsächlich zu einem Oberhaupt des Reiches und nicht zu dessen Popanz zu machen, und jene, welche die Macht besitzen, die großen deutschen Fürsten

also, wollen keinen starken Kaiser. Schon vor Napoleon war die Kaiserwürde nichts weniger als eine Farce, die Krone nur noch Last. Und nun, da sich die Selbständigkeit insbesondere der süddeutschen Staaten dank des Königsmachers Napoleon zur vollen staatlichen Souveränität entfaltet hat – was wäre die Krone wohl wert? So ziert sie, wenn auch noch nicht öffentlich zur Schau gestellt, weiterhin die Wiener Schatzkammer, nicht aber das Haupt des Kaisers Franz. Sie wird überhaupt keines Kaisers Haupt mehr schmücken, denn der Wiener Kongreß geht auseinander, ohne das deutsche Kaisertum erneuert zu haben. Man gründet den Deutschen Bund, eine lockere Verbindung der deutschen Staaten, in der Österreich bis 1848 den Vorsitz führt.

7. Kapitel

Krämer, Phantasten, Realisten

Wenige Tage nachdem Kaiser Franz II. der deutschen Kaiserwürde entsagt hatte, erinnert Nürnberg wieder an seine Ansprüche. Am 15. August 1806 ersucht der Magistrat den Konkommissär Hügel um Auskunft, »ob die deponierten Gegenstände nunmehr ohne weiters retourniert werden oder deswegen ein besonderer Antrag erforderlich« sei. Hügel läßt dem Magistrat mitteilen, daß »Nürnberg aufgehört, eine deutsche Reichsstadt zu sein«, der Kaiser »das der Stadt erteilte Privilegium der Aufbewahrung dieser Heiligtümer für erloschen« ansehe und die Reichskleinodien sohin nicht mehr zurückgegeben würden.[1]

Die Nürnberger, nunmehr nicht mehr Bürger einer freien Reichsstadt, sondern bayerische Untertanen, lassen die Angelegenheit zunächst auf sich beruhen, kommen jedoch nach fünfzehn Jahren auf den Gedanken, daß die neue Obrigkeit in Sachen Reichskleinodien durchaus etwas für sie tun könnte. Am 6. August 1821 richten sie an die königlich bayerische Regierung die untertänigste Bitte, sie möge in Wien Schritte zur Überführung der Reichskleinodien nach Nürnberg einleiten.

Damit aber die königliche Regierung nicht etwa auf den Gedanken komme, es gehe den als geschäftstüchtig ja nicht unbekannten Nürnbergern nur um schnöden Mammon, betont der Magistrat ausdrücklich, daß »diese Gegenstände, so kostbar und wertvoll sie auch sind, ...keinen pekuniären Nutzen für die Stadt«

haben, »weil sie nicht versilbert werden können«. Man versäumt jedoch nicht darauf hinzuweisen, daß die Kleinodien und Heiligtümer, wenn sie »alle drei oder sechs Jahre ... öffentlich vorgezeigt würden, viele Menschen anher locken und diese der Bürgerschaft einige Nahrung verschaffen«.[2]

In München ist man über den Antrag nicht gerade erbaut. Das junge Königreich von Napoleons Gnaden sucht keine Auseinandersetzung mit Österreich. Nürnbergs Wünsche werden abschlägig beschieden. Da die vormalige Reichsstadt Nürnberg 1796 heimlicherweise und ohne Wissen der damaligen deutschen Reichsversammlung die Reichskleinodien an Österreich ausgefolgt habe, sei die Rückgabe für die Stadt Nürnberg »um so weniger geltend zu machen, als auf die Unterstützung der dermaligen deutschen Bundesmitglieder nicht zu rechnen ist«.[3]

Daß die Nürnberger die Reichskleinodien »heimlicherweise« ausgefolgt haben, ist gewiß kein Argument gegen eine Rückerstattung. Ob die deutschen Bundesmitglieder den Nürnberger Antrag unterstützen würden, scheint fraglich. Daß dem Königreich Bayern das Nürnberger Ansinnen nicht gelegen kommt, ist evident. Die Nürnberger nehmen den Entscheid der Obrigkeit aus München ohne Widerspruch zur Kenntnis.

Und dabei bleibt es weitere sieben Jahre, bis 1828 ein Archivsekretär Klüber aus München auf sich aufmerksam macht. Er sei in der Lage, ein Gutachten auszuarbeiten, mit dessen Hilfe die Rückführung der Reichskleinodien begründet werden könne.[4] Dem Staatsminister des Königlichen Hauses und des Äußeren erscheint die Angelegenheit so wichtig, daß Klübers Vorschlag dem bayerischen König unterbreitet wird.[5] Der König läßt die Angelegenheit durch Josef Freiherr von Hormayr prüfen. Hormayr ist geradezu prädestiniert, sich dieses Falles anzunehmen, führte er doch vom April 1802 bis zum Wiener Frieden 1809 unter Kaiser Franz in Wien das Referat »Deutsche Höfe«. Er erinnert sich, daß damals schon die Rückstellung der Reichskleinodien reklamiert worden war. In Wien habe man sich jedoch

auf den Standpunkt gestellt, die Kaiserwürde sei völlig erloschen, weswegen »diese bloß geschichtlichen Überreste billig in den Händen jenes Geschlechts blieben, das Deutschland seine letzten 21 Kaiser gegeben habe«. Hormayr breitet den Schatz der Erinnerungen an seine Wiener Zeit aus. Die Kleinodien befänden sich gewiß in Wien, wo er 1823 mit dem Schatzmeister der Burg, Vesque, über sie gesprochen habe, »der sich aber auch nur mit halben Worten darüber ausdrückte«. Von den Insignien sollen Imitationen hergestellt worden sein, um damit Napoleon zu täuschen, falls er sie angefordert hätte. Napoleon habe ja insbesondere nach seiner Vermählung mit Marie Louise, der Tochter des Kaisers von Österreich, 1810 und der Geburt des Königs von Rom seine Lust für eine »Parodie des Weihnachtsfestes Carls des Großen zu einer dreifachen Krönung als Herrscher der Franzosen, Deutschen und Langobarden« erkennen lassen. Diese nachgemachten Reichskleinodien wären es auch, die in Wien an den gewöhnlichen Einlaßtagen dem Publikum gezeigt würden.
Und nun unterbreitet Hormayr seine Vorschläge, die wohl die Dienstbeflissenheit des jetzigen bayerischen Geheimen Rates – eben erst ist er dem Ruf nach München gefolgt –, nicht aber seine Loyalität zu seinem vormaligen und langjährigen Brotherrn, dem Kaiser Franz, gegenüber bezeugen. Es sei ratsam, daß Nürnberg sich in dieser Sache zunächst selbst bemühe; am besten wohl mit der stets wirksamen Waffe der Publizität. Man möge die Nürnberger »zu einer niedlichen kleinen Broschüre« anregen. Von einer Reklamation durch den bayerischen König rät er ab. Auch die Preußen darf der nunmehrige Wahlbayer an einem Hof wie München nicht außer acht lassen. »Eine gehässige Einflüsterung aus Berlin, als stelle sich der Münchner Hof bei jedem Anlaß als ›deutsch par excellence‹ hervor, dürfte selbst bei dieser geringfügigen Gelegenheit nicht ausbleiben.« All das sei vermeidbar, wenn die Nürnberger ihren Anspruch selbst geltend machten. Zuvor jedoch sei es ratsam, Klüber zu beauftragen, seine näheren Vorschläge auszuarbeiten. Dann erst könne man weitersehen.[6]

Archivsekretär Klüber macht sich eilig ans Werk und überreicht alsbald seine an den »Allerdurchlauchtigsten Großmächtigen König« gerichteten Elaborate.[7] Sie beinhalten, was die historische Seite betrifft, nichts Neues.[8] Dafür setzt Klüber unbewiesene Behauptungen in die Welt. Sowohl die nach Wien geflüchteten als die vormals in Aachen aufbewahrten Reichskleinodien wären auf Befehl Napoleons nach Paris gebracht worden.[9] Wenig später legt der schreibwütige Klüber eine weitere, seinen ursprünglichen Ausführungen widersprechende Expertise vor.[10] Darüber ungehalten, ersucht Hormayr die Regierung des Rezatkreises, über die Angelegenheit erschöpfend zu berichten.[11]

Herr von Mieg, der Generalkommissär dieses Kreises, überreicht zu Beginn des Jahres 1829 dem König das Ergebnis seiner Recherchen in Form der Originalkorrespondenz und der Dokumente über die »Flüchtung« der vormals in Nürnberg aufbewahrten Reichskleinodien. Sie seien so aufschlußreich, daß es eines weiteren Kommentars nicht bedürfe.[12] Hormayr läßt keine Zweifel darüber, daß seitens des Münchener Hofes wegen der Rückführung der Reichskleinodien keine Aktivitäten zu erwarten sind. Es sei jedoch in jeder Hinsicht dienlich, »daß die Sache zunächst als eine Angelegenheit der Stadt Nürnberg behandelt werde«. Man solle einen Privatschriftsteller »unter seinem eigenen Namen ... auftreten« lassen, der sich der Sache annimmt. Zeitungen und Journale würden das Thema dann schon übernehmen.[13]

Archivsekretär Klüber bleibt nicht untätig. Im März 1829 beglückt er den »Allerdurchlauchtigsten Großmächtigsten« König neuerlich mit einer seitenlangen Abhandlung. Sie wäre, ihre Langatmigkeit ausgenommen, nicht erwähnenswert, enthielte sie nicht zwei besondere Passagen. Klüber scheint überzeugt zu sein, Ludwigs I. geheimste Wünsche zu erraten, wenn er hervorhebt, daß derjenige Fürst, welcher die deutschen Reichskleinodien unter seiner Obhut habe, gute Aussichten besitze, auch die Kaiserwürde zu erwerben. Klüber vergißt, daß man sich im 19. und nicht mehr im 11. oder 12. Jahrhundert befindet. Der zweite

Hinweis gilt Klüber selbst. Er bittet, für seine Arbeit, mit der er die Reichskleinodien aus dem »Meer der Vergessenheit« gehoben und die er nicht »im Staatsdienste, sondern in den Abendstunden« erbracht hätte, honoriert zu werden. Mit diesen Hinweisen tut er sich jedoch nichts Gutes. Darauf wird noch zurückzukommen sein.[14]
Im Auftrage Miegs nimmt der Nürnberger Bürgermeister nochmals umständlich und langatmig Stellung.[15] Mieg, ein Mann präziser Denkungsart, faßt die Überlegungen knapp zusammen und ersucht das Ministerium, folgende Vorgangsweise zu genehmigen: Ein Professor Siebenkees – wer schon kann etwas für seinen Namen? – soll beauftragt werden, die Denkschrift über die Reichskleinodien zu verfassen; diese Denkschrift sei durch eine Deputation dem Kaiser von Österreich zu überreichen.[16] Hormayr stimmt grundsätzlich zu, hebt jedoch, die umständlichen und klügelnden Ausführungen des Nürnberger Bürgermeisters in Händen, warnend den Finger: Es dünke ihm »unter den gegebenen Umständen diesmal das Klügste, nicht allzuklug zu sein«. Österreich könne nur durch Kompromittierung beeindruckt werden, und dies sei durch Veröffentlichung der rechtlichen und historischen Fakten bezüglich der Reichskleinodien zu erreichen. Im übrigen habe man ohnedies schon zu lange gewartet. Die Ansprüche hätten 1814–1815 bei der zweimaligen Belagerung von Paris sowie beim Wiener Kongreß zur Sprache kommen sollen. Deswegen sei die »Arbeit des Dr. Siebenkees hierüber wahrhaft dringend«.[17]
Anfang Juli ruft sich der phantasievolle Archivsekretär Klüber wieder in Erinnerung. Habe er nicht in aller Bescheidenheit auf – gewiß auch pekuniäre – Anerkennung für seine Arbeit hingewiesen? Und was sei geschehen? »Binnen einer Zeit von länger als einem Viertel Jahr keine Silbe oder sonst das Mindeste an mich.«[18] Klüber wird herb enttäuscht. Statt Anerkennung werden ihm im allerhöchsten Auftrag Rügen zuteil. Seine Ausarbeitungen hätten den Erwartungen nicht entsprochen, er habe »sich

nicht entblödet, seine Majestät mit einer ganz ungeeigneten Eingabe... zu behelligen, worin er seltsame politische Träume bringt, welche eine große Geistesbefangenheit verraten. Die Regierung habe ihm allerhöchstes Mißfallen über sein Benehmen zur Kenntnis zu geben.«[19]

Im August 1829 sieht sich der Minister des Königlichen Hauses und des Äußeren veranlaßt, König Ludwig einen Bericht zu unterbreiten, wie weiter vorzugehen wäre. Aus Wien sei angeraten worden, die Reichskleinodien namens der Stadt Nürnberg durch einen Hofagenten beim Kaiser von Österreich im Gnadenwege zurückzuerbitten. Der alte Hofrat Siebenkees habe die erwünschte Abhandlung noch immer nicht geliefert. Er sei in dem hartnäckigen Wahn verfallen, dies wäre vergebens, weil Nürnberg durch den Verlust der Reichsunmittelbarkeit auch das Aufbewahrungsrecht für die Reichskleinodien verloren hätte. Und in einem recht interessanten Exkurs über Österreichs Haltung in der Geschichte wird ausgeführt: »Die Jahrhunderte zeigen, daß Österreich niemals irgendwelchen Anspruch ganz aufgegeben habe. Es hat die volle Geduld des Hasses und bezwingt sogar die eigene Leidenschaftlichkeit, um nichts dem Zufall preiszugeben. Da sein Zweck und seine Maximen unveränderlich sind, bekümmert es sich auch wenig darum, in wieviel Zeit es dieselben endlich durchsetze!«

Hormayr, der bis vor nicht allzulanger Zeit in österreichischen Diensten stand, ist Verfasser dieser für Österreich nicht gerade schmeichelhaften Tirade. Sie könnte ihn als nicht besonders edlen Charakter ausweisen. Weiß man jedoch, daß Österreich seinem Diener nicht gerade nobel mitspielte, als er in den Alpenländern nach Napoleons Niederlage in Rußland einen Aufstand gegen die Franzosen entfachen wollte, und ihn der gute Kaiser Franz deswegen 13 Monate in Festungshaft setzte,[20] dann kommt man vielleicht zu einem nicht so harten Urteil. Kehren wir jedoch wieder zu den Empfehlungen des Ministers an den bayerischen König zurück. Nürnbergs Rechte seien »in einer vielgelesenen

Zeitschrift der öffentlichen Meinung zu unterlegen«, und zwar »in einem nicht auf die Reklamation selbst, sondern vorzugsweise auf Kunst und Alterthum hingerichteten Sinn«.[21] König Ludwig genehmigt den Antrag, »wenn diese direkt in Wien zu machenden Schritte ohne Gesetzwidrigkeit gestattet werden können.«[22] Den Nürnbergern scheint der bayerische königliche Wille nicht viel zu gelten. Offenbar fühlen sie sich immer noch als Bürger einer freien Reichsstadt, denn sie tun alles, um die Erfüllung der königlichen Order zu vereiteln. Sie wollen zwar, daß der Münchener Hof in Wien tätig wird, König Ludwig soll ihnen die Kastanien aus dem Feuer holen; doch selbst in irgendeiner Weise aktiv werden? Nein! »Mit einer Art von unwilliger Beschämung« muß Mieg am 31. August 1829 berichten, daß alle seine Bemühungen, die Stadt Nürnberg zu einem Schritte in dem gewünschten Sinne zu bewegen, ohne Erfolg geblieben sind. Die Nürnberger Stadtväter selbst erweisen sich wider Erwarten besonders stützig, ja präpotent. »Nur wenn es befohlen werde, will der Magistrat Schritte tun.« Die Nürnberger scheuen sich, durch die vorgeschlagenen Publikationen »am österreichischen Hofe mißfällig zu werden und dadurch den Handels- und Gewerbsinteressen Nürnbergs zu schaden«.[23]

Jetzt hat Hormayr genug. Mit seinem Groll nimmt geradezu ein Paradestück bürokratischer Kunstkniffe, die Verantwortung anderen zuzuschieben, seinen Anfang. Zunächst zieht sich Hormayr selbst elegant aus der Affäre. Er überläßt den Gang (oder Untergang) der Dinge dem Generalkommissär von Mieg, indem er ihm »die weitere Führung dieser Angelegenheit mit jenem Scharfsinn und jenem kraftvollen Diensteifer« anheimstellt, »der diese Sache bisher nicht wenig gefördert hat«.[24] Es mag dahingestellt bleiben, ob sich Mieg durch dieses Lob geehrt oder gefoppt fühlt. Auch Mieg versucht, sein Gesicht zu wahren; er schreibt an den Staats- und Konferenzminister, er selbst werde sein Heil in Nürnberg versuchen; aber er erwarte sich davon wenig. Übrigens werde der Inhalt der päpstlichen Bulle der Stadt Nürnberg, seitdem sie die

Reformation annahm, kaum noch zu statten kommen, weil der damals gegen die Hussiten gerichtete Vorbehalt gewiß auch gegen die späteren Reformatoren anwendbar sei. Mieg gibt sich also keineswegs optimistisch.[25]

Auch die Ministerien schieben einander den schwarzen Peter zu. Der Staats- und Konferenzminister übersendet im Dezember 1829 dem Minister des königlichen Hauses und des Äußeren, Graf von Armansperg, die Akten und ersucht wie zum Hohne »um die weitere gefällige Mittheilung des Erfolges ..., welche die zum Vollzuge der allerhöchsten Signatur v. 19. August d. J. getroffenen Anordnungen hervorbringen werden.«[26]

Zwei Monate später salviert sich auch Graf von Armansperg, indem er die Vorschläge des Generalkommissärs Mieg dem Minister des Inneren, Herrn von Schenk, zur »näheren Prüfung Eurer Excellenz ergebenst überstellt«.[27] Herr von Schenk scheint das bei der Lage der Dinge Klügste zu tun: nichts.

Ab nun ruhen Aktivitäten und Akten läger als 28 Jahre. Im September 1858 landen die umfangreichen Unterlagen im Königlich-Bayerischen allgemeinen Reichsarchiv,[28] wo sie sich auch heute noch wohlbehalten befinden.

8. Kapitel

Auch Aachen reklamiert

1815 kommen die Rheinlande zu Preußen; Aachen wird Sitz des neuen Oberpräsidenten. Das von den Franzosen errichtete Bistum Aachen bleibt zunächst bestehen, die beiden Generalvikare bleiben im Amt. Einer von ihnen, Generalvikar Fonck, bittet zu Beginn des Jahres 1816 die neue preußische Obrigkeit, sie möge in Wien darauf hinwirken, daß die drei Aachener Reichskleinodien zurückgestellt werden. Es handelt sich dabei um den sogenannten Säbel Karls des Großen, das Reichsevangeliar und die Stephansbursa, die – wie bekannt – bis 1794 in Aachen verwahrt wurden. Doch die preußische Regierung winkt ab. Das preußische Ministerium des Inneren teilt dem Aachener Oberpräsidenten mit, »daß Seine Durchlaucht der Herr Staats Kanzler es nicht für angemessen hält, in dem jetzigen Zeitpunkt die angetragene Reklamation der ehedem in der dortigen Domkirche aufbewahrten Reichs Kleinodien gegen den Wiener Hof zur Sprache zu bringen, zumal solche niemals ein bestimmtes Eigentum der Stadt Aachen gewesen und zu einer Zeit von dort weggeführt sind, wo Aachen mit dem preußischen Staat noch nicht vereinigt war«. Generalvikar Fonck wird »von diesem freilich nicht erwünschten, aber dem Umstande nach, wohl zu erwarten gewesenen Resultate« durch den Oberpräsidenten vertraulich unterrichtet.[1] Ebenso wie die bayerische Regierung einige Jahre später, weigert sich auch die preußische Regierung schon 1816,

Ansprüche bezüglich der Reichskleinodien gegenüber dem Wiener Hof geltend zu machen. Eine bemerkenswerte Parallele; überdies erstaunlich, wenn auch nur auf den ersten Blick. Kämpften nicht sowohl Preußen als auch Bayern nach der napoleonischen Ära hartnäckig und konsequent um die Rückgabe des von den Franzosen geraubten bayerischen und preußischen Kulturgutes? Gewiß würden beide Staaten ebenso konsequent die Rückgabe der Reichskleinodien nach Nürnberg und Aachen betrieben haben, wären sie überzeugt gewesen, daß Aachen bzw. Nürnberg tatsächlich über Rechtsansprüche verfügt hätte. Auch ein namhafter Jurist aus der Bundesrepublik Deutschland hat das 1977 klar ausgesprochen: »Deshalb gaben die bayerische und die preußische Regierung den Nürnberger und Aachener Reklamationen keine Chance. Sie hielten Österreich vielmehr für berechtigt, den nach ihrer Ansicht herrenlos gewordenen Reichsschatz in seinen Besitz zu nehmen, weil er in sein Gebiet und damit unter seine Hoheitsgewalt gelangt war.«[2] 1834 machen die Aachener wieder ihre vermeintlichen Ansprüche geltend. Sie wenden sich – diesmal ohne Vermittler – direkt an den Kaiser. Das Aachener Kollegialstift bittet Franz I., jene Stücke des Kronschatzes, die 1794 vor den Franzosen nach Paderborn flüchteten und die sich nun in Wien befinden, an Aachen zurückzustellen. Franz I. ersucht Metternich, darüber ein Gutachten abzugeben. Der Staatskanzler beauftragt Freiherrn Josef von Werner, die Expertise auszuarbeiten. Am 29. Oktober 1834 trägt Metternich den Inhalt der durch Werner angestellten Überlegungen seinem Kaiser vor. Das von Werner verfaßte Elaborat ist zwar kein Musterbeispiel exakter wissenschaftlicher Arbeit und enthält auch Unrichtigkeiten, es führt aber dennoch zu einer Entscheidung, zu der auch eine historisch und rechtlich einwandfreie Expertise geführt hätte. Metternich schließt seinen Vortrag: »Nach reiflicher Erwägung aller hier obwaltenden Verhältnisse glaube ich, mich zu der Ansicht bekennen zu müssen, daß dem bittstellenden Collegialstift ein eigentlicher Rechtsgrund zur Begründung seines Begehrens nicht zur Seite steht, und politische Rücksichten wichtiger Art mir es nicht räthlich zu machen scheinen, im Wege der Gnade von dem derzeit behaupteten Rechtsboden abzuweichen.«[3] Der Kaiser läßt dem Aachener Propst Classen ebenso höflich wie entschieden mitteilen, daß er auf den »Besitz dieser kostbaren Erbstücke ... zu viel Wert lege, um selben ihn nicht dem kaiserlichen Hause für alle künftigen Zeiten erhalten zu wollen«.[4]

Doch die Aachener geben nicht auf. Nach mehr als zwanzig Jahren werden sie wieder aktiv. Im März 1856 überreicht das Mitglied des preußischen Abgeordnetenhauses Kanonikus Gau dem österreichischen Gesandten in Berlin, Georg Graf Esterházy, ein Gesuch an den österreichischen Kaiser, mit dem das Aachener Kollegialstift seine Bitte wiederholt.[5] Gestützt auf das Metternich-Wernersche Gutachten aus dem Jahre 1834 und die damalige Entscheidung Franz I., lehnt Wien wieder ab.[6]

Die Aachener haben sich »gleichwohl mit diesem Bescheid nicht beruhigen zu können geglaubt« und wiederholen im selben Jahr ihre Bitte. Dieses Mal fordern sie nicht die Rückgabe an das Aachener Kollegialstift, sie behaupten vielmehr, die drei Kleinodien stünden im Eigentum der Stiftskirche Aachen; die Insignien seien daher an diese zurückzustellen.[7]

Der Wechsel des »Anspruchberechtigten« hat vermutlich seinen Grund in der Tatsache, daß in der napoleonischen Zeit das kaiserliche Krönungsstift aufgehoben wurde.[8] Erst etwa ein Dezennium nach Napoleons endgültiger Niederlage wird 1826 ein neues Aachener Kollegialstift errichtet.[9] Es erhebt sich also die Frage, inwieweit das Kollegialstift überhaupt als Rechtsnachfolger des aufgehobenen Kaiserlichen Krönungsstiftes anzusehen ist. Aus diesem Grund hat sich Aachens Argumentation zweckorientiert geändert. Aber auch Wien scheint gewisse, im Metternich-Wernerschen Gutachten enthaltene Argumente in Zweifel zu ziehen. Die Angelegenheit bedarf einer neuerlichen Prüfung. Das Ministerium des Äußeren beauftragt daher den Vizedirektor des Wiener Haus-, Hof- und Staatsarchivs, Regierungsrat Chmel, den Sachverhalt »klar hinzustellen und mit einem Gutachten über die Rechtsfrage zu begleiten«.[10]

Chmel macht sich mit Fleiß an die Arbeit und weist »urkundlich« nach, daß auch der »Stiftskirche zu Aachen kein Eigentumsrecht auf die in Frage stehenden Reichskleinodien zusteht«. Die Kleinodien seien vielmehr »von Kaiser und Reich dahin zur Aufbewahrung übergeben worden«.

So weit so gut. Doch die Vorschläge, die Chmel aus seiner Untersuchung ableitet, gefallen dem Wiener Hof durchaus nicht. Zunächst: Die Aachener Krönungsinsignien seien als Reichsgut an Aachen zurückzustellen. Ferner: Alle übrigen Reichskleinodien seien »zur Vermeidung von Mißdeutungen nicht mehr in der Wiener Schatzkammer, sondern als geweihte Gegenstände gleichfalls an geweihten Stätten, allenfalls im dann zu einer Kapelle umzuschaffenden Sterbezimmer des hochseligen Kaisers Franz als letztem römisch-deutschem Kaiser aufzubewahren.«

Der Minister des kaiserlichen Hauses tritt dem Vorschlag Chmels entschieden entgegen. Er teilt vielmehr die Ansicht Metternichs, weder das Kollegialstift noch die Stiftskirche Aachen hätten einen Herausgabeanspruch, daher sei am status quo nichts zu ändern. Habe darüber hinaus nicht auch der König von Preußen 1802 befohlen, das nachträglich in Paderborn aufgefundene Wehrgehänge zum Säbel Karls des Großen dem Kaiser nach Wien zu senden? Damit habe der Preußenkönig selbst den Besitzanspruch des Kaisers auch formell anerkannt. Überdies hätte ein Nachgeben gegenüber Aachen höchstwahrscheinlich Reklamationen von Nürnberg zur Folge, »die dann ohne Zweifel von Seiner Majestät dem König von Bayern lebhaft unterstützt werden würden«.

Der Vorschlag Chmels, die drei Aachener Stücke an die »Ruhestätte Karls des Großen« zurückzustellen, »natürlich mit der ausdrücklichen Erklärung, daß diese Reichskleinodien fortwährend als Reichsgut zu gelten haben«, läßt nicht gerade auf einen allzustark ausgeprägten Realitätssinn Chmels schließen. Er fingierte gleichsam die weitere Existenz des Heiligen Römischen Reiches

Deutscher Nation; jedenfalls hielt er dessen Wiedererrichten für durchaus möglich. Auch berücksichtigte er nicht die durch den Wiener Kongreß und die durch die Ereignisse der Jahre 1848/49 geschaffenen Tatsachen. Dafür spricht seine Äußerung: »... vielleicht kehrt die Zeit wieder, wo Österreichs Kaiser wieder römisch-deutscher Kaiser sein wird.«[11] Der klerikal-romantische Vorschlag, die Reichskleinodien »an geweihten Stätten ... aufzubewahren«, dürfte wohl in einer grundsätzlichen Geisteshaltung Chmels seine Wurzel haben: Er war vor seiner Tätigkeit im Wiener Haus-, Hof- und Staatsarchiv Augustiner Chorherr im Stift St. Florian.[12] Die kritische Frage aber, war oder ist die Aachener Münsterkirche Eigentümerin der drei Kleinodien, verneint Chmel eindeutig. Das war die Frage, die er als Sachverständiger zu beantworten hatte. Die Schlüsse aus dieser Antwort zu ziehen, war nicht seines Amtes.

Der Minister des Äußeren trägt die Angelegenheit seinem Kaiser vor. Franz Joseph entscheidet am 13. März 1857, der status quo sei aufrechtzuerhalten.[13] Aachen muß die Ablehnung des Wiener Hofes zur Kenntnis nehmen. Die Insignien bleiben in Wien. Nun ruht die Sache länger als siebzig Jahre. Dann wird Aachen wieder aktiv. Darauf wird noch zurückzukommen sein.

9. Kapitel

Das Sturmjahr 1848

Revolutionäre Bewegungen erschüttern Frankreich und Deutschland. Auch die habsburg-lothringische Monarchie bleibt nicht davon verschont. In den italienischsprachigen Gebieten und in Ungarn kommt es zu bewaffnetem Aufruhr. Sozialer und nationaler Sprengstoff entzündet sich. Vor allem aber bricht der Sturm in Wien los. Wie in anderen europäischen Breiten flammt auch in den deutschsprachigen Ländern der Nationalismus auf. Der alte deutsche Reichsgedanke, vor nicht viel mehr als vierzig Jahren zu Grabe getragen, hat neuen Auftrieb erhalten, eine deutsche Nationalversammlung soll demnächst in Frankfurt zusammentreten. Ein Teil der Bevölkerung ist von der Idee eines neuen deutschen Kaisertums beseelt. Jene Abgeordneten, die durch die niederösterreichischen Stände, die Stadt Wien und die Wiener Universität in die Frankfurter Nationalversammlung gewählt wurden, richten am 4. April an den Kaiser die Bitte, ihnen die Reichskleinodien auszufolgen, damit sie »dieselben unverzüglich nach Frankfurt am Main überbringen, um sie zur Verfügung des deutschen Volkes zu stellen«.[1]

Die Petition wird zunächst in die Hände des Erzherzogs Johann gelegt, den man im Juni in Frankfurt zum Reichsverweser bestellen wird. Er reicht die Bittschrift an den österreichischen Außenminister Ficquelmont weiter.[2] An diesem 4. April erfährt die Bevölkerung der Hauptstadt aus der Österreichisch-Kaiserlichen privilegierten Wiener Zeitung, »daß Sr. Majestät die Deputation«, die für den Frankfurter Volkstag gewählt wurde, »beauftragt habe, die in Verwahrung des Österreichischen Hofes gewesenen Deutschen Reichs-Insignien dem Bundestage zur Übergabe an den zu wählenden Deutschen Kaiser zur Disposition zu stellen«.[3] Ein Mitglied dieser Deputation ist Franz Schuselka. Er überliefert Beweggründe und Gefühle, von denen die Deputierten beseelt sind. Wenn auch aus vollkommen unterschiedlichen Motiven, sind sie alle von dem Gedanken begeistert, die Reichskleinodien dem Frankfurter Volksparlament zu überbringen. Die Traditionalisten unter den Deputierten wollen damit den Anspruch Österreichs auf das deutsche Kaisertum demonstrieren, die revolutionär Gesinnten finden es »wahrhaft köstlich, daß jene Kleinodien, die sonst profanen Volksaugen, wie unantastbare Heiligtümer entzogen, nur auf zehn Schritte Entfernung gezeigt wurden, nun von einer improvisierten Volksdeputation gleichsam entführt und einem revolutionärem Volksparlament überantwortet werden sollen«. Die Deputierten machen sich in corpore auf den Weg, »um die kaiserlichen Insignien zu erobern«. Am selben Tag »bestürmen« sie Ficquelmont. Der Graf empfängt sie mit sichtlichem Unbehagen und einer Mischung von vorgegebenem Verständnis, sachlichen Bedenken und aristokratischer Langeweile. Man kommt schließlich überein, die Reichskleinodien im Frankfurter Bundestagspalast zu verwahren. Von Euphorie erfaßt, überlegen die Delegierten, unter welchem Zeremoniell sie »als des künftigen deutschen Reiches kaiserliche Garderobemeister« in Frankfurt einziehen würden.[4]

Ficquelmont legt die Bittschrift am 5. April dem Ministerrat vor. Man beschließt – und dieser Beschluß stimmt mit der Meldung der Wiener Zeitung keineswegs überein –, falls ein deutsches Oberhaupt gewählt werde, würden diesem die Reichskleinodien ohne Verzug ausgefolgt. Früher könnten die Insignien nur der Bundesversammlung übergeben werden.[5]

Recht standhaft agieren Kaiser und Regierung also gerade nicht.

Doch die Unruhen, die in vielen Teilen des Reiches ausgebrochen sind, haben ihr Selbstbewußtsein erschüttert. Schon im März hatte die Revolution den eigentlichen Lenker der Geschicke des Staates, Fürst Clemens Metternich, hinweggefegt. Der Kaiser gab den fordernden Drohungen der Revolutionäre sofort nach und ließ Metternich fallen. Der »Kutscher Europas«, wie Metternich genannt wird, der Jahrzehnte die Geschicke des nachnapoleonischen alten Kontinents maßgebend mitbestimmte, hat Wien fluchtartig verlassen und sich ins Exil begeben. Bald wird Kaiser Ferdinand, der nie selbst regierte, der vielmehr für sich regieren ließ und den Wohlmeinende Ferdinand den Gütigen, andere aber einen geistig zurückgebliebenen Herrscher nennen, selbst bei Nacht und Nebel aus Wien zunächst nach Innsbruck, später nach Olmütz fliehen, wo er am 2. Dezember zugunsten seines Neffen, des 18jährigen Franz Joseph, abdankt.
Doch wieder zurück nach Wien. Vor der Abreise nach Frankfurt soll am Nachmittag des 5. April für die Delegierten eine kirchliche Feier veranstaltet werden. Die akademische Legion – eine Art revolutionäre Bürgerwehr, die sich aus Studenten rekrutiert – und ein Männergesangsverein haben sich eingefunden. Endlich öffnet sich das Riesentor der Stephanskirche, die Repräsentanten der Universität verlassen den Dom, »doch ohne die Deutschen Reichsinsignien, deren Benediction und somit Übergabe an die Abgeordneten man erwartet hätte«. Und weiter vermelden die Gazetten: »Wie man hört, sind« die Abgeordneten »nur ermächtigt worden, jene Abzeichen (Anm.: Reichskleinodien) der Bundesversammlung mündlich zur Disposition zu stellen. Wir bedauern herzlich, daß ein in seiner ursprünglichen Conception so schöner und bedeutungsvoller Gedanke auf dem diesmahl doch so kurzen Wege so arg verkrüppelt worden ist. Genug, die Abgeordneten mußten ohne den Reichs-Insignien abreisen.«[6]
Erst am 7. April stimmt Kaiser Ferdinand dem Vorschlag seines Außenministers zu, daß die Ausfolgung der Reichskleinodien an die »dermalen noch legal bestehende Bundesversammlung« die

einzig zulässige und am wenigsten kompromittierende Modalität wäre, wobei schon diese Übergabe »bei dem aufgeregten Zustand Deutschlands« mit moralischen und materiellen Gefahren verbunden sei, »bis wirklich eine neue Ordnung in Deutschland geschaffen sein wird«.[7]

Wie ist diese Zustimmung des Kaisers zu verstehen? Hat er damit seinen Auftrag an die Deputierten, die Reichskleinodien nach Frankfurt zu bringen, wieder rückgängig gemacht? Wurde ein solcher Auftrag nie erteilt? Hat die Wiener Zeitung vor drei Tagen eine Falschmeldung in die Welt gesetzt? Wie auch immer. Die Erwartungen der Bevölkerung, daß die Reichskleinodien nach Frankfurt zu bringen sind, wurden nun einmal geweckt. Seit den Märzunruhen gärt es in Wien. Das Volk ist gegen Regierung und Klerus aufgebracht. So zieht in der Nacht zum 6. April gegen 11 Uhr eine erregte Menge vor das erzbischöfliche Palais. Man vermutet, Erzbischof Milde habe sich geweigert, den Kronschatz zu weihen, ja er weigere sich überhaupt, die Reichskleinodien herauszugeben, obwohl – so stand es doch in der Zeitung! – der Kaiser selbst den Auftrag dazu gegeben habe. Die tobende Menge bringt ihren Unwillen gegen Milde – ein Kleriker reimt: »Milde, dein Name ist Ironie, denn milde warst du nie« – durch eine gräßliche Katzenmusik zum Ausdruck,[8] es werden auch Reden vom »gröbsten Kaliber« gehalten.[9] Doch dabei bleibt es nicht. Man wirft dem Erzbischof, den der revolutionäre Geist von 1848 »den Kommandierenden der geistlichen Garnison Wiens« nennt,[10] auch die Fenster ein. Aber der Erzbischof ist unschuldig. Jedenfalls, was die Reichskleinodien betrifft: »Die Reichskleinodien waren nie in meinen Händen, ich konnte daher eine Auslieferung nicht verweigern – von einer Einweihung derselben war nie die Rede gewesen.«[11]

Das scheint schließlich erkannt zu werden, denn man marschiert vor die kaiserliche Schatzkammer, wo die Reichskleinodien tatsächlich verwahrt werden, und verlangt ihre Herausgabe. »Es ist bekannt«, wird später in einem in Nürnberg veröffentlichten Arti-

20. | Bestellungen werden in allen Buch- und Kunsthandlungen, so wie von allen Postämtern und Zeitungsexpeditionen angenommen. **Nro. 140.** Erscheinen wöchentlich ein Mal. Subscriptionspreis für den Band von 24 Nummern 3 fl. 36 kr. R.-W. od. 2 Rthlr. Einzelne Nummern kosten 12 kr. R.-W. od. 3 ggr. | VI. Band.

Wer soll unser Kaiser sein?

Wer soll der deutsche Kaiser sein?
Den 's Volk erwählt am deutschen Main! —
Wer ohne Wahl mit keckem Schritt
— Und wär's ein Fürst — voran uns tritt,
O nein, o nein,
Der kann der Kaiser nimmer sein!

Wer soll der Deutschen Kaiser sein?
Deß Fürstenhand vom Blute rein!
Wer seiner Völker Freiheits-Drang
Zu schweigen mit Karthaunen zwang,
O nein, o nein,
Der kann der Kaiser nimmer sein!

Wer soll der Deutschen Kaiser sein?
Der nie ertrug der Schande Pein! —
Wer von den Pfaffen ward geschult,
Wer um des Russen Gnad' gebuhlt,
O nein, o nein,
Der kann der Kaiser nimmer sein!

Wer soll der Deutschen Kaiser sein?
Der Treue setzt für Treue ein!
Der an des Kaisers Majestät
Des Volkes Freiheit nicht verräth,
Der soll es sein,
Der soll der Deutschen Kaiser sein!

Der Deutschen Kaiser soll der sein,
Deß Ehre hell wie Sonnenschein!
Der durch des deutschen Volkes Kraft
Ein einig freies Deutschland schafft!
Der soll es sein,
Der soll der Deutschen Kaiser sein!

Otto v. Reichert.

kel zu lesen sein, »daß man die Reichskleinodien 1848 in der Hofburg in Wien für den künftigen Kaiser abholen wollte und daß in erster Linie die Festigkeit des Schatzmeisters dem Sturm zu widerstehen hatte, der die Vollmacht derer prüfen wollte«, die im Drange der Revolution die Aushändigung der Krone forderten.[12] Über diese Episode existiert auch noch eine andere Version. Die Universität entsendet eine Abordnung in die Hofburg, um die Reichskleinodien in Empfang zu nehmen, »aber die zufällige Abwesenheit des damaligen Oberstkämmerers, der die schriftliche Erlaubnis zur Auslieferung geben muß«, nötigt sie, »ihr Vorhaben bis auf den nächsten Morgen zu verschieben«. Doch der Drang der Zeit verhindert »ihr nochmaliges Kommen«.[13] Die beiden Versionen widersprechen einander nicht. Es wäre möglich, daß die Abordnung zunächst den Oberstkämmerer nicht antraf und dann – wie es die erste Version vermeldet – ohne Vollmacht zum Schatzmeister zog, der ihrem Wunsch nicht nachkam.

Zu weiteren Versuchen, die Reichskleinodien ausgefolgt zu erhalten, kommt es nicht. Das dürfte wohl darauf zurückzuführen sein, daß der Zug, mit dem die Abgeordneten nach Frankfurt fahren, schon unter Dampf steht.

Die Delegation gleicht – wie Schuselka mit kritischer Selbsteinschätzung und nicht ohne Humor feststellt – vollkommen den Diplomaten, die zu einem Kongreß reisen: Sie haben durchaus keine klare Ansicht darüber, was in Frankfurt geschehen soll. Waren die Wiener Deputierten zunächst über Ficquelmonts Winkelzüge verärgert, so ändern sie nach ihrer Ankunft in Frankfurt ihre Meinung über den Außenminister radikal; sie leisten »dem klugen Grafen Ficquelmont im stillen reumütig Abbitte«, denn in Frankfurt herrscht eine so republikanische Stimmung, daß sie sich mit ihrer »mittelalterlichen Kaiseruniform gewiß lächerlich« machen würden. Schuselka malt sich aus, was in dieser Atmosphäre alles passieren könnte. Wenn sich die Frankfurter und Hamburger Turner der Kleinodien bemächtigten und einen der

Germania als Gretchen.

„Mein schönes Fräulein, darf ich wagen,
Meinen Arm und Geleit Ihr anzutragen?“

Redaction: Caspar Braun und Friedr. Schneider. — München, Verlag von Braun & Schneider.
Schnellpressendruck von J. P. Himmer in Augsburg.

ihren damit zum »Bierkaiser« ausriefen – kein Mensch wäre imstande, sie daran zu hindern! Oder wenn traditionsbewußte Kaisermacher die Kleinodien in ihren Besitz brächten und davor romantisch-historische Betstunden abhielten! Nicht auszudenken! Alpträume![14]

Die Ideen des Jahres 1848 bewegen die Bürger. Die Presse, eben ihre heiß begehrte Freiheit gewonnen, bemächtigt sich in Wort und Bild der Frage, wer deutscher Kaiser werden soll.

Im Jahre achtundvierzig hielt,
Zur Zeit der großen Erhitzung,
Das Parlament des deutschen Volks
Zu Frankfurt seine Sitzung

Da liegen die Kaiser-Insignia,
Da liegt die Goldene Bulle,
Der Zepter, die Krone, der Apfel des Reichs
Und manche ähnliche Schrulle

Da liegt der alte Kaiser-Ornat,
Verblichen purpurner Plunder,
Die Garderobe des Deutschen Reichs,
Verrostet, vermodert jetzunder.

Wahrhaftig, auf diesem Hermelin,
Dem Krönungsmantel, dem alten,
Haben die Katzen des Römerquartiers
Ihr Wochenbett gehalten.

Da hilft kein Ausklopfen! Daß Gott sich erbarm'
Des künftigen Kaisers! Mit Flöhen
Wird ihn der Krönungsmantel gewiß
Auf Lebzeiten versehen.

Und wisset, wenn es den Kaiser juckt,
So müssen die Völker sich kratzen –
O Deutsche! Ich fürchte, die fürstlichen Flöh',
Die kosten euch manchen Batzen.[15]

Heines drastisch-satirische Verse müssen eine desillusionierende Wirkung auf die Romantiker ausüben, die das alte deutsche Kaisertum in neuer Form wieder auferstehen lassen wollen. Dichter sehen die Dinge manchmal klarer als Politiker. Die Frankfurter Euphorie, das Reich wieder zum Leben zu erwecken, verfliegt in den Stürmen der Jahre 1848/1849. Erzherzog Johann legt sein Amt als Reichsverweser noch im Dezember 1848 zurück. Nach heißen Streitigkeiten und Debatten wird im März 1849 der preußische König Friedrich IV. durch die Frankfurter Nationalversammlung zum deutschen Erbkaiser gewählt. Aber der Preußenkönig lehnt die ihm angebotene deutsche Kaiserkrone ab. Sein stark ausgeprägtes, von der Idee des Gottesgnadentums durchdrungenes fürstliches Selbstbewußtsein läßt es nicht zu, eine Krone, »verunehrt... mit ihrem Ludergeruch der Revolution von 1848« anzunehmen, sich »einen solchen imaginären Reif, aus Dreck und Letten gebacken«, aufs Haupt zu setzen. »Ich sage Ihnen rund heraus«, schreibt er, »soll die tausendjährige Krone deutscher Nation, die 42 Jahre geruht hat, wieder einmal vergeben werden, so bin ich es und meinesgleichen, die sie vergeben werden. Und wehe dem, der sich anmaßt, was ihm nicht zukommt.«[16]

Wie gut, daß der Zug am Wiener Nordbahnhof schon unter Dampf stand und die österreichische Deputation nicht mehr Zeit hatte, die Herausgabe der Reichskleinodien weiter zu fordern, um sie nach Frankfurt zu bringen! Wie würde sie nun dastehen mit den ehrwürdigen Insignien des Heiligen Römischen Reiches in Händen, die jener, dem sie angetragen werden, nicht annehmen will?

Gleichwohl spielen die Reichskleinodien nochmals eine gewisse

Rolle, als zu Beginn der zweiten Hälfte des vergangenen Jahrhunderts ein letztes Mal versucht wird, den Deutschen Bund neu zu beleben. Zur Zeit des Frankfurter Fürstentages wird 1863 auf ausdrücklichen Wunsch des Kaisers Franz Joseph I. ein Prachtwerk über die Reichskleinodien vom Aachener Domherrn Franz Bock veröffentlicht.[17] Die Wirkung dieser Publikation beschränkt sich jedoch auf den bibliophilen Bereich.

10. Kapitel

Die Preußen kommen

Im Juni 1866 bricht zwischen Österreich und Preußen der Krieg aus. Die Waffen sollen entscheiden, wem in Deutschland in Zukunft die Vormachtstellung zukommt. Der Anlaß zu dem Waffengang ist wie oft in solchen Fällen nichtig: ein Streit über die Herzogtümer Schleswig und Holstein. Italien wittert Morgenluft; eine günstige Gelegenheit, Venetien zu gewinnen. Österreich hat einen Zweifrontenkrieg zu führen. Am 24. Juni werden die Italiener bei Custozza von den Österreichern geschlagen. Doch der Krieg wird nicht im Süden, er wird in Böhmen entschieden. Kurz darauf erleidet die österreichische, unter dem glücklosen Feldzeugmeister Ludwig August von Benedek kämpfende Armee bei Königgrätz die entscheidende Niederlage. Mehr als 34 000 tote Österreicher und Sachsen, mehr als 9000 tote Preußen bedecken das Schlachtfeld. Das preußische Zündnadelgewehr, der preußische Drill und die Feldherrnkunst des preußischen Generals Moltke haben sich als überlegen erwiesen. Dagegen halfen auch nicht verwegene Attacken der österreichischen Kavallerie und Tapferkeit wie die der legendären »letzten Batterie«, die bis zur letzten Granate gegen die heranstürmenden Preußen feuerte. Niederösterreich, ja auch die Reichshauptstadt Wien sind unmittelbar bedroht. Der in Italien siegreiche Oberbefehlshaber der kaiserlichen Armee, Erzherzog Albrecht, ordnet an, alle Streitkräfte im Gebiet um Wien zu konzentrieren.

Am 6. Juli, drei Tage nach Königgrätz, überzeugt der stellvertretende Obersthofmeister, Graf Kuefstein, Kaiser Franz Joseph, es sei notwendig, »die wertvollsten Gegenstände der Schatzkammer, Sammlungen und sonstiger Hofeffekten ... vor einer feindlichen Invasion in Sicherheit zu bringen«.[1] Man erinnert sich gewiß noch daran, wie die Schätze während der napoleonischen Kriege geborgen werden mußten, wie langwierig und mühsam es war, sie zurückzubringen und wieder aufzustellen. Es erscheint daher geboten, die Kunstwerke, Archivalien etc. gemeinsam abzutransportieren und diese Aktion gut vorzubereiten. Die Schätze müssen vor möglichen Plünderungen, aber auch vor dem Zugriff der Preußen geschützt werden. Es gelingt innerhalb weniger Tage, »das Wertvollste unter dem Wertvollen« auszusuchen. Der Transport wird in aller Eile vom 7. bis 11. Juli zusammengestellt. Er umfaßt qualitativ hochstehende Kunstwerke, die einzigartigen Mineralienschätze des Naturalienkabinetts, unersetzliche Urkunden und Akten des Archives – und die Kleinodien des untergegangenen Heiligen Römischen Reiches Deutscher Nation. Das wertvolle Gut soll mit dem Schiff donauabwärts nach Ofen gebracht werden. Verantwortlich für den Transport ist Oberststallmeister Graf Grünne.

Die aus der Schatzkammer abzutransportierenden Zimelien werden vom 8. bis 10. Juli fachgerecht in acht Kisten verpackt. Die Reichskleinodien finden sich in der sogenannten schwarzen Kiste und in der Kiste Nummer V. Als Leiter des Schiffstransports fungiert Hofsekretär Franz von Raymond. Je ein Beamter der betreffenden Fachgebiete soll nach Ofen mitreisen und erst dort dem Hofsekretär von Raymond die Kisten aushändigen. Seidl, der verantwortungsbewußte Leiter der Schatzkammer, läßt es sich nicht nehmen, die Schiffsreise selbst mitzumachen.

Möglichst unauffällig werden die Fluchtgüter aufs Schiff gebracht. In der Nacht zum 12. Juli treffen sich die Wagen gegen Mitternacht am Josefsplatz. Jeder Wagen wird von einem Soldaten begleitet, jeder Abteilung ist eine Charge beigegeben. Vom

Josefsplatz fährt man im Konvoi zur Schiffslandestelle Kaisermühlen. Dort werden die insgesamt 485 Kisten in drei Magazine eines Schleppschiffes der Donaudampfschiffahrtsgesellschaft umgeladen. Die acht Kisten der Schatzkammer – zwei davon beinhalten die Reichskleinodien – finden im mittleren Magazin Platz.

Alfred Ritter von Arneth, Direktor des Haus-, Hof und Staatsarchivs, schildert anschaulich diese nächtliche Fahrt: »Nie werde ich den schrecklichen Eindruck vergessen, den es auf mich hervorbrachte, als zwischen die mir voranfahrenden Wagen, die mit den Archivkisten beladen waren, und meinen eigenen ein ungeheures, tiefschwarzes Ungethüm sich einschob, dessen Umrisse ich bei dem ersten Grauen des Tages noch gar nicht zu unterscheiden vermochte. Es war mir, als ob der Sarkophag Österreichs vor mir hergeführt würde, und ich schäme mich nicht einzugestehen, daß ich, einsam in meinem Wagen, in bittere Tränen ausbrach. Erst als es heller wurde, sah und erfuhr ich, was das Ding war, das so unwiderstehlich auf meine Einbildungskraft wirkte. Es war der noch von der Kaiserin Maria Theresia herrührende kostbare Prachtwagen, den man wohl ebenfalls in der richtigen Absicht, ihn nicht als willkommene Beute in die Hände der Preußen fallen zu lassen, von Wien wegschaffen ließ. Ganz mit schwarzem Tuch überzogen, wurde auch er zur Einschiffung auf der Donau nach den Kaisermühlen gebracht.«

So irreal ist Arneths Einbildung nicht, denn am Sarkophag der österreichischen Monarchie wird tatsächlich bereits gezimmert.

Am frühen Morgen des 12. Juli ist die Verladung beendet. Hofsekretär von Raymond wartet auf den Abfahrtsbefehl. Doch Oberststallmeister Grünne zögert. Der 12. Juli geht vorüber. Der vollbeladene Schleppkahn liegt in Kaisermühlen fest. Untätig warten Kustoden und Wachen. Obwohl Kaiserin Elisabeth mit Kronprinz Rudolf und Erzherzogin Gisella am 13. wegen »der drohenden Kriegsgefahr zu einem bleibenden Aufenthalt« nach Ofen abreist, erteilt Grünne noch immer nicht den erwarteten Befehl.

Hofft er, das Blatt werde sich in letzter Minute wenden und die Verlagerung der Schätze vielleicht doch nicht notwendig sein? Am 15. Juli endlich erteilt Grünne die Abfahrtsorder. Der Personendampfer »Szent Istvan« verläßt die Anliegestelle, in seinem Schlepptau der mit Fluchtgut beladene Schleppkahn. Die Nacht vom 15. zum 16. machen die Schiffe in Preßburg fest. Ofen laufen sie am Abend des 16. nahe Einbruch der Dunkelheit an; jedes Aufsehen soll vermieden werden. Den begleitenden Beamten wird untersagt, das Schiff zu verlassen, bevor die Kisten im königlichen Zeughaus eingelagert sind. Am 17. werden die vier zur Einlagerung bestimmten Räume des königlichen Zeughauses inspiziert und als grundsätzlich geeignet befunden. Eine Reihe zusätzlicher Sicherungsmaßnahmen wird angeordnet. Bis zur Ausführung dieser Maßnahmen hat das Fluchtgut auf dem Schiff zu bleiben. Nur die auf dem Wasserweg mitgeführten Kisten der Kaiserin Elisabeth werden ins Zeughaus gebracht. Die Reichskleinodien verbringen also die folgenden Tage zusammen mit allen übrigen Kostbarkeiten im Bauch des Schleppkahns, der in Burgnähe unterhalb des Hofgartens festgemacht hat. Aber nicht nur die Kleinodien des Heiligen Römischen Reiches Deutscher Nation befinden sich auf dem Schiff. Auch die österreichischen Kroninsignien, auch die prächtige Krone Rudolfs II., liegen wohlverwahrt in den Kisten der Schatzkammer unter den Planken. Ebenso die böhmischen Kroninsignien mit der Krone des Heiligen Wenzel. Sie wurden wegen der bedrohlichen Lage unauffällig aus Prag mit der Bahn nach Wien gebracht, trafen dort in der Nacht zum 23. Mai ein und lagerten im »lichtlosen Raum« der Wiener Schatzkammer. Und nun haben auch sie Wien in Kiste VII verlassen müssen. In dieser Kiste sind überdies auch die lombardo-venezianischen Kroninsignien verpackt; die berühmte Eiserne Krone der Langobarden, die sich schon Karl der Große aufs Haupt gesetzt haben soll. Ebenso auf die Reise geschickt hat man den österreichischen Erzherzogshut und die prächtige Krone des Stephan Bocskay.

Man wartet auf den Abschluß der angeordneten Sicherungsarbeiten. Als am 21. Juli zwischen Preußen und Österreich ein vorläufig mit fünf Tagen befristeter Waffenstillstand in Kraft tritt, sind diese Arbeiten immer noch nicht beendet. Am 26. Juli wird der Präliminarfrieden in Nikolsburg geschlossen. Man hofft mit Recht, daß weitere Maßnahmen zum Schutze der Schätze nicht mehr erforderlich sind. Am 14. August wird der Konvoi »in allerhöchstem Auftrag« telegrafisch nach Wien zurückbeordert. Eilig bringt man die Kisten der Kaiserin Elisabeth auf den Schleppkahn zum Gros des Fluchtgutes. Am 15. August legen die Schiffe ab und verlassen Ofen. Über zwei Zwischenstationen treffen sie am 17. August nach einem Monat Abwesenheit wieder in Wien ein. Unter Aufsicht der Hofburgwache werden die Schätze an ihre angestammten Aufbewahrungsorte zurückgebracht. Die ganze Aktion ist »ohne Beschädigung oder Abnützung« vonstatten gegangen. Im September öffnet die Schatzkammer wieder ihre Tore.
Daß die Reichskleinodien so rasch nach Wien zurückgebracht werden konnten, ist nicht zuletzt – und erstaunlicherweise – auch einem Preußen zu danken: dem damaligen Grafen und späteren Fürsten Bismarck. Der preußische König, nach Königgrätz begreiflicherweise siegestrunken, trägt sich mit der Absicht, seinen Triumph voll auszukosten und nach Wien zu marschieren. Wie die Dinge liegen, kann ihn auch Erzherzog Albrechts Befehl, alle österreichischen Truppen im Raume Wien zu konzentrieren, kaum daran hindern. Wohl wäre für den Preußenkönig der Einzug seiner Truppen in Wien die Krönung seines Sieges über die Österreicher, er würde damit aber auch die österreichische Monarchie und Franz Joseph unnötigerweise tief demütigen. Bismarck denkt weiter als bis zum nächsten Tag. Er überzeugt seinen königlichen Herrn, es sei besser, heute auf einen billigen Triumph zu verzichten, um für morgen eine Versöhnung nicht auszuschließen.[2]

11. Kapitel

Vom neuen Kaiserreich zum Weltbrand

Die Machtverhältnisse innerhalb des Deutschen Bundes, in dem Österreich den Vorsitz führte, sind geklärt. Im 1866 gegründeten Norddeutschen Bund ist Österreich nicht mehr vertreten; Preußen dominiert. Als 1870 der deutsch-französische Krieg ausbricht, geht es um die Klärung der Verhältnisse in Europa. Mit der Annahme der deutschen Kaiserwürde im Spiegelsaal des Schlosses zu Versailles durch den preußischen König Wilhelm I., nunmehr Kaiser Wilhelm I., am 18. Januar 1871 sind Zweifel auch darüber beseitigt. Im neuen Deutschen Reich werden Stimmen laut, die nach der Krönung Wilhelms mit der alten Krone des Heiligen Römischen Reiches Deutscher Nation rufen. Durch eine dieser Stimmen wird zunächst der Oberstkämmerer des Wiener Hofes, Graf Crenneville, beunruhigt. Er lenkt die Aufmerksamkeit des Grafen Beust, Minister des kaiserlichen Hauses, auf die »Gelüste nach den Krönungsinsignien des ehemaligen heiligen römisch-deutschen Reiches«. Diese Gelüste würden beispielsweise in der in einem Zeitungsartikel enthaltenen Prophezeiung zum Ausdruck gebracht, daß der Preußenkönig nicht zögern werde, die Kleinodien von Österreich zu fordern. Sollte er aber diese Forderung nicht stellen, so wäre jedenfalls das Germanische Nationalmuseum in Nürnberg und nicht die Wiener Schatzkammer der richtige Aufenthaltsort für den alten Kronschatz. Crenneville glaubt auch zu wissen, wer den Artikel verfaßte: der Aachener Kanonikus Bock, ein »berüchtigter Ordensjäger, welchem überdies mit Recht oder Unrecht nachgesagt würde, daß in den von ihm besuchten Schatzkammern zuweilen etwas abhanden gekommen sei«. Man müsse von vornherein mit aller Bestimmtheit dartun, »daß die Krone... weder der preußisch-deutsche Kaiser – Präsident noch sonst jemand aufs Haupt setzen dürfe«.[1]

Dem Direktor der k. k. Kabinettskanzlei, Ritter von Braun, empfiehlt er, die Angelegenheit dem Kaiser zur Kenntnis zu bringen, und macht seiner Empörung deutlich Luft: »Ich hoffe, eher den Befehl zu erhalten, die Kroninsignien einzuschmelzen, als daß Österreich die Schmach erleidet, dieselben ausliefern zu müssen.«[2] Braun ist empört und ballt die Hand zur Drohgebärde: »Sollte ein Versuch, gleichviel in welchem Sinne oder auf welchem Wege gemacht werden, so wird er eine Aufnahme erfahren, durch welche die Lust zu dessen Wiederholung benommen sein dürfte.«[3]

»Nach einer feierlichen Krönung mit dem alten Krönungsornat sehnen sich auch die romantischen Gemüter, denen jede bedeutsame Festlichkeit erst dann bleibenden Eindruck hinterläßt, wenn sie mit kirchlichem Pomp und großartigen öffentlichen Aufzügen verbunden ist, und die am liebsten im alten Frankfurt den berühmten Königsochsen wieder braten und die Rot- und Weißweinfontänen springen sehen möchten. Diese Romantiker« bringen denn auch das Gerücht in Umlauf, »daß der Kaiser Franz Joseph die Herausgabe der Reichskleinodien bewilligt habe, deren Besitz von der deutschen Regierung gewünscht worden sei, da König Wilhelm im alten Krönungsornat sich zum Kaiser proklamieren wolle«.[4] Neben den in der Öffentlichkeit des Deutschen Reiches lautgewordenen Wünschen, die alten Reichskleinodien mögen in das neue Reich zurückkehren,[5] gibt es Indizien, die darauf schließen lassen, daß dieser Wunsch von offizieller Seite geteilt werden könnte. So wird im »Allerhöchsten Erlaß« vom 3. August 1871 u. a. bestimmt, daß ins kaiserliche Wappen neben dem Hohenzollernschild auch die »Reichskrone aber nur in Form der Krone Karls des Großen«, also in Form der Krone des Heiligen Römischen Reiches Deutscher Nation, dargestellt wird.[6] Dazu kommt, daß selbst der preußische Kronprinz und spätere deutsche Kaiser Friedrich III. dafür eintritt, daß die Reichskleinodien nach Berlin gebracht werden: »Ich verlange aber gerade jene uralte Krönungskrone, weil sie recht eigentlich das Attribut der deutschen Kaiserwürde ist und stets auf Porträts und Statuen dargestellt wurde.«[7]

Aber maßgebliche Persönlichkeiten sprechen sich gegen die Übernahme der Tradition des Heiligen Römischen Reiches durch das Deutsche Reich von 1871 aus. So zunächst Graf Stillfried, dessen Stimme als Oberzeremonienmeister Wilhelms I. in dieser Frage besonderes Gewicht beigemessen werden muß. Er bezeichnet das Heilige Römische Reich als ein Gebäude, »dessen theokratisch-kosmopolitische Construction unser nationales deutsche Erbkaisertum von 1871 – gottlob – nichts angeht«.[8] Die staatsrechtliche Schöpfung des neuen Deutschen Reiches könne nicht als Fortsetzung oder Wiederherstellung des alten Römischen Reiches Deutscher Nation betrachtet werden. Darüber hinaus stellt Stillfried fest: »Somit ist es auch nicht berechtigt, eine Vindication der Reichskleinodien gegen den Besitzer, den Kaiser von Österreich, vorzunehmen.«[9] Es sei anzuerkennen, »daß der Kaiser von Österreich ein unangreifbares Besitzrecht an diesen Dingen hat, welches thatsächlich dem Eigentum gleichsteht, da niemand in der Welt, auch das im Jahre 1871 neu gegründete Deutsche Reich nicht, ihm gegenüber als besser berechtigt aufzutreten im Stande ist«.[10] Auch erinnerten die Römisch Deutschen Reichskleinodien daran, »wie sehr die deutschen Kaiser einstmals vor den Päpsten sich demütigen mußten ... Als Karl V. sich 1530 am 24. Februar zum Römischen König krönen ließ, mußte er dem Heiligen Vater, den er noch kurz davor gefangen gehalten, nach alter Sitte kniend den Fuß küssen und bei der Krönungsmesse, mit dem Levitenkleide der Kaiser-Dalmatika angethan, vor ihm als Domherr von St. Peter das Evangelium absingen … Die alte Römisch-Deutsche kirchliche Kaiserpracht, ihre Zutaten und Würdezeichen seien für den Deutschen Erbkaiser unmöglich und geradezu verwerflich.«[11]

Die letzten Bedenken Österreichs werden jedoch durch eine Erklärung Kaiser Wilhelms selbst zerstreut. Stillfried gibt sie in der Diktion seiner Zeit wieder: »Mit richtigem Takt und großer Langmuth wiederholte Allerhöchst derselbe immer wieder : ›Ich denke nicht daran, mir eine Kaiserkrone anzueignen, welche wirklich existiert und welche ich nicht besitze, vielleicht niemals besitzen werde und welche ich zu besitzen Meinerseits auch gar kein Bedürfnis fühle.‹«[12] Auch in der deutschen Öffentlichkeit werden ähnliche Stimmen laut. So meint die Kölnische Zeitung im Juni 1872: »Zu einem Besitzrecht aber dürfte, so lange ein römisch-deutsches Wahlkaiserthum nicht wiederkehrt, unzweifelhaft niemand besser berechtigt sein als Österreich. Die Reclamation des Aufbewahrungsrechtes seitens der Stadt Nürnberg beruht weder auf einem Rechtsanspruch, noch ist dies eine Ehrensache des deutschen Volkes und des neuen Reiches.«[13]

Was sind die Gründe, die den Oberzeremonienmeister veranlassen, eine so klare Sprache zu sprechen? Zunächst wohl die Tatsache, daß der König von Preußen nunmehr Kaiser eines Nationalstaates ist, das Heilige Römische Reich Deutscher Nation jedoch von übernationalen, kosmopolitischen Ideen getragen war. Ferner liegt dem Protestanten Wilhelm die katholisch-gottesstaatliche Tradition dieses Reiches fern. Darüber hinaus werden dem Hof in Berlin die Befürchtungen nicht verborgen geblieben sein, die man in Wien wegen der Reichskleinodien hegt. Dem in Versailles erst jüngst aus der Taufe gehobenen Deutschen Reich könnte nichts ungelegener sein, als Spannungen mit Österreich unnötig zu provozieren oder aufrecht zu erhalten. Stimmen, die in Deutschland nach den Reichskleinodien rufen, sind durchaus geeignet, solche Spannungen zu erzeugen. Bismarcks Politik zielt nicht nur auf Versöhnung mit Österreich ab, er will die Donaumonarchie zur

Bundesgenossin gewinnen, was ihm ja 1879 mit dem Zweibund gelingen wird. Es ist evident, daß Stillfried, der als Oberzeremonienmeister des Kaisers nach außen hin zwar nicht als ausgesprochen politische Kompetenz erscheint, dessen Position aber immerhin infolge der Nähe zum Thron Gewicht besitzt, seine Broschüre veröffentlicht, um im Deutschen Reich die mit der Politik Bismarcks und den Willen des Kaisers nicht übereinstimmenden Forderungen zum Schweigen zu bringen und Österreich durch eine klare Aussage zu beruhigen. Ebenso evident erscheint, daß Stillfried die Broschüre entweder auf ausdrückliches Geheiß des deutschen Kaisers, jedenfalls aber mit dessen Zustimmung herausgibt.[14]

Stillfried tut noch ein übriges. Er überreicht seine Schrift dem österreichischen Botschafter in Berlin, Graf Károlyi, und bittet ihn, sie Kaiser Franz Joseph vorzulegen. Auch informiert er ihn über vertrauliche Einzelheiten der in Berlin über die Krönungsfrage geführten Gespräche. Kaiser Wilhelm habe sich im Gegensatz zum Kronprinzen gegen den von verschiedenen maßgebenden Seiten angeregten Gedanken ausgesprochen, die Reichskleinodien zurückzufordern. Dem Kronprinzen sei entgegengehalten worden, »daß ein solcher Schritt vom Standpunkte der Würde der preußischen Dynastie nicht zu rechtfertigen sei, denn ein Rechtsanspruch könnte nie und nimmermehr erhoben werden, ...«[15]

Der Absicht, fordernde Stimmen nach den Reichskleinodien zum Schweigen zu bringen, mag in weiten Bereichen Erfolg beschieden sein, in einem Fall jedoch bewirkt Stillfrieds Broschüre das Gegenteil. Er läßt nämlich in seiner Schrift eine Hintertür offen: »Wollte Österreich indessen auf dieses Besitzrecht freiwillig verzichten, so könnte dies unseres Ermessens zunächst nur zu Gunsten eines unparteiischen Dritten, einer deutschen Nationalsammlung geschehen, wie (es) etwa das Germanische Museum zu Nürnberg ist.«[16] Der Direktor des Germanischen Nationalmuseums in Nürnberg, August von Essenwein, vormals im Dienste

der österreichischen Staatsbahngesellschaft und als Stadtbaurat in Graz tätig, 1866 nach Nürnberg an die Spitze des Germanischen Nationalmuseums berufen, richtet unter Hinweis auf diese Passage an den österreichischen Oberstkämmerer die Frage, ob er es »ohne Verletzung der schuldigen Ehrfurcht wagen darf, Seiner k.u.k. apostolischen Majestät« die Auffassung des Grafen Stillfried vorzutragen.[17]
Crenneville beantwortet den Brief postwendend, höflich und bestimmt. Er wolle Essenweins Anfrage »nur als ein Privatschreiben des verehrten Landsmannes betrachten, der mit unveränderter Anhänglichkeit an seinem angestammten Kaiserhaus viel zu zartfühlend ist, um etwas anzustreben oder zu versuchen, was hier so sehr verletzen könnte«. Nach dieser Einleitung, mit der Crenneville sein Befremden darüber, daß Essenwein diese Angelegenheit überhaupt aufgreift, sarkastisch und elegant zum Ausdruck bringt, weist Crenneville auf historische und rechtliche Argumente hin, die für die weitere Aufbewahrung der Reichskleinodien in Wien sprechen, und stellt schließlich unzweideutig fest, daß, »abgesehen von dem unantastbaren Besitzrechte, aus den durch die Pietät selbst gebotenen Gründen eine Abgabe der Insignien und Kleinodien überhaupt nicht tunlich erscheint,« und daß »eine Erwägung hinsichtlich der Übergabe derselben ... von vorhinein schon ausgeschlossen« ist.[18]
Aber auch nach Essenweins Aktion verstummen in der deutschen Öffentlichkeit keineswegs jene Stimmen, welche die Überführung der Reichskleinodien nach Nürnberg propagieren. Im Juni 1872 veröffentlicht die Zeitung »Fränkischer Kurier« einen Artikel des kurz vorher verstorbenen Freiherrn Hans von Aufseß, dem insofern gewisse Bedeutung zukommt, als Aufseß Leiter des Germanischen Nationalmuseums in Nürnberg war.[19] Und im »Deutschen Wochenblatt« nimmt Karl Freiherr von Kreß den Tod der Kaiser Wilhelm und Friedrich 1888 zum Anlaß, um zu fordern, daß die Reichskleinodien, diese »kostbaren Denkmäler deutscher Vergangenheit, dem rechtmäßigen Eigentümer, dem neuen deut-

schen Reich« übergeben werden.[20] Doch ist die öffentliche Meinung durchaus geteilt. Der scharfzüngige Journalist und damals vielgelesene Dichter Gustav Freytag ist gegenteiliger Meinung: »Wir haben eine entschiedene Abneigung, Erinnerungen an das alte Kaisertum des heiligen römischen Reiches im Haus der Hohenzollern wieder aufgefrischt zu sehen... Denn um die alte Kaiserei schwebt so viel Ungesundes, so viel Fluch und Verhängnis, zuletzt Ohnmacht und Formenkram, daß sie uns noch jetzt ganz von Herzen zuwider ist.«[21]

Wenn Gustav Freytag das alte Kaisertum auch geringschätzt, in Wien macht man sich um die Insignien dieses Kaisertums 1890 ernste Sorgen. Der »Vierte Stand«, die Wiener Arbeiterschaft, veranstaltet am 1. Mai dieses Jahres zum ersten Mal eine große Maikundgebung. Tausende Menschen marschieren über den Ring, Wiens Prachtstraße. Seiner k.u.k. Apostolischen Majestät Oberstkämmerer ordnet für den Fall, daß »am 1. Mai d. J. Ruhestörungen vorkommen, welche eine Gefährdung der k.u.k. Hofgebäude befürchten lassen«, an, »daß in der Schatzkammer... der Besuch des Publikums einzustellen und daher die Räume geschlossen zu halten sind«, daß »das gesamte Dienerpersonal einschließlich der Museums-Aufseher... zu consignieren ist« und der Schatzmeister oder dessen Stellvertreter dauernd »im Rayon der Hofburg« zu verweilen habe. Die Befürchtungen sind unbegründet. Der Maiaufmarsch verläuft diszipliniert, niemand denkt daran, den Reichskleinodien etwas zuleide zu tun. Am 1. Mai des darauffolgenden Jahres hält die Schatzkammer ihre Tore wieder offen.[22]

Die Stadt Nürnberg veranstaltet 1905 eine Jubiläumsausstellung. Eine Hauptattraktion dieser Ausstellung sollen die Reichsinsignien sein. Man wendet sich an das Oberstkämmereramt in Wien. Die Nürnberger Bitte wird abschlägig beschieden. Gleichsam als Trost weist man darauf hin: »Auch in Österreich selbst würden grundsätzlich Gegenstände aus der Kaiserlichen Schatzkammer nicht ausgestellt.«[23] Wenn schon nicht die Originale, wäre es nicht möglich, der Stadt Nürnberg Nachbildungen zur Verfügung zu stellen? Der Stadtmagistrat wäre bereit, als Gegenleistung eine Nachbildung des Schreines an die Wiener Schatzkammer zu übergeben, in dem vormals die Reichsheiligtümer aufbewahrt wurden. Graf Gudenus, Seiner k.u.k. Apostol. Majestät Oberstkämmerer, kann sich aber auch für diesen Vorschlag nicht erwärmen: »Eine gute Nachbildung der einzelnen Objekte würde nämlich ohne Abformung der betreffenden Gegenstände und ohne Demontierung gewisser Teile derselben vollkommen unmöglich sein – Manipulationen, bei denen angesichts des fragilen Zustandes der Objekte eine Beschädigung unvermeidlich wäre.«[24]

Bald darauf, nämlich am 30. Oktober 1906, wird man wieder wegen der Reichskleinodien initiativ. Diesmal will man sie weder ausleihen noch von ihnen Kopien herstellen. Man geht vielmehr aufs Ganze. Es kommt, für offizielle Stellen des Deutschen Kaiserreiches gewiß unerwartet, aber auch für die Österreichisch-Ungarische Monarchie offenbar überraschend, zu einem ebenso skurrilen wie aussichtslosen Vorstoß im Abgeordnetenhaus des Wiener Parlaments. Anlaß zu diesem Vorstoß ist eine in Wien erschienene Schrift der Alldeutschen Bewegung.[25] Im für extreme Nationalisten jedweder Provenienz charakteristischen Übereifer stellt der deutschnationale Abgeordnete Dr. Karl Ritter von Schönerer einen Dringlichkeitsantrag. Ein Jahrhundert sei verflossen, seitdem das ehrwürdige Reich Karls des Großen durch Verzicht des Kaisers Franz I. zu bestehen aufhörte. 1871 sei das derzeitige deutsche Kaiserreich erstanden, das zu einem großdeutschen Reich auszubauen sein werde. »In Erwägung, daß es nun zur Krönung des Kaisers aus dem Hause Hohenzollern kommen muß, dem dauernd für die Zukunft die deutsche Kaiserkrone zuerkannt wurde, wird beantragt: Das hohe Haus wolle beschließen: Es sei Seine Majestät dem Kaiser von Österreich eine ehrerbietige Adresse zu unterbreiten, mittels welcher die Bitte gestellt wird, die in der Wiener Hofburg in Verwahrung befindlichen

Reichskleinodien... den derzeit berufenen Vertretern des deutschen Gesamtvolkes, dem deutschen Kaiser und seinem Bundesrate, zur feierlichen Übertragung und Bewahrung in Berlin zur Verfügung zu stellen.«

Der Dringlichkeitsantrag wird nicht von der erforderlichen Zahl Abgeordneter unterstützt und abgelehnt.[26] Auch im Deutschen Reich wird eine ähnliche Initiative ergriffen. Der Bücherrevisor Ernst Heinig aus Dresden bittet die deutsche Reichsregierung zu veranlassen, mit Österreich Verhandlungen mit dem Ziele aufzunehmen, »die Reichsinsignien des alten römischen Reiches deutscher Nation zurückzuerhalten«.[27] Aber der Reichstag nimmt sich der Bitte nicht an. Sie wird Heinig im Juni 1914 »als unerledigt« zurückgesandt.[28]

Selbst während des Ersten Weltkrieges ruhen die Aktivitäten um die Reichskleinodien nicht. Der Druckereibesitzer Carl Liesenberg in Neustadt a. d. Haardt erhält aus dem Hauptquartier des deutschen Kaisers den Auftrag, ein Prachtwerk über die Reichskleinodien vorzubereiten. Es wird erwogen, nach dem Krieg die Burg Trifels, die alte Schatzkammer des Reiches, neu auszugestalten und die Reichskleinodien dort abwechselnd von deutschen und österreichischen Truppen bewachen zu lassen. Ob deswegen Kontakte zwischen dem Deutschen Reich und Österreich stattfinden, ist nicht bekannt.[29]

»Kamerad Schnürschuh«, wie die Österreicher wegen der Fußbekleidung ihrer Soldaten im Ersten Weltkrieg scherzhaft genannt wurden, wäre mit dieser Absicht vermutlich wohl kaum einverstanden gewesen.

Mit Trifels wird sich später aber auch noch Hitler befassen. 1937 genehmigt er zu dessen Ausbau einen erheblichen Betrag. Dem bayerischen Ministerpräsidenten ist um diese Zeit der Trifels ebenfalls ein Anliegen. Er befaßt »die maßgebenden Männer der Burgen- und Denkmalpflege damit« und bezeichnet den Trifels als einen »der interessantesten Zeugen der deutschen Geschichte«. Hitler erklärt sich auch bereit, das Modell für den

Trifels zu besichtigen.[30] Es ist nicht auszuschließen, daß Hitler 1937 die Burg Trifels in den Kreis seiner Überlegungen um die Reichskleinodien miteinbezieht.
1913, also noch während der österreichisch-ungarischen Monarchie, werden die Kleinodien durch die alte Krönungsstadt Aachen beim Oberstkämmereramt in Wien, dem damals die Schatzkammer unterstand, für eine Ausstellung in Aachen anläßlich der hundertjährigen Zugehörigkeit des Rheinlandes zu Preußen leihweise erbeten. Kaiser Franz Joseph I. schlägt das Ansuchen ab, gestattet aber, daß durch einen Aachener und Kölner Goldschmied unter Aufsicht eines Wiener Fachmannes Kopien aus edlem Metall hergestellt werden.[31] Zu dieser Ausstellung, die 1914 hätte stattfinden sollen, kommt es jedoch nicht – am 28. Juni 1914 fallen der österreichische Thronfolger Franz Ferdinand und seine Frau in Sarajevo den Schüssen des fanatisierten serbischen Attentäters Gavrilo Princip zum Opfer. Die Ermordeten werden in der Familiengruft beigesetzt, der Sargschlüssel wird der Wiener Schatzkammer übergeben.[32] Bei den Habsburgern hat auch der Tod seine Ordnung und seinen Platz. Der Brandgeruch des Krieges hängt in der Luft. Er weht auch durch die Schatzkammer. Sollten in solchen Zeiten die Schätze, also auch die Reichskleinodien, nicht noch besser geschützt werden? Doch nach Meinung des Schatzmeisters sind sie dort am sichersten, wo sie sich zur Zeit befinden.[33] Am 28. Juli erklärt die Österreichisch-Ungarische Monarchie Serbien den Krieg. Der Erste Weltkrieg ist ausgebrochen. In Europa gehen die Lichter aus; auch in der Schatzkammer – sie wird am 22. August 1914 »bis auf weiteres« geschlossen.[34]

12. Kapitel

Republik und Kaiserkrone

Nach länger als viereinhalb Jahren blutigen Ringens geht der Krieg seinem Ende zu. Im November 1918 löst sich die k.u.k. Armee auf, jede Nation will ihr eigenes Haus bestellen; Tschechen, Slowaken, die Südslawen, die Ungarn gründen ihre eigenen Staaten, die österreichisch-ungarische Monarchie bricht auseinander. Kaiser Karl verzichtet am 11. November auf »jeden Anteil an den Staatsgeschäften«, die Monarchie hat zu bestehen aufgehört, der Staat Deutschösterreich wird proklamiert.

Wenige Tage vorher, am 1. November 1918, erteilt Kaiser Karl den Auftrag, »die ganze Schatzkammer zu räumen«. Oberstkämmerer Leopold Graf Berchtold soll die Bestände der Schatzkammer, also auch die Kleinodien des Heiligen Römischen Reiches Deutscher Nation, in die Schweiz bringen. Baron Wilhelm von Weckbecker, der Kanzleidirektor des Oberstkämmereramtes, gibt dem Grafen Berchtold gegenüber zu bedenken, daß »gewisse Dinge, wie die Hoheitszeichen, öffentlich-rechtlichen Charakter hätten und andererseits, daß wieder andere Dinge von höchstem historischen Wert, wie der deutsche Kaisermantel, durch den überstürzten Transport Schaden nehmen könnten«. Weckbecker und Berchtold gelangen zur Auffassung, »nur der Privatschmuck im engeren Sinne des Wortes« solle weggebracht werden. Die beiden können auch den Obersthofmeister Josef Graf Hunyadi davon überzeugen, und noch am selben Tag muß der Schatzmeister den »Privatschmuck« den Vitrinen XII und XIII der Weltlichen Schatzkammer entnehmen und Graf Berchtold aushändigen. Berchtold bringt die wertvollen Juwelen mit einem durch das Ministerium des Äußeren attachierten Kurier in die Schweiz.[1] Die Reichskleinodien entgehen also knapp dem Schicksal, ebenfalls in die Schweiz gebracht zu werden. Damit entgehen sie möglicherweise auch knapp dem nicht sehr rühmlichen Geschick des »Privatschmuckes«, der zum guten Teil auf mitunter dubiose Weise veräußert werden wird. Aber das ist eine andere Geschichte.

Im September 1919 schließen die alliierten und assoziierten Mächte mit der Republik Österreich in Saint-Germain-en-Laye den Friedensvertrag. Die Bezeichnung Vertrag ist allerdings irreführend. Tatsächlich wurde der Inhalt im wesentlichen den Österreichern von den Siegermächten diktiert. Am 6. September 1919 stellt dazu die Arbeiterzeitung fest, es sei nicht die Frage, was dieser Vertrag ist, sondern was im Falle seiner Ablehnung geschehen würde. Ablehnung wäre aussichtslos. Österreich befinde sich durch seine Abhängigkeit von den Lebensmittel- und Kohlelieferungen ganz in der Hand der Entente.[2] Und Dr. Karl Renner, österreichischer Staatskanzler, Bevollmächtigter Österreichs bei den Friedensverhandlungen und nachmaliger Bundespräsident, kommt zu dem Schluß, durch den Friedensvertrag werde Österreich zum Bettler gemacht. Das Gefühl der Gerechtigkeit bäume sich dagegen auf, dieses Instrument des Unrechtes zu unterschreiben. Österreich habe jedoch keine Wahl, da die Gefahr einer Ernährungskrise und des Hungers zu groß sei.[3]

Aus einer fünfzig Millionen-Großmacht ist ein Kleinstaat mit sechseinhalb Millionen Einwohnern geworden, die in der Monarchie vereint gewesenen etwa 12 Nationen sind dem »Völkerkerker« entronnen und haben zum Teil ihre eigenen »Völkerkerker« errichtet – nur nicht so groß, nicht so komfortabel. Was übrig blieb: »L'Autriche c'est ce qui reste – der Rest ist Österreich«. Entgegen dem vom amerikanischen Präsidenten Wilson proklamierten Selbstbestimmungsrecht der Völker werden mehr als vier Millionen deutschsprachiger Österreicher der Tscheschoslowakei, Italien und Ungarn zugeschlagen.[4]

Aber Österreich ist nicht nur ungerechtfertigten Gebietsansprüchen ausgesetzt. Man versucht, auch auf sein Kulturgut zu greifen. Dabei »spielt zunächst sicher noch die Siegerstimmung mit, die den besiegten Gegner auch in dem besonders Wertvollen, was ihm geblieben war, eben in dem österreichischen Kulturbesitz, treffen wollte, dann aber positiv das Bestreben der Nationalstaaten, dem entthronten Wien den Rang abzulaufen, die eigenen wissenschaftlichen Anstalten, Archive und Museen zu bereichern und der nationalen Ehre durch Rückgewinnung alles dessen, was sich als nationales historisches Denkmal erklären ließ, zu huldigen«. Zur Ehre der Siegerstaaten sei gesagt, daß diese Absichten »bei den großen Westmächten energischen Widerstand« fanden.[5]

Dr. Karl Renner weiß zu berichten, es habe vor den Friedensverhandlungen Abmachungen zwischen den in Paris weilenden Vertretern der Nachfolgestaaten und dem Quai d'Orsay gegeben, die vorsahen, »daß die gesamten Kunstbestände Wiens unter die Sukzessionsstaaten verteilt werden sollten, nachdem Belgien, Frankreich und Italien noch vorher ihre Revindikationsansprüche befriedigt hätten«. Dieser entsetzliche Plan habe nur verhindert werden können, indem man sich der Hilfe Amerikas und Englands versicherte. Dabei hätten auch einige Persönlichkeiten aus der Schweizer und amerikanischen Kunstwelt außerordentliche Dienste geleistet.[6]

Dennoch gelingt es den Italienern sozusagen im Handstreich noch vor dem Abschluß des Friedensvertrages, ihre Wünsche in sehr drastischer Weise zu befriedigen. Zunächst haben sie es vorwiegend auf Bestände der Gemäldegalerie des Kunsthistorischen Museums, auf jene der Akademie der bildenden Künste und auf Objekte der Nationalbibliothek abgesehen. In der Kollegiumsitzung, in der über den Plünderungsplan beraten wird, sprechen sich nur der Ägyptologe Demel und der Direktor der

Schatzkammer, Dr. Arpad Weixlgärtner, dafür aus, die Forderungen der Italiener abzulehnen. Sie beantragen, die Museen einfach zuzusperren. Mit Gewalt einzudringen und die Kunstwerke davonzutragen, würden sich die Italiener gewiß nicht getrauen. Doch Demel und Weixlgärtner stehen allein auf weiter Flur. Vor allem das Staatsamt für Äußeres spricht sich gegen den Widerstand aus. Es fürchtet, die für Österreich bestimmten Lebensmittel, die zwar nicht aus Italien stammen, aber durch Italien transportiert werden, würden nicht mehr geliefert.[7] Am 1. Februar 1919 kündigt Staatssekretär Otto Bauer den Vorständen der Sammlungen die italienische Kunstkommission an, die alle angeforderten Objekte »mit Militärgewalt« abholen lassen werde. »Angesichts der mit größtem Nachdruck erhobenen Forderung der okkupierenden Macht kann unsererseits der gewaltsamen Entnahme der Kunst- und sonstigen Wertgegenstände nicht entgegengetreten werden. Der Herr Staatsnotar und die kompetenten Staatsämter werden daher ersucht, von dem Erscheinen der italienischen Militärmission die untenstehenden Galerien ....mit dem Auftrage zu verständigen, den Forderungen der italienischen Delegierten keinen Widerstand zu leisten... Das Staatsamt für Äußeres legt gleichzeitig bei der italienischen Waffenstillstandskommission Verwahrung ein. Dieser Protest wird gleichzeitig im Wege der Schutzmächte an die Vereinigten Staaten von Amerika und an die Entente gerichtet.«[8]

Und so werden am 12. Februar 1919 aus der Galerie der Akademie der bildenden Künste 89 Bilder, aus der Galerie des Kunsthistorischen Museums 66 Bilder, aus der Nationalbibliothek 146 Handschriften, 5 Inkunabeln und 5 musikalische Erstdrucke durch die italienische Waffenstillstandskommission »enttragen«. Eine schwere Verletzung des Völkerrechtes. Kaum ist den Italienern – offenbar zu ihrer eigenen Überraschung – dieser Beutezug geglückt, stellen sie neue, ungeheuerliche Forderungen. Am 14. März 1919 verlangt Generalmajor Roberto Segré, der Führer der italienischen Waffenstillstandskommission, aus dem österrei-

chischen Kunstbesitz so ziemlich alles, was gut und teuer ist. Vasen, Statuen, Reliefs, Gemmen, Plastiken, Büsten, Gemälde, Waffen, Handschriften.[9] Es ist nicht ohne Interesse, daß Segrés Bruder zu den bedeutendsten Kunst- und Antiquitätenhändlern Italiens gehört. Die Objektivität des Generalmajors scheint, abgesehen von den Ratschlägen seiner Experten, durchaus beeinträchtigt zu sein.[10]
Der Schatzkammer werden – wie der damalige Direktor Weixlgärtner vermeldet und den Unterlagen des Staatsarchivs entnommen werden muß – der sizilianisch-normannischen Krönungsmantel, die Kaiserkrone und die übrigen wichtigsten Insignien des Heiligen Römischen Reiches Deutscher Nation abverlangt. Es kommt zu einem Aufschrei der Kunsthistoriker und Künstler, zu Diskussionen in der Presse, zu Protestversammlungen der Akademie der Wissenschaften, der Universtität, der Technik, der Akademie der bildenden Künste. Man wendet sich an die Gesandtschaften der neutralen Staaten. Die Museumsleiter machen die von den Italienern begehrten Objekte durch auffallende rote Zettel kenntlich. Daneben sprechen in der Galerie die leeren Rahmen der bereits von den Italiener »enttragenen« Bilder eine beredte Sprache. Man führt amerikanische Journalisten durch die Sammlungen, macht ihnen die Maßlosigkeit der Forderungen deutlich und hält öffentliche Vorträge, um die Bevölkerung über die Anschläge auf das österreichische Kunstgut aufzuklären. Diese Vorträge werden durch ein Plakat, das beziehungsvoll den »Raub des Ganymed« darstellt, angekündigt. Nicht nur die sogenannten »gebildeten Kreise«, auch der einfache Arbeiter wird angesprochen; Vorträge finden im Ottakringer Volksheim und im Favoritener Arbeiterheim statt. Tausende Protestunterschriften werden gesammelt und Professor Franz Klein, Mitglied der österreichischen Friedensdelegation, übermittelt. Auch an die britische Delegation bei den Friedensverhandlungen wendet man sich. Diese seitens der Kulturexperten, der Bevölkerung und der Presse gesetzten Aktivitäten kommen nicht nur den Italienern, sie

Collezione di strumenti musicali. Più di centoventi pezzi scelti, in gran parte firmati, come:

Arpa del secolo XV.

Lira da braccio, firmata: G. A. Beonensis, 1511.

Viola da gamba di Francesco Linarolo padovano, 1585.

Violino veneziano, segnato Antonio Siciliano, 1581.

Spinetta, segnata Gio. Celestino, Venezia 1608.

Tra le collezioni dell' Arciduca Francesco Ferdinando si deve trovare anche la „Vera da pozzo" di Palazzo Venezia a Roma.

Vienna.

Tesoro della Casa Imperiale.

Gioielli della Casa di Toscana.

No. 5. Spada detta di Carlo Magno con decorazioni arabo-sicule, proveniente dal „Gasophylaceum" di Palermo, appartiene al Tesoro Normanno.

No. 7. Spada detta di S. Maurizio con decorazioni filigranate da artefici dell' Italia Meridionale, sul fodero rappresentante dei 7 Re in costume del secolo XI—XII.

Appartiene al Tesoro Normanno.

No. 9. Pallio col nome e i titoli di Re Guiscardo e la data della capitale della Sicilia nell' anno 1133, P ricamato nel „Tiraz" di Palermo come segno di sommessione e tributo degli Arabi al Re Normanno.

c. s.

No. 10. Alba con pereclisi pontificale, ornati d' oro e di perle, opera araba del secolo XII. Iscrizione: Operatum felici urbem Panormi XV anno Dn. W. Regis Siciliae ecc.

c. s.

No. 11. Dalmatica.

c. s.

No. 12. Dalmatica ornata d' aquile, portata da Federico II.

No. 13. Stola.

Tibialia di seta rossa con ornamenti geometrici d'oro, arte arabo-sicula del secolo XII.

Sandaline di seta rossa, con galloni d' oro e fregi zoici, misura di piede giovanile, arte arabo-sicula del secolo XII.

Cingolino aureo con fregi zoici e iscrizioni di carattere caroline, arte arabo-sicula del secolo XII.

Cingolino a filigrana, arte arabo-sicula del secolo XII.

Guanti serici con fogliami adorni di perle e smalti, arte arabo-sicula del secolo XII.

Corona detta di Carlo Magno con iscrizioni dell' Imperatore Corrado. Opera d' artisti dell' Italia Meridionale del secolo XI, cui si sovvrapose altra lavorazione del XII e XIII secolo.

Globo Imperiale di rame rivestito di filigrana d' oro. Opera di Ufficina sicula.

I gioielli della Casa di Toscana conservati nella IV. Stanza della Schatzkammer, fra i quali il diamante detto il „Fiorentino".

Cfr. Beck, Die Kleinodien des heiligen römisch-deutschen Reiches. In Mitteilungen der k. k. Zentralkommission, Wien 1857, p. 91.

Italien fordert 1919 die Auslieferung der wichtigsten Reichskleinodien[11] kommen anfänglich auch der österreichischen Regierung durchaus ungelegen. So werden die Museumsverantwortlichen beispielsweise angewiesen, die roten Zetteln von jenen Objekten, die von den Italienern beansprucht werden, zu entfernen; ebenso die leeren Rahmen, die nunmehr bewußt provozierend in den Galerien hängen.[12] Daraufhin bringen Zeitungen Fotografien dieser Rahmen, insbesondere die »Illustration française«, und üben heftig Kritik.[13] Damit aber ist das Maß dessen, was Österreich bisher hat hinnehmen müssen, überschritten. Am 18. März 1919 erklärt das Staatsamt für Äußeres, daß »ein rechtmäßiger Anspruch Italiens, sei es auf die geforderten, sei es auf die bereits beschlagnahmten Kunst- und historischen Wertgegenstände nur durch Abschluß eines Spezialvertrages oder durch Aufnahme einer diesbezüglichen Bestimmung in den Friedensvertrag« entstehen könne.[14]

In St. Germain gehen die Alliierten daran, den Friedensvertrag für Österreich zu entwerfen. Der österreichischen Delegation zum Friedenskongreß werden auch in Frage der Kunstschätze Instruktionen auf den Weg mitgegeben: »Die italienischen Ansprüche sind mit größter Entschiedenheit abzuwehren. Die Einsetzung eines Schiedsgerichtes wäre zu akzeptieren. Wenn es sich als unvermeidlich herausstellen sollte, daß Kunstschätze unter irgend einem Titel, etwa als Zahlungsmittel, wegkommen müssen, so ist darauf aufmerksam zu machen, daß es hier eine Fülle von Gegenständen gibt, die zwar hohen Sammler- und Kunstwert besitzen, an denen aber das Herz der Bevölkerung in viel geringerem Maße hängt als an den bekannten Meisterwerken.«[15]

Unabhängig davon treten Österreich und Italien in Verhandlungen über die italienischen Ansprüche ein. Diese Verhandlungen nehmen zunächst in den Augen der verantwortlichen Österreicher keineswegs einen glücklichen Verlauf. Sie beginnen als unverbindliche Gespräche zwischen dem Regierungsrat Dr. Hans Tietze aus dem Staatsamt für Unterricht und dem italienischen Kunstsachverständigen Dr. Giglielmo Pacchioni. Im Frühjahr

1919 tauschen beide Herrn in Wien ihre Gedanken über die leidige Rückstellungfrage von Kunstwerken aus, Pacchioni beteuert, Italien ziele mit seinen Forderungen eigentlich nur darauf ab zu verhindern, daß der österreichische Kulturbesitz zerstückelt werde, und Dr. Tietze tut – ohne dazu autorisiert zu sein – offenbar in munterem Plauderton und ohne Arg seine »rein persönliche Ansicht« kund, »daß Deutschösterreich anderen Nationen, namentlich auch Italien, einzelne Objekte nicht vorenthalten würde, die für diese besonderen nationalen Wert besäßen, falls ihm dafür die wesentliche Unversehrtheit der kulturellen Sammlungen gewährleistet würde.«[16] Die von Tietze geführten arglosen Gespräche zeigen wenig später in St. Germain ihr Auswirkungen. Das österreichische Delegationsmitglied Prof. Franz Klein, vormals Justizminister, hochverdient als Schöpfer der österreichischen Zivilprozeßordnung, schreibt entsetzt an seine Frau, es pfuschten »zuviel Leute darein, man kennt sich kaum mehr aus. Während ich hier die Note über die Kunstfragen vorbereite und selbstredend für die Wiedererstattung der geraubten Objekte in jeder Form eintrete, erzählt mir gestern ein italienischer Offizier, daß Tietze (Wien) den Italienern angeboten habe, man werde ihnen die Bilder ausfolgen, die ›ihnen gehören‹(?) und noch andere, die sie verlangen, dazu geben, wenn sie sich dafür einsetzen, daß der Wiener Kunstbesitz nicht unter die Nationalstaaten verteilt werde, sondern beisammen bleibt.«[17]

Die österreichische Delegation sendet sofort ein Telegramm an Tietze. Was verberge sich hinter diesen Äußerungen? Tietze wird wohl etwas blaß geworden sein, als er erfährt, daß Pacchioni den Inhalt des – wie Tietze beteuert – »ganz zwanglosen Ideenaustausches zum Gegenstand offizieller Schritte gemacht hat und dabei« – so versucht sich Tietze zu salvieren – »offenbar manches mißverstanden oder unrichtig wiedergegeben hat«.[18]

Auch Dr. Karl Renner ist entsetzt: »Die Angelegenheit des Kunstvertrages mit Italien ist leider verpfuscht. Die Italiener beklagen sich mit Recht, denn nicht sie haben die Angelegenheit entriert,

sondern wir, allerdings inoffiziell. Wie es scheint, ist Tietze und eine Reihe anderer Herren auf eigene Faust an die Italiener in Wien herangetreten. Daß diese die Gelegenheit benützt haben, ist begreiflich. Nun steht die Situation so, daß wir es keineswegs wagen dürfen, in den letzten Tagen der Friedensverhandlungen die Italiener zu verdrießen.« Doch der schlaue Fuchs Renner scheint noch etwas in petto zu haben: »Da der Vertrag nicht viel schadet, das, was ich aber im Auge habe, uns wesentlich nützt, soll die Sache fortgeführt werden.«[19] Die Italiener fordern zunächst weiterhin, daß Österreich die »Enttragungen«, also den 1919 unter wirtschaftlichem und militärischem Druck erfolgten Raubzug, als rechtens anerkennt und dem Königreich Italien darüber hinaus weitere wertvolle künstlerische und wissenschaftliche Objekte überläßt. Die Italiener bringen sogar gleichsam als Konzession ernsthaft ins Gespräch, für den Fall, daß Österreich die italienischen Ansprüche anerkenne, für die Internationalisierung des österreichischen Kunstbesitzes einzutreten.[20] Eine Zumutung sondergleichen. Beide Seiten verhandeln zäh. Schließlich einigt man sich. Es gelingt, die Italiener zu bewegen, ihre Ansprüche zu reduzieren.[21] Dennoch erleidet der österreichische Kunstbestand durch das Sonderabkommen vom 4. Mai 1920 große und schmerzliche Verluste. Einen besonderen Erfolg kann Österreich jedoch verbuchen: Italien verzichtet ausdrücklich »auf die Gegenstände aus Palermo«,[22] also auf die Kleinodien des Heiligen Römischen Reiches, »sodaß diese für den ganzen Umkreis der deutschen Kultur unvergleichlich wertvollen historischen Reliquien jeder Diskussion entrückt« erscheinen.[23]
In Österreich herrscht unvorstellbarer Lebensmittelmangel. Die Tschechoslowakei und Ungarn legen die Zufuhr von Nahrungsmitteln und Kohle nach Deutsch-Österreich lahm. Selbst die einzelnen Bundesländer sperren sich gegeneinander, insbesondere aber gegen Wien, den »Wasserkopf«.[24] Alleine 20 000 Kinder befinden sich dort am Rande des Hungertodes.[25] Die Siegermächte fürchten, die Österreicher könnten sich dem Bolschewismus zu-

wenden und liefern Lebensmittel nach Wien.[26] Natürlich nicht umsonst. Sie räumen der Republik Kredite ein. Für Kredite hat man Sicherheiten zu leisten. Die Alliierten denken dabei insbesondere auch an die Schatzkammer und die dort aufbewahrten Reichskleinodien. Am 5. Mai 1919 besichtigt eine Finanzdelegation der Entente die Schatzkammer, »um eine Basis zu gewinnen, ob die daselbst verwahrten Objekte ein geeignetes Pfand für die Sicherstellung von Vorschüssen an den österreichischen Staat für Lebensmittellieferungen bilden können«. Sektionschef Weckbekker bringt dagegen ernsteste Bedenken vor. Die Verpfändung und eventuelle Veräußerung der Reichskleinodien würde die Regierung dem Odium der Kulturfeindlichkeit aussetzen, die auch nur bedingte Preisgabe der Hoheitszeichen des Heiligen Römischen Reiches Deutscher Nation würde im deutschen Reich »auf das Tiefste verletzend wirken«, die Gefahr, »daß zahlreiche Sakralien (z. B. Partikel des Kreuzes Christi, Nagel vom heiligen Kreuz, Lanze des Heiligen Maurizius und anderes) auf den Markt kämen,« würde in der ganzen katholischen Welt, vom Papste angefangen, einen Sturm der Entrüstung hervorrufen.[27] Auch andere Gegenstimmen werden laut. Man befürchtet, »daß der im Notstand befindliche Staat nur allzuleicht die überaus wertvollen freien Objekte zur Finanzierung oder Sicherstellung ausländischer Kredite verwenden könnte. Solcherart würden Schätze von ungeheurem kulturellen und historischen Wert für immer abwandern. Was die Habsburger durch Jahrhunderte kunstvoll zusammengetragen, würde vielleicht über die alte und neue Welt verstreut werden.[28] Um den Mitgliedern der Finanzkommission den Appetit auf die Reichskleinodien zu nehmen, wird der Materialwert der Objekte vom Kammerjuwelier Köchert – wohl bewußt tief – mit approximativ zweieinhalb Millionen Kronen beziffert. Damit soll auch die Annahme der Delegierten entkräftet werden, in der Schatzkammer wären Milliardenwerte angehäuft. Die Entente-Delegierten hören sich diese Ausführungen »mit manchen Zeichen der Zustimmung an«, enthalten sich aber jeder

Äußerung.[29] Vollkommen scheinen sie nicht überzeugt worden zu sein, denn die Bedingungen, unter denen die Entente Österreich »Ernährungskredite« einräumt, sehen vor, daß auf Verlangen der Reparationskommission u. a. »Kunstgegenstände aus dem Besitze des ehemaligen Kaiserhauses« – und dazu zählt auch die Schatzkammer – von der Reparationskommission – von Vertretern der Entente also – »zu dem Zwecke kontrolliert und verwaltet werden, um Österreich die Lieferung der notwendigen Lebensmittel, Kohle und Rohmaterialien ... zu sichern«.[30] Überdies wird durch den Friedensvertrag von Saint Germain (Art. 197) ein Pfandrecht der Entente auch an den Reichskleinodien begründet. Tatsächlich hat die Entente von diesem Recht bezüglich der Reichskleinodien jedoch nie Gebrauch gemacht.
Der Friedensvertrag verpflichtet Österreich auch, über Gegenstände künstlerischen oder historischen Charakters Verhandlungen wegen einer eventuellen Rückerstattung auf Wunsch eines der beteiligten Staaten aufzunehmen. Zu den beteiligten Staaten gehören Italien, Belgien, Polen und die Tschechoslowakei. (Art. 195 und 196) Ungarn zählt jedenfalls nicht dazu. Dennoch stellen auch die Ungarn unverschämte Forderungen. Zunächst behaupten sie schon kurz nach Kriegsende, Miteigentümer allen Vermögens des Hofes und Kaiserhauses zu sein, im besonderen der Sammlungen. Ein ungarischer Vertreter sagt klipp und klar: »Wenn Vater stirbt, erben *alle* Kinder.«[31] Im Februar 1920 bringen sie ihre Ansprüche auf Miteigentum an allen gemeinsamen Archiven und kaiserlichen Sammlungen bei der Friedenskommission schriftlich ein. Vorausschauend formulieren sie auch schon die von ihnen erwünschte Regelung, eine internationale Kommission einzusetzen, in einem Paragraphen juristisch aus. Österreich lehnt diese Forderungen entschieden ab. Dennoch gelingt es den immer schon wendigen und beharrlichen Magyaren, die Friedenskommission zu bewegen, in Fragen der Forderungen an den österreichischen Kulturbesitz mit den österreichischen Nachfolgestaaten gleichgestellt zu werden. Österreich wird

verpflichtet, diesbezügliche ungarische Ansprüche entgegenzunehmen und zu behandeln. Die Ungarn halten an ihrem für Österreich unannehmbaren Standpunkt starr fest, Miteigentümer insbesondere auch der Sammlungen zu sein. Aus diesem Grund bleiben die Verhandlungen zunächst ergebnislos und ziehen sich über Jahre hin. Endlich reduziert Ungarn seine ursprünglich ein ganzes Buch umfassende Forderungsliste auf etwa drei Seiten. Aber auch diese Ansprüche sind problematisch.[32]

Im Januar 1920 treffen der französische Delegierte M. Raymond Köchlin und vier ihm zugeteilte Kunstexperten des Louvre aus Paris in Wien ein. Sie sind Mitglieder der Interalliierten Kommission zur Inventarisierung und Bewertung des staatlichen Kunstbesitzes Österreichs. Die Reparationskommission der Siegermächte hat sie unter Berufung auf die Art. 195 und 196 auf die Reise geschickt. Die Alliierten wollen also das gesamte staatliche Kunstgut Österreichs in Augenschein nehmen, um festzustellen, welche Kunstwerke sie von Österreich zurückfordern können. Selbstverständlich werden sie die ehemaligen Hofmuseen, die Bildergalerie der Akademie der bildenden Künste, die Albertina, die Wiener Hofburg und Schlösser wie Schönbrunn, das Belvedere, Hetzendorf und wie sie alle heißen, in Augenschein nehmen. Uns interessiert, daß auch die Bestände der Schatzkammer, und zwar sowohl der weltlichen wie auch der geistlichen, inventarisiert und geschätzt werden. In der weltlichen Schatzkammer befinden sich ja die Reichskleinodien. Inventarisierung und Schätzung der Schatzkammern fällt vor allem in den Aufgabenbereich der Franzosen. Sie schließen ihre Arbeit schon im Februar ab. Den Wert des Inhaltes der geistlichen Schatzkammer beispielsweise schätzen sie auf 4 136 786,50 französische Francs.[33] Ein Jahr zuvor wurde der Wert der Schatzkammer (vmtl. geistliche und weltliche gemeinsam) österreichischerseits auf achtzig Millionen Kronen geschätzt, wobei betont wurde, daß »angesichts der Tatsache, daß die meisten Vermögensobjekte reinen Liebhaberwert haben«, diese Schätzung »mit allergrößter Reserve« zu behandeln ist.[34]

Die Entente-Delegierten hingegen sind in phantastischen, völlig unrealistischen Vorstellungen über den Wert der in der Schatzkammer verwahrten Kleinodien befangen. Von etwa fünf Milliarden Kronen ist die Rede. »Selbst wenn der Privatschmuck sich noch dort befände«, würde es sich um weit überhöhte Annahmen handeln. Das Oberstkämmereramt läßt den Materialwert, also den Wert des Edelmetalls und der Edelsteine, durch den »mit diesen Objekten wohlvertrauten Kammerjuwelier Köchert« schätzen. Köcherts Schätzwert liegt zwischen zwei und zweieinhalb Millionen – nicht Milliarden – Kronen. Der Affektionswert ist selbstverständlich mit einem Vielfachen anzusetzen. Die damalige Stimmung wiedergebend, bemerkt das Oberstkämmereramt: »Es sträuben sich mir allerdings die Haare bei dem Gedanken an eine allfällige Realisierung dieses Affektionswertes durch Verpfändung oder gar Verkauf – die Krone Karls des Großen und Rudolfs II. oder das Reliquiar mit der zweitgrößten Kreuzpartikel der Welt unter dem Hammer und etwa dann in Judenhänden.«[35]
Doch auch in österreichischen Politikerkreisen herrschen völlig falsche Wertvorstellungen, durch welche die Reichskleinodien neuen Gefahren ausgesetzt werden. Im Oktober 1921 erscheint bei Dr. Arpad Weixlgärtner, dem Direktor der Wiener Schatzkammer, eines Tages ein Herr Dr. Ruczicka, stellt sich als Vertrauensmann der Sozialdemokratischen Partei vor, und zieht Erkundigungen ein, wie hoch Weixlgärtner den Geldwert der in der Schatzkammer verwahrten Kostbarkeiten einschätze. Die derzeitigen Finanzprobleme, mit denen die Regierung zu kämpfen habe, hätten den Gedanken aufkommen lassen, die deutschen und österreichischen Kroninsignien zu veräußern. Im Verlaufe des langen, unter vier Augen geführten Gespräches klärt Weixlgärtner den Emissär darüber auf, »daß so ein Plan auf der laienhaften Überschätzung des Sachwertes der Kleinodien beruhe«. »Tatsächlich«, so fährt Weixlgärtner fort, »verlautet später nichts mehr von dieser unsinnigen Absicht«.[36]
Zu den wichtigsten, zwischen Ungarn und Österreich strittigen

Objekten zählt der sogenannte »Säbel Karls des Großen«, von den Ungarn »Attilas Schwert« genannt, eine Waffe, die zu den Insignien des Heiligen Römischen Reiches Deutscher Nation gehört. Die Forderung wird von Österreich als Provokation empfunden und mit aller Schärfe zurückgewiesen. Ungarn versucht nun, seinen behaupteten Anspruch wissenschaftlich zu begründen. Die ungarische Akademie der Wissenschaften gibt das 214 Druckseiten umfassende Werk Zoltan Thots »Attilas Schwert« heraus, eine Studie über die Herkunft des strittigen Objekts. Österreich repliziert mit wissenschaftlichen Gegenargumenten. Die historischen Argumente der Ungarn werden völlig entkräftet.[37] Wenn auch relativ spät, nämlich zu Beginn der dreißiger Jahre, widerlegt auch ein deutscher Fachgelehrter die ungarischen Behauptungen.[38] Während in Ungarn die gesamte öffentliche Meinung des Landes stets hinter den Unterhändlern steht, und sich insbesondere die Presse sowie die gebildeten Kreise in einem solchen Maße engagieren, daß dadurch sogar die Verhandlungen erschwert werden, »Attilas Schwert« also stürmisch reklamiert wird, läßt man die österreichischen Unterhändler allein. Wohl greifen Künstler, der Museumsbeirat und die Akademie der Wissenschaften ein, aber jene, auf die es in der Öffentlichkeit ankommt, die Presse, die politischen Parteien und die Regierung versagen.[39] Dennoch sehen die Ungarn unter dem Eindruck der österreichischerseits vorgebrachten Sachgründe davon ab, den Anspruch auf den »Säbel Karls des Großen« aufrechtzuerhalten. Nach dem Anfangsstadium der Verhandlungen »schläft diese Frage ein«.
Zu einem Zeitpunkt, zu welchem dank der von den österreichischen Vertretern vorgebrachten guten Gründe ungarischerseits Forderungen nach dieser Insignie nicht mehr laut werden, spricht anfangs November 1932 Prinz zu Erbach-Schönberg von der deutschen Gesandtschaft in Wien im Bundeskanzleramt vor und überreicht ein vom Aachener Bischof, dem Propst des Aachener Domkapitels und dem Oberbürgermeister der Stadt Aachen unterzeichnetes Schriftstück, in dem die drei sogenannten Aachener

Reichskleinodien, nämlich die Stephansbursa, das Reichsevangeliar und das in Rede stehende »Schwert Karls des Großen« zurückgefordert werden. Anlaß zu diesem Vorstoß ist das – trotz des »eingeschlafenen« Streites um den Säbel – noch immer schwebende Schiedsgerichtsverfahren über sonstige ungarische Rückstellungsansprüche. Prinz zu Erbach-Schönberg verhehlt nicht, die deutsche Gesandtschaft Wien habe das Auswärtige Amt in Berlin schon darauf hingewiesen, die Aachener Forderung könne nicht ohne politische Konsequenzen bleiben. Berlin habe daher erklärt, es sei nicht beabsichtigt, die wertvollen und geschlossenen Kunstsammlungen in Wien durch Entfernung so berühmter Sammelobjekte zu schmälern. Es fürchte lediglich, daß vielleicht im Zuge der mit Ungarn geführten Verhandlungen das eine oder andere der erwähnten drei Stücke nach Ungarn, also außerhalb des deutschen Sprachgebietes gelangen könnte. Aus historischen und traditionellen Gründen glaube daher das Domkapitel, einer solchen Wendung vorbeugen zu müssen.[40]
Ein geschickter Schachzug. Mit frommem Augenaufschlag unterstützt Aachen den Standpunkt Österreichs, eine Unterstützung, die jedoch jetzt nicht mehr notwendig ist, und macht gleichzeitig wieder eigene Ansprüche geltend. Die deutsche Diplomatie leitet diese Ansprüche weiter, ohne sich damit zu identifizieren; im Gegenteil, sie distanziert sich davon. Ihr Vertreter erklärt, es käme vornehmlich darauf an, »eine verbindliche Zusicherung seitens der österreichischen Bundesregierung zu erhalten, daß die Reichskleinodien das deutsche Sprachgebiet, das heißt also im vorliegenden Falle den gegenwärtigen Aufenthaltsort in der Weltlichen Schatzkammer in Wien, nicht verlassen würden.«[41]
Inzwischen ist eine entscheidende Wendung eingetreten. Nach zwölf Jahre dauernden Verhandlungen wird zwischen der österreichischen Bundesregierung und der königlich-ungarischen Regierung das längst fällige Übereinkommen über die strittigen Museal- und Bibliotheksbestände am 27. November 1932 in Venedig geschlossen. Dieses Abkommen sieht die Ausfolgung ir-

gendeines Objektes der Reichskleinodien an Ungarn nicht vor. Das Bundeskanzleramt beeilt sich, den neuesten Stand der Dinge in einer Verbalnote am 29. November 1932 der deutschen Gesandtschaft in Wien bekanntzugeben: »Die vom Aachener Domkapitel gehegten Befürchtungen, das eine oder andere Stück der Reichskleinodien könne etwa auf Grund eines ungarischerseits konstruierten Rechtsanspruches außerhalb des geschlossenen deutschen Sprachgebietes verbracht werden, sind somit vollständig gegenstandslos geworden.«[42] Und Minister a. D. Dr. Kienböck, der Österreich beim Schiedsgericht vertritt, kann mit Befriedigung dem Generalsekretär für die auswärtigen Angelegenheiten abschließend mitteilen, daß die Besorgnisse der Herrn in Aachen nur »mehr eine Bereicherung der einschlägigen Akten« darstellen.[43]

1925 treten die Städte Aachen und Köln abermals mit der Bitte an die österreichische Bundesregierung heran, es mögen die Reichskleinodien zur Verfügung gestellt werden. Anlaß ist diesmal eine Ausstellung, die der tausendjährigen Zugehörigkeit des Rheinlandes zum Deutschen Reich gilt. Auch dieser Bitte wird nicht entsprochen, ebenso jener nicht, die 1928 die jüngste Krönungsstadt, Frankfurt, an Österreich richtet.[44]

1926 besucht der damalige Oberbürgermeister von Köln, Dr. Konrad Adenauer, nachmaliger deutscher Bundeskanzler, die Wiener Schatzkammer. Er kennt Arpad Weixlgärtner seit vergangenem Jahr, als dieser Köln einen Besuch abstattete. Adenauer bittet, die Krone des Heiligen Römischen Reiches in die Hand nehmen zu dürfen. Weixlgärtner kommt der Bitte nach. Der Adenauer begleitende Kölner Stadtdirektor Dr. Schwering fordert Adenauer auf – und Weixlgärtner scheint »als ob in seiner Stimme ganz leiser Hohn« mitklänge – er solle sich doch die Krone aufsetzen, »er wäre ja nicht der erste Konrad, der sie auf dem Haupt trüge«. Adenauer ist taktvoll genug, der Aufforderung nicht nachzukommen.[45]

1931 taucht im Unterrichtsministerium in Wien ein Rittmeister

Mautner auf, der mit großer Suada und unter Berufung auf alle möglichen Persönlichkeiten des öffentlichen Lebens ein Projekt unterbreitet, von dem er behauptet, es würde der Republik Österreich eine Menge Geld einbringen. Die Schatzkammer möge für eine Ausstellung in der Nürnberger Burg die Reichskleinodien zur Verfügung stellen; natürlich würde sie an den Erträgen dieser Ausstellung beteiligt werden. Mit dem sozialdemokratischen Nürnberger Bürgermeister hätte er bereits alles Nötige besprochen, auch Minister Buresch und Bundeskanzler Dollfuß wären schon unterrichtet. Mautner deutet an, diese Personen hätten seinen Plan freundlich aufgenommen. Dr. Weixlgärtner lehnt das Projekt »aufs schärfste« ab. Zwischen ihm und Mautner kommt es zu einer heftigen Kontroverse, der Rittmeister fühlt sich beleidigt und überreicht Weixlgärtner auf eine Art seine Visitenkarte, die vermuten läßt, er wolle Weixlgärtner zum Duell fordern. Doch die Gemüter beruhigen sich wieder, der Zweikampf findet nicht statt. Mautners Projekt wird nicht verwirklicht. Wie Weixlgärtner später erfährt, handelt es sich bei dem »Rittmeister« um einen berüchtigten Schieber.[46]
Im April 1934 versucht auch Berlin, die Krönungsinsignien für eine Ausstellung auszuleihen, die unter der Schirmherrschaft des Reichspräsidenten von Hindenburg steht. Das Kunsthistorische Museum Wien gelangt zur Auffassung, es »knüpfen sich an diese einzig dastehenden Zeugnissen der Macht und Größe des über ein Jahrtausend währenden Heiligen Römischen Reiches Deutscher Nation so viele heikelste historische und politische Fragen, die durch die Verbringung der Reichsinsignien von Wien nach Berlin gerade in unseren Tagen der Spannung zwischen Österreich und Deutschland besser nicht angeschnitten werden sollten«. Das Ansuchen wird aus konservatorischen Gründen abgelehnt.[47]
Am 25. Juli 1934 putschen in Wien die Nationalsozialisten, besetzen das Bundeskanzleramt; Kanzler Dollfuß wird ermordet. Man befürchtet auch einen Anschlag auf die Reichskleinodien. Das hat

zur Folge – so Weixlgärtner –, daß »man es im Ministerium mit der Angst kriegt«. Die Schatzkammer wird für kurze Zeit gesperrt. Man trägt sich mit dem Gedanken, die Reichskleinodien in den Safes der Nationalbank zu bergen. Weixlgärtner erhebt dagegen erfolgreich Einspruch. Er nimmt sie aus den Vitrinen, steckt sie in die alten Futterale und versperrt sie in einem Depot. Dorthin, einem fensterlosen, sonderbar gestalteten Raum, notdürftig durch eine einsame Lampe erhellt, führt er kurz darauf den bekannten Burgschauspieler Ewald Balser, der in Zuckmayers Theaterstück »Schelm vom Berge« die Rolle des Königs verkörpert. Er hat auf der Bühne im Krönungsornat aufzutreten und bittet, das Original sehen zu dürfen.[48]
Für die Schatzkammer werden als Folge des Juliputsches großartige Sicherheitsmaßnahmen geplant; Kommissionierungen finden statt, Kostenvoranschläge werden eingeholt. Berge kreißen – und gebären eine elektrische Leitung zu einer Alarmglocke in der Hofburg, für die deutsche Kaiserkrone wird »mit Ach und Krach« eine Vitrine aus schußsicherem Glas bestellt, vor die eisernen Läden der Fenster werden eiserne Stangen gelegt. Mehr geschieht nicht. Und all das zieht sich über ein Jahr hin.[49]
Weder die elektrische Klingel in der Hofburg noch eiserne Stangen vor den Fenstern hindern vier Jahre später daran, die Reichskleinodien aus der Schatzkammer zu entführen – nach Nürnberg.

13. Kapitel

Der Kronschatz wird verborgen und wiederentdeckt

Seit 1938 befinden sich die Reichskleinodien wieder in Nürnberg. Oberbürgermeister Liebel, dem es gelang, den Kronschatz aus Wien zurückzuholen, der sie in der alten Meistersingerkirche zur Schau stellen und nach Kriegsausbruch in die bombensicheren Luftschutzstollen unter der Burg bergen ließ, arbeitete seit 1942 als Leiter des Zentralamtes im Ministerium Speer. Voll Tatendrang und in der Hoffnung, zum Reichsminister aufzusteigen, hatte er diese Position übernommen, ohne seine Funktion als Nürnberger Oberbürgermeister aufzugeben. Entgegen Speers Rat ist er im März 1945 nach Nürnberg zurückgekehrt, »um als Oberbürgermeister in diesen Tagen an Ort und Stelle zu sein«.[1] Kurz vor dem Fall Nürnbergs verübt er am Morgen des 20. April – es ist der Geburtstag seines von ihm verehrten Führers – im Palmenhofbunker, dem Gaubefehlsstand, unter dem Paniersplatz Selbstmord.[2] An diesem Tag kapituliert Nürnberg. Zunächst herrschen chaotische Zustände. Fremdarbeiter und Deutsche, die aus den »Höhlen« der zerbombten Häuser kriechen, aber auch amerikanische Soldaten entdecken verborgene Alkoholvorräte und machen in völlig betrunkenem Zustand die in Trümmern liegende Stadt unsicher. Auch dem Germanischen Nationalmuseum und den in den Bunkern geborgenen Kunstschätzen droht Gefahr. Die Museumsleute sind zutiefst beunruhigt. Bomben und Kämpfe hat man überstanden, nun droht der betrunkene Mob.

Der einfache amerikanische Soldat Peter Kahn, als Jude 1937 aus Stuttgart ausgewandert, als Dolmetscher bei der Legal Section

Schmeißner habe den Auftrag an Oberbaurat Julius Lincke weitergegeben. Auf dessen Weisung seien vom Kupferschmied Baum in der letzten Oktoberwoche 1944 vier Kupferbehälter angefertigt worden.
Woher die Idee stammte, die Hauptinsignien zu verlagern, kann Oberleutnant Horn nicht klären. Schmeißner und Fries vermuten, Liebel habe den Auftrag von Heinrich Himmler erhalten. Liebel kann nicht mehr befragt werden; er ist ja tot. Liebels Sekretär Dreykorn will sich erinnern, daß der Oberbürgermeister in Berlin entweder durch Kurier oder fernschriftlich um Instruktionen gebeten habe, was mit den Insignien geschehen solle. Einige Tage bevor die Hauptinsignien verlagert wurden, seien sie den regulären Behältern entnommen, in Glaswolle gehüllt und in die neu angefertigten Kupferbehälter gebettet worden. Dabei seien neben dem Oberbürgermeister, den Stadträten Schmeißner und Fries der Kupferschmied Baum, der die Behälter verlötete, und Oberbaurat Lincke zugegen gewesen. Die Übergabe der Hauptkleinodien an den SS-Offizier sei durch Liebel und Fries erfolgt. Fries betont, er habe den Offizier weder vorher gesehen noch kenne er dessen Namen oder das Versteck, in welche die Kleinodien gebracht worden seien.
Oberleutnant Horn kommt die Geschichte nicht geheuer vor. Ob er von sich aus Verdacht schöpft, oder ob Dr. Troche in ihm Zweifel weckt, ist nicht direkt belegt. Eine von Troche Captain Thompson überreichte Erklärung schließt jedoch eine solche Möglichkeit nicht aus; mehr noch: die darin enthaltenen Andeutungen rechtfertigen einen solchen Schluß.[16] Jedenfalls sind Horns Untersuchungen an einem toten Punkt angelangt. Von Zweifeln über Schmeißners und Fries' Angaben erfüllt, beschließt Oberleutnant Horn, Stadtrat Dr. Fries und den ehemaligen SS-Oberführer Spacil zu konfrontieren. Horn hegt den Verdacht, der ominöse SS-Offizier, dem Fries und Liebel die Hauptkleinodien anvertraut haben sollen, existiere überhaupt nicht,[17] oder Spacil sei selbst dieser Offizier.[18]

ie Bedeutung der Reichskleinodien wird amerikanischen Offizieren erläutert

s Flugzeug mit den Reichskleinodien landet auf dem Flugplatz Tulln bei Wien

22 Im stillgelegten Stollen »Alte Silberkaute« unter der Stadt Siegen wurden wertvolle Kunsts

agert; darunter auch die Aachener Nachbildungen der Reichskleinodien

23 Der US-Soldat Ivan Babcock setzt sich die (nachgebildete) Krone des Heiligen Römischen R
Deutscher Nation auf und ernennt sich zum »Ruhrkaiser«

eutnant Richard Swenson schmückt sich mit den (nachgebildeten) Reichsinsignien. Weder er noch
ɔck fühlen sich durch Geschichte oder Tradition beschwert

25 Die Reichskleinodien werden im Tresor der österreichischen Nationalbank in Wien eingelagert

üfung der Reichskleinodien bei der Übergabe in der Wiener Nationalbank

27 Die Amerikaner übergeben der österreichischen Bundesregierung im Januar 1946 die Reichsklein
(v.r.n.l.: General Mark Clark, Bundespräsident Dr. Karl Renner, Bundeskanzler Ing. Leopold Figl)

28 Der deutsche Bundeskanzler Dr. Konrad Adenauer besichtigt im Juni 1957 die Reichskleinodien
Wiener Schatzkammer: »Aber über Aachen wollen wir heute nicht sprechen« (ganz links Adenauer
rechts Dr. Bruno Thomas; Schatzkammerdirektor)

Freiheitsentzug ist seit eh und je ein probates Mittel, jemanden gefügig zu machen. So wird Dr. Fries verhaftet und in eine Einzelzelle gesteckt. Sein Büro hält die Verhaftung zunächst geheim. Wer dort nach dem Stadtrat fragt, erhält zur Antwort, Dr. Fries sei wegen einer längeren Reise nicht in der Lage, seine Dienstgeschäfte zu führen.[19] Die »längere Reise« erweist sich als entscheidende Phase für den weiteren Verlauf der Dinge. »Unter dem Eindruck einer Nacht Einzelhaft und dem Druck einer kurzen Vernehmung« – so Horn in seinem Bericht – »bricht Fries zusammen und legt ein umfassendes Geständnis ab.« Viele seiner bisherigen Aussagen seien falsch, insbesondere seien die Hauptinsignien niemals einem SS-Offizier übergeben worden, der Offizier sei eine reine Erfindung. Die Kleinodien seien vielmehr am 31. März 1945 im Stollensystem des Bunkers am Paniersplatz eingemauert worden. Daran hätten teilgenommen Oberbürgermeister Liebel, Oberbaurat Lincke, Stadtrat Schmeißner und Fries selbst.[20]

Bis zu seiner Verhaftung hatte Dr. Fries geschwiegen. Ist es wirklich nur die Nacht Einzelhaft, die ihn geständnisbereit macht? Oder verbirgt sich mehr hinter dem Hinweis Horns, daß Fries »unter dem Eindruck einer kurzen Vernehmung« zusammenbricht? Die Amerikaner glauben, über ausreichende Gründe für die Annahme zu verfügen, daß die Hauptkleinodien Symbole einer künftigen nationalsozialistischen Widerstandsbewegung werden sollten. Die Tatsache, in den Verdacht geraten zu sein, sich am Wiederaufleben des Nationalsozialismus beteiligt zu haben, muß auf Dr. Fries unter den damaligen Verhältnissen geradezu erschreckend wirken. Unter der Last dieses für ihn mit nicht absehbaren Folgen verbundenen Vorwurfes und nachdem ihm zugesichert worden war, die Amerikaner beabsichtigten nicht, die Reichskleinodien als Beute fortzuschaffen, gesteht Fries.[21] Was war wirklich geschehen? Konservator Dr. Schwemmer hatte von Dr. Lutze den Auftrag erhalten, wieder einmal die beiden Reichsschwerter im Bunker Obere Schmiedegasse einzufetten. Am

29. März erledigte Schwemmer mit seinen Gehilfen diese Arbeit routinemäßig. Bevor sie die Arbeit beendet hatten, trafen überraschenderweise der Oberbürgermeister, die Stadträte Fries und Schmeißner sowie Oberbaurat Lincke im Bunker ein. Sie warteten, bis sich Schwemmer und seine Mitarbeiter entfernt hatten, um – wie es Schwemmer schien – zu einer Besprechung zusammenzutreten. Im Hinblick auf die katastrophale Kriegslage nichts besonderes. In Wirklichkeit jedoch entnahmen sie die fünf Hauptinsignien den alten Behältnissen, verpackten sie in die neuen Kupferbehälter, ließen sie verlöten, brachten diese am 31. März in die Bunkeranlage Paniersplatz und vermauerten sie dort in einer schon vorbereiteten Nische oberhalb einer Türöffnung.[22] Lincke hatte die Nische mit zahlreichen Eisenstäben armieren lassen. Die Stäbe sollten eventuelle spätere, mit Hilfe von Radargeräten angestellte Suchaktionen nach den Reichskleinodien erschweren. Ein »vielleicht laienhafter Versuch«, wie Lincke nachträglich konzediert. Lincke war es auch, der die handwerklichen Arbeiten beim Einmauern verrichtete. Als er den Putzmörtel in den Ecken nicht mehr verstreichen konnte, benutzte er dazu seine bloßen Hände. Unvergeßlich blieben Lincke die Worte des Dr. Fries, als die vier Männer nach getanem Werk voneinander Abschied nahmen: »Lieber lasse ich mich aufhängen, bevor ich die Reichskleinodien verrate.«[23] Für den Fall, daß sie später nach dem Verbleib der Reichskleinodien gefragt werden würden, vereinbarten die Geheimnisträger auszusagen, die Kleinodien seien an einen ihnen nicht bekannten Ort gebracht worden. Weil aber auch nicht absehbar war, ob sie die unmittelbar bevorstehenden Kämpfe überleben würden, weihte jeder ein oder zwei vertrauenswürdige Personen in das Geheimnis ein. Lincke wurde zu diesem Zweck ein Leichtmotorrad – in dieser Phase des Krieges eine Rarität – zur Verfügung gestellt. Bei Nacht fuhr er ohne Licht an versprengten deutschen Truppenteilen vorbei nach einem Ort nahe Nürnberg, um seinem vormaligen Bürovorstand das Geheimnis anzuvertrauen.[24]

Überdies inszenierte Oberbürgermeister Liebel zu Täuschungszwecken ein Scheinmanöver. Am 5. April 1945 ließ er in bewußt auffälliger Weise durch einen ihm bekannten SS-Offizier, der jedoch über die Unterbringung der Kleinodien nicht informiert war, zwei große Kisten aus der Bunkeranlage Obere Schmiedegasse 52 abtransportieren. Die Kisten waren leer.[25] Unschwer zu erkennen, daß damit der Abtransport wertvoller Gegenstände vorgetäuscht werden sollte. Schließlich setzte der Oberbürgermeister durch ein fingiertes Telefongespräch das Gerücht in die Welt, die Reichskleinodien seien von der SS nach Oberbayern gebracht worden. Bevor die Amerikaner die Altstadt besetzten, wurden die noch intakten Umfassungsmauern des Hauses Obere Schmiedegasse 52 über dem Kellereingang gesprengt, um den Zugang für die kämpfende Truppe beider Parteien unkenntlich zu machen. Haus und Keller waren ab nun nur durch eine Eingeweihten bekannte Nebentür zugänglich.[26]
Nach dem Geständnis des Dr. Fries hält es Oberleutnant Horn nicht mehr für nötig, Fries dem früheren SS-Oberführer Spacil gegenüberzustellen. Dr. Fries wird am 6. August nach Nürnberg zurückgebracht. Noch am Abend desselben Tages sucht Oberleutnant Horn den Stadtrat Schmeißner zweimal auf, stellt ihn wegen seiner unrichtigen Angaben zur Rede, eröffnet ihm, Dr. Fries habe den Aufbewahrungsort der fehlenden Kleinodien schon bekanntgegeben und verhängt über Schmeißner Hausarrest. Vor allem aber hält er Schmeißner vor, einer in Deutschland bestehenden SS-Untergrundorganisation sei bekannt, daß die wichtigsten Reichskleinodien weggeschafft wurden, es bestehe der begründete Verdacht, Schmeißner sowie Fries würden mit dieser Bewegung zusammenarbeiten. Der Fall nimmt also auch für Schmeißner eine politische Wendung, die er nicht vorausgesehen hat. Schmeißner beteuert, eine Verbindung zu einer Untergrundbewegung zwischen Fries und ihm habe nie bestanden, der Verdacht sei völlig abwegig. Es sei ihm ausschließlich daran gelegen gewesen, »in den Kriegswirren und den anschließenden un-

ruhigen Zeiten die jahrhundertelang der Stadt Nürnberg zu treuen Händen übergebenen Reichskleinodien verborgen zu halten und gesichert zu wissen«.[27]
Am Morgen des folgenden Tages finden sich Captain Thompson, Oberleutnant Horn, Dr. Fries, Stadtrat Schmeißner, zwei amerikanische Soldaten und ein Maurerpolier am Paniersplatz ein.[28] Sie betreten den Bunker durch den in einer Volksschule gelegenen Eingang, steigen etliche Stufen hinab und erreichen durch eine lange Flucht das Stollensystem, das sich »wie ein Spinnennetz unter der Oberfläche der Stadt« ausbreitet. Im Mittelalter errichtet, wurden Teile davon erweitert und modernisiert, sodaß es nun der Stadtverwaltung als Unterkunft an Stelle der ausgebombten Büroräume dient. Dr. Fries führt die Gruppe zu einer kleinen Kammer.[29] Der Maurer beseitigt Teile der Ziegelwand, dahinter finden sich die Kupferbehälter. Sie werden dem Versteck entnommen und an ihren ursprünglichen Platz im unterirdischen Kunstdepot unter der Nürnberger Burg zurückgebracht. Am Nachmittag öffnet man die Behälter; Krone, Szepter, Reichsapfel und die beiden Schwerter befinden sich in guter Verfassung. Sie werden von der Glaswolle befreit und in ihre Originalbehälter zurückgegeben.[30]
Die Amerikaner interessieren vor allem die politischen Aspekte. Wer hat die Verlagerung der Hauptkleinodien angeordnet? Was sollte damit bezweckt werden? Oberleutnant Horn vermutet, der Befehl sei aus Berlin gekommen. Neben Himmler seien der Chef des Reichssicherheitshauptamtes, Dr. Kaltenbrunner, und der Chef der Gestapo, Müller, unterrichtet gewesen. Bei einer Zusammenkunft der Abteilungsleiter des Reichssicherheitshauptamtes in Berlin am 1. April 1945, also am Tag vor der Verlagerung der Hauptkleinodien, habe Müller seinem Chef Kaltenbrunner berichtet: »Die Reichsinsignien sind durch verläßliche Leute in einen See versenkt worden.« »Gut.« Dieses Wort sei die einzige Reaktion Kaltenbrunners gewesen. Daraus könne geschlossen werden – so Horn –, daß Kaltenbrunner über Details der Aktion

informiert gewesen sein muß; sonst hätte er diesbezügliche Fragen gestellt. Aus Bemerkungen Müllers sei im übrigen der Schluß zu ziehen, daß die Geschichte, die Hauptinsignien seien in einem See versenkt worden, aus höchsten Kreisen des deutschen Geheimdienstes stamme. Die Tatsache, daß nicht alle führenden Persönlichkeiten des Reichssicherheitshauptamtes in das Geheimnis eingeweiht worden seien, illustriere, welche Bedeutung man der Angelegenheit beigemessen habe. Die Quelle all dieser Vermutungen ist Spacil.[31]

Aus diesen Annahmen schließt Horn, daß die Hauptinsignien deswegen durch die Chefs des Sicherheitsdienstes verborgen wurden, um einer zukünftigen deutschen Widerstandsbewegung als Symbole zu dienen. Horn vermutet, Oberbürgermeister Liebel wäre über die den Insignien zugedachte Rolle unterrichtet gewesen. Die übrigen an dem Unternehmen in Nürnberg beteiligten Personen hätten seinen Recherchen zufolge davon nichts gewußt.[32] Die letzte Annahme Horns trifft jedenfalls zu.[33]

Fast ein Jahr später, am 22. Mai 1946, gibt der ehemalige Kriminalkommissär und SS-Hauptsturmführer Franz Zauner, der sich im Anhaltelager Marcus W. Orr Glasenbach bei Salzburg als politischer Häftling befindet, gegenüber der österreichischen Kriminalpolizei an, er habe im Herbst 1945 im Lazarett den dort kriegsgefangenen deutschen Kapitänleutnant und Ritterkreuzträger Zimmer kennengelernt. Der Marineoffizier hätte behauptet, als Kampfschwimmer und Taucher ausgebildet zu sein. Er sei beauftragt worden, einen Teil der Reichskleinodien im Zeller See zu versenken. Zauner habe den Eindruck gehabt, der Kapitänleutnant hätte es bald bereut, ihn in dieses Geheimnis eingeweiht zu haben. Der Marineoffizier habe sich auch geäußert, die Reichskleinodien würden zum geeigneten Zeitpunkt wieder ans Tageslicht gebracht werden.[34] Wie sich herausstellte, war dieser Zeitpunkt schon gekommen. Im Mai 1946 sind die Reichskleinodien ja schon längst ans Tageslicht gehoben – aber nicht aus dem Zeller See. Diese Geschichte scheint jedoch die Vermutung

zu bestärken, daß das »Zellerseegerücht« tatsächlich in weiteren Kreisen im Umlauf war. Oder hat Kapitänleutnant Zauner wirklich etwas im See versenkt, von dem man ihm gegenüber vorgab, es seien die Reichskleinodien? Ruht am Grund des Zeller Sees vielleicht etwas anderes von besonderem Wert?
Die Behauptung, die Reichskleinodien wären deswegen an einen neuen, nur wenigen Eingeweihten bekannten Bergungsort gebracht worden, um »einer zukünftigen deutschen Widerstandsbewegung als Symbol zu dienen«, hat Horn offenbar als Schluß aus der möglicherweise richtigen Annahme gezogen, die Hauptkleinodien seien auf Grund einer vielleicht von Himmler, jedenfalls aber aus höchsten Kreisen des deutschen Sicherheitsdienstes, also der SS, kommenden Weisung verborgen worden. Die SS aber, gleichgültig ob nun die SS-Ränge im Rahmen des Reichssicherheitshauptamtes und der Gestapo oder die ideologisch ebenfalls konsequent ausgerichtete, militärisch organisierte Waffen-SS, galt nicht nur in den Augen der Amerikaner als Kerntruppe des Nationalsozialismus. Diesen Kreisen muteten die Amerikaner solche Absichten von vornherein zu. Ebenso wie die Alliierten, vor allem die Amerikaner, dem Phantom einer »Alpenfestung« erlagen, jener angeblichen Redoute in den Alpen, von der man befürchtete, daß dort die deutsche Armee letzten zähen und anhaltenden Widerstand leisten würde, könnten sie auch übertriebene Vorstellungen bezüglich des »Werwolfes«, einer geplanten nationalsozialistischen Widerstandsbewegung, erlegen sein.[35] Doch die militärische »Werwolforganisation« kam über mehr als einige »kaum spürbare Nadelstiche« nicht hinaus.[36] Auch Goebbels, der am 1. April 1945 einen haßerfüllten Aufruf erließ, ist es nicht gelungen, »das deutsche Volk oder doch wenigstens Massen von Volksgenossen in einen allgemeinen, spontanen Wutausbruch«[37] hineinzutreiben. Dennoch war der martialische Aufruf Goebbels', »sich niemals dem Feind zu beugen, ihm ... Widerstand über Widerstand entgegenzusetzen«, jeden Bolschewisten, Briten und Amerikaner auf deutschem Boden als Feind zu betrachten, wo

immer sich Gelegenheit bietet, ihr Leben auszulöschen«, ein Aufruf, der mit »Haß ist unser Gebet und Rache unser Feldgeschrei!« endete[38], für die Amerikaner doch zunächst Anlaß zu berechtigten Befürchtungen. Allerdings hätten sie schon im Sommer 1945 erkennen müssen, daß sich ihre Befürchtungen in keiner Weise bewahrheiteten. Übertriebene Vorstellungen über die Faktizität des »Werwolfes« mögen Oberleutnant Horn zu seiner Annahme verleitet haben.

Es kann also keine gesicherte, über mehr oder minder gestützte Vermutungen hinausgehende Aussage gemacht werden, warum Liebel im April 1945 die Hauptkleinodien kurz vor der Eroberung Nürnbergs absonderte. Spekulativen Schlußfolgerungen ist Raum gegeben von der Annahme Horns bis zur schlichten Vermutung, Liebel habe die Reichskleinodien, um die er einen jahrelangen und schließlich erfolgreichen Kampf geführt hatte, als deren höchstpersönlichen Treuhänder er sich fühlte, einfach nicht in Feindeshand fallen lassen wollen. Im Kreis der verantwortlichen Beamten herrschte jedenfalls die Annahme vor, die Frage, was mit den Reichskleinodien zu geschehen habe, werde zu gegebenem Zeitpunkt durch eine kompetente höhere Stelle des Reiches entschieden werden. Eine solche Entscheidung wurde jedoch offiziell niemals getroffen.[39]

Zieht man alle Umstände, insbesondere die bevorstehenden Kämpfe um die Stadt und damit die unmittelbare Gefährdung der Kleinodien sowie die in gewissen nationalsozialistischen Kreisen herrschende Herostratenstimmung ins Kalkül, dann scheint die Vermutung nicht abwegig, daß Liebel mit der Abzweigung der Hauptkleinodien kein anderes Ziel verfolgte, als die Objekte besonders sicher zu bergen und heil über die Wirren des Kriegsendes sowie die Turbulenzen der Nachkriegszeit zu bringen. Ebenso hat die These, Liebel habe mit der Bergung der Reichskleinodien auch die Absicht verfolgt, sie gegen Parteidienststellen zu schützen, manches für sich. Sollte Liebel noch weitere Ziele verfolgt haben, so hat er sie jedenfalls mit in den Tod genommen. Nach

Fries' Überzeugung wäre der Oberbürgermeister einer Weisung, die Reichskleinodien zu vernichten, niemals nachgekommen.[40]
Die amerikanische Armeezeitung »The Stars and Stripes« berichtet ausführlich über die Entdeckung der Reichskleinodien. Der Artikel endet mit dem Satz: »Die Stollen unter der Burg stellen die beste Unterbringungsmöglichkeit für solche Schätze dar, sie werden hier zur sicheren Verwahrung bleiben.« In Anspielung auf die dort installierten Klimaanlagen und die Verhältnisse in einem Gefängnis heißt es schließlich: »Fries und Schmeißner jedoch wurden an einen anderen Ort zur sicheren Verwahrung gebracht, der wird aber nicht klimatisiert sein.«[41]
Daraus könnte geschlossen werden, daß Stadtrat Schmeißner verhaftet wird und Dr. Fries weiter in Haft bleibt. Das trifft nur zum Teil zu. Dr. Fries bleibt zwar inhaftiert, Stadtrat Schmeißner jedoch darf nach Hause gehen. Er scheint über einflußreiche Beschützer zu verfügen. Schon am 2. August, als Dr. Fries verhaftet wurde, bestand die Absicht, auch ihn festzunehmen. »Auf Grund von Vorstellungen verschiedener Personen, die bei der Militärregierung Ansehen genießen«, unterblieb dies jedoch.[42]
Auch jetzt noch scheint die schützende Hand über Schmeißner zu schweben. Zunächst wird er nicht verhaftet, ihm wird lediglich aufgetragen, seine Dienstgeschäfte zu übergeben und sich am 12. August in seiner Wohnung zur Verfügung der Militärregierung zu halten. Erst an diesem Tag holen ihn die Amerikaner ab und liefern ihn ins Untersuchungsgefängnis Bärenmannstraße ein. Drei Tage später einem amerikanischen Richter vorgeführt, gelingt es Schmeißner, gegen eine Kaution von 25 000,– Reichsmark, eine damals gerade nicht geringe Summe, auf freien Fuß gesetzt zu werden.
Wegen seiner Bedeutung wird das Verfahren an den General Court delegiert. Das aus fünf amerikanischen Obristen bestehende Gericht tritt am 26. September 1945 im Fürther Rathaus zusammen.[43] Der aus Stuttgart stammende, als Dolmetscher fungierende, damals einfache amerikanische Soldat und spätere Uni-

versitätsprofessor Peter Kahn, von dem schon die Rede war, versucht dem amerikanischen Richter klarzumachen, »daß die Angeklagten zwar ›illegal‹ aber anständig handelten – sie wollten Plünderungen... verhindern«[44], doch Dr. Fries und Stadtrat Schmeißner werden für schuldig befunden und wegen »Verbergens von Kunstwerken und falschen Angaben gegenüber der Besatzungsmacht« zu je fünf Jahren Gefängnis und 25 000 Reichsmark Geldstrafe verurteilt.[45] Ein empfindliches Verdikt. Es findet seinen eigentlichen Grund nicht darin, daß die Angeklagten gegen § 52 (Erteilung einer falschen Auskunft an einen Beauftragten der US-Armee) der Militärgesetze verstoßen haben, der Grund dafür ist vielmehr in politischen Motiven zu suchen. Nach Meinung des Gerichtes hätten Schmeißner und Fries die nationalsozialistische Widerstandsbewegung unterstützt, als sie die fünf wichtigsten Objekte der Kleinodien beiseite schafften. Der Militärstaatsanwalt drückte diese Auffassung auch deutlich in seinem Plädoyer aus. Darin wurde er nach Schmeißners Meinung »durch gewisse Zeugenaussagen des damaligen kommissarischen Direktors des Germanischen Nationalmuseums Nürnberg, Dr. Troche, bestärkt, der seltsamerweise nicht die reine historische bzw. kunst- und kulturgeschichtliche Bedeutung herausstellte«, sondern deren »Symbolgehalt«.[46] Auch Dr. Fries hat Anlaß zu vermuten, daß in den damaligen Untersuchungen deutsche Kräfte wirksam waren, die ihre eigenen Interessen durch Betonung politischer Motive zu fördern hofften.[47]

Solche Tendenzen passen in die Vorstellungswelt der Amerikaner. Exemplarisch dafür mag der Artikel eines Robert G. Armstrong stehen.[48] Die deutsche Wehrmacht hatte gegen Kriegsende die Särge mit den sterblichen Resten Friedrichs des Großen aus Potsdam und Paul von Hindenburgs aus dem Tannenbergdenkmal in Ostpreußen rechtzeitig in Sicherheit gebracht, um sie nicht in die Hände der Russen fallen zu lassen. Im Sommer 1945 werden die Särge, ein Großteil der preußischen Kronjuwelen und 225 Regimentsfahnen in der Nähe von Bernrode von den Ameri-

kanern aufgefunden. Armstrong erblickt in dieser Verlagerung, die im Bestreben vorgenommen wurde, die Relikte dem Zugriff der Sowjets zu entziehen, den wohlüberlegten Versuch, auf diese Weise eine Weihestätte des preußischen Militarismus zu schaffen. Daran knüpft er die rhetorische, aber doch recht suggestive Frage, ob die »Beschlagnahme der Reichskleinodien durch die SS« – eine völlig unbewiesene Behauptung – Teil eines wohlorganisierten Planes sei, die Symbole des deutschen Militarismus für den zukünftigen Gebrauch irgendeiner Untergrundbewegung, insbesondere des Werwolfs zu bewahren. Armstrong schließt mit der Versicherung, was immer auch die US-Armee bezüglich des weiteren Schicksals der Reichskleinodien entscheidet, es werde jedenfalls gewährleistet, daß der unheilbringenden Macht dieser Kleinodien ein Ende bereitet wird. Im Vordergrund amerikanischer Betrachtungsweise steht also die vermutete politische Bedeutung der Insignien.
Warum aber haben Dr. Fries und Stadtrat Schmeißner noch Ende Juli 1945, beinahe ein Vierteljahr nach Kriegsende also, gegenüber den Amerikanern unrichtige Angaben gemacht? Ist die damals in der Öffentlichkeit verbreitete Version richtig von den »zwei Nürnberger Nazi-Stadträten, welche die Reichskleinodien mit dem Ziele der Wiedergeburt des Dritten Reiches versteckten, um dann schließlich durch die... amerikanischen Untersuchungen in die Enge getrieben zu werden«?[49] Die Gefahren, welche die Wirren von Kriegsende und unmittelbarer Nachkriegszeit mit sich brachten, waren doch vorüber. Welche Gründe konnten Schmeißner und Fries noch haben, den Aufbewahrungsort zu verschweigen?
Zunächst wird man wohl die generelle Atmosphäre berücksichtigen müssen, die damals zwischen Deutschen und Amerikanern herrschte. Dr. Fries, Tat- und Zeitzeuge, schildert sie treffend: »Mit Ausnahme derer, welche Strafen für begangenes Unrecht befürchten mußten, hat das deutsche Volk die Amerikaner als Befreier erwartet. So traten sie aber zunächst keineswegs auf.

Auch wir mußten sehr bald merken, daß die amerikanische Besatzungsmacht ... den Deutschen mit Strenge und großem Mißtrauen entgegentrat. Bald nach der Besetzung Nürnbergs kam das Gebot der non fraternisation heraus. Mag rückblickend vom Standpunkt der Amerikaner diese Einstellung begreiflich sein, so war sie doch für die Deutschen enttäuschend und erschwerte lange Zeit das Einvernehmen und Entstehen der notwendigen Vertrauensbasis.« Dazu kommt, daß jedenfalls ein Grund für die Absonderung der Kleinodien immer noch nicht weggefallen schien: die Gefahr der Verschleppung. »So ist es zu erklären«, hält Dr. Fries fest, »daß ich und Schmeißner den Amerikanern die vorbereiteten falschen Angaben über den Verbleib der Reichskleinodien machten.«[55] Erst als die Amerikaner versichern, sie hätten nicht die Absicht, die Reichskleinodien als Kriegsbeute zu betrachten und wegzuführen, stellt Fries seine Bedenken zurück[51] und gibt den Amerikanern den Aufbewahrungsort preis.
Nach der Verurteilung verbringen Schmeißner und Fries die Nacht im Polizeiarrest. Am nächsten Morgen eskortiert man sie, an den Händen gefesselt, ins zum Bersten volle Fürther Gerichtsgefängnis. Zehn Tage später ins Nürnberger Gefangenenhaus transferiert, werden sie schließlich nach weiteren fünf Wochen ins Zuchthaus Straubing eingeliefert. Inzwischen verbreiten die Gazetten - Nürnbergs Zeitungen ausgenommen – die Falschmeldung, »daß zwei alte Nazis in Fürth Selbstmord begangen haben, nachdem sie den Diebstahl und das Verbergen der weltberühmten Reichskleinodien eingestanden« hätten.[52]
Am 23. Mai 1946 gibt Oberleutnant Horn die schriftliche Erklärung ab, er sei auf keinen Beweis gestoßen, daß Dr. Fries und Stadtrat Schmeißner von einem Plan gewußt hätten, die Kleinodien als Symbole einer deutschen Widerstandsbewegung zu verwenden. Horn »ist im Gegensatz dazu überzeugt, daß sie von diesem Zusammenhang nichts wußten«.[53] Abgesehen davon, daß der Zusammenhang der Reichskleinodien mit einer deutschen Widerstandsbewegung lediglich vermutet, niemals aber erwiesen

wird, werden Dr. Fries und Schmeißner nun auch von kompetenter Stelle persönlich exculpiert. Aber was hilft es? Beide sind verurteilt, beide sitzen im Zuchthaus, beide werden zwanzig Monate Gefängnis unter entwürdigenden Umständen gemeinsam mit Schwerverbrechern abbüßen. Während dieser Zeit bringt sich Frau Fries mit den Kindern, damals im Alter von zwei, vier und acht Jahren, unter großen Opfern und Entbehrungen durch.[54]
Für Schmeißner wird der Zuchthausaufenthalt kurz unterbrochen, als man ihn in die Strafanstalten Landsberg und Aichbach abordnet, wo er Pläne für die dortigen Anstaltskirchen anfertigt. Dr. Fries liegt die letzten drei Monate mit schwerem Paratyphus im Krankenhaus. Im Frühjahr 1947 werden Dr. Fries und Schmeißner der sogenannten amerikanischen Begnadigungskommission vorgestellt – der Kalte Krieg ist ausgebrochen, die Amerikaner suchen Verbündete auch unter den vormaligen Gegnern – und im Juni 1947 entlassen. Die Geldstrafen von je 25 000 Reichsmark, im Nichteinbringungsfalle ein Tag Arrest für 10 Reichsmark, was weitere sieben Jahre Haft bedeuten würde, werden ihnen erlassen.[55]
Erst später wird die Tätigkeit des ehemaligen Stadtrates Dr. Fries als Luftschutzreferent anerkannt. Als der »Englische Gruß«, ein Meisterwerk Veit Stoß', wieder in der Sankt-Lorenz-Kirche aufgehängt wird, nimmt dies die Gesamtkirchenverwaltung von Nürnberg zum Anlaß, daran zu erinnern, »daß wie durch ein Wunder fast das gesamte Kunstgut der Nürnberger Kirchen durch den Krieg hindurch gerettet werden konnte. Wir wissen«, schreibt Kirchenrat Fritz Kelber an Dr. Fries, »wie schwierig die Situation für Sie war, als jeder Versuch einer Sicherung und Bergung von Kunstschätzen bereits als Defätismus angesehen wurde und es fast unmöglich war, die nötigen Materialien und Arbeitskräfte für solche Bergungsmaßnahmen zu erhalten. Wir wissen umgekehrt, daß nur durch Zähigkeit und Energie, mit der Sie seinerzeit diese Maßnahmen durchgesetzt haben, die großen Kunstwerke Nürnbergs vor der Zerstörung bewahrt worden sind. Es erscheint uns

an der Zeit, Ihnen besonders herzlich für all das zu danken ...« Fries antwortet: »Ich bin nicht verwöhnt mit solchem Lob, und Ihr Brief ist eigentlich der erste dieser Art ... Der Dank, den ich nach Kriegsende für meine Tätigkeit als berufsmäßiger Stadtrat der Stadt Nürnberg während des Krieges hinnehmen mußte, war einigermaßen schmerzlich.«[56]

14. Kapitel

Rückkehr nach Wien

Was aber geschieht mit den Reichskleinodien? Dem kommandierenden General der 3. US-Armee wird am 10. August 1945 die frohe Kunde übermittelt, daß die vermißten Kroninsignien aufgefunden wurden.[1] Vier Tage später erstattet Oberleutnant Horn dem MFA&A Offizier Captain Thompson über den Fund von Krone, Szepter, Reichsapfel und die beiden Schwerter ausführlich Bericht.[2] Nun sind die Reichskleinodien komplett, kein Stück fehlt. Ende September 1945 konferieren in Nürnberg die Chefs der MFA&A Branche Europas und Österreichs. Auch die Reichskleinodien kommen zur Sprache. Was hat mit ihnen zu geschehen? Zur Zeit befindet sich Kunstgut aus aller Herrn Länder in Deutschland; zum Teil geborgen vor den Fährnissen des Krieges, zum Teil für Adolf Hitler gekauft, zum Teil geraubt. Generelle Anordnungen, was mit den unermeßlich wertvollen Kunstschätzen zu geschehen habe, sind noch nicht erlassen. Dennoch kommen die MFA&A-Chefs schon damals zu einem – wenn auch vorläufigen – Ergebnis: Die Kleinodien seien an Österreich zurückzustellen.[3]

Im Herbst 1945 berichten österreichische Zeitungen, die Reichskleinodien seien in Nürnberg aufgefunden worden. Dr. Arpad Weixlgärtner, von 1920 bis 1938 Direktor der Schatzkammer, ergreift sogleich die Initiative. Am 24. Oktober 1945 spricht er mit Prof. Lucien Ruche, dem Leiter der Abteilung Erziehungswesen

bei der französischen Besatzungsarmee in Wien. Ruche empfiehlt, die österreichische Regierung solle möglichst bald bei der Alliierten-Kommission beantragen, daß die Reichskleinodien nach Wien zurückgebracht werden. Ruche macht sich auch erbötig, das Ansuchen direkt der Alliierten-Kommission zu übergeben. Seiner Meinung nach genüge ein Brief des Staatsamtes für Kultusangelegenheiten – es führt damals den monströsen Titel Staatsamt für Volksaufklärung, für Unterricht und Erziehung und für Kultusangelegenheiten –, um die Angelegenheit ins Rollen zu bringen. Schon am folgenden Tag legt Weixlgärtner dem besagten Staatsamt den Entwurf einer Eingabe auf Rückstellung der Reichskleinodien vor.[4] Der Entwurf wird dem Staatsamt für Auswärtige Angelegenheiten zur Begutachtung zugeleitet. Dort vertritt man die Meinung, »die Ansicht ausdrücken zu müssen, es wäre die Rückstellung der Reichskleinodien als wesentlicher Bestandteil des österreichischen Kulturgutes zu beanspruchen, nicht aber« – wie das Staatsamt für Kultusangelegenheiten vorschlägt – »als Auszeichnung oder Vertrauensbeweis« für Österreich zu erbitten. Auch mit der Übergabe des Briefes durch Professor Ruche ist man nicht einverstanden. Würde die Angelegenheit durch die französische Besatzungsmacht aufgerollt, könnte dies zu einer Verstimmung bei anderen Mächten, insbesondere bei den Amerikanern führen. Im übrigen sei mit ihnen über diese Frage schon gesprochen worden, sie hätten sich bereit erklärt, den Fall wohlwollend zu prüfen. Die Amerikaner seien besonders delikat zu behandeln, liege Nürnberg doch in ihrer Besatzungszone. Weixlgärtner möge Monsieur Ruche entsprechend informieren, ihm für seine Hilfsbereitschaft danken und ihn bitten, in der Sitzung des Alliierten-Rates dafür einzutreten, daß die Angelegenheit im Sinne Österreichs entschieden werde. Das Staatsamt für Kultusangelegenheiten folgt dieser Anregung.[5]
Und nun beginnt der Apparat der amerikanischen Besatzungsmacht zu surren; die Frage, was mit den Reichskleinodien zu geschehen habe, verstrickt sich im Gestrüpp der Kompetenzen.

Die Bürokratie der Amerikaner beweist, daß sie es durchaus mit jener des guten alten Europa aufnehmen kann. Am 29. Oktober 1945 ersucht Oberstleutnant Ernest de Wald namens des Hauptquartiers der amerikanischen Streitkräfte in Österreich das Hauptquartier der MFA&A Branch für Europa, die notwendigen Schritte für die Rückführung der Reichskleinodien nach Wien und ihre Aushändigung an die österreichische Regierung in die Wege zu leiten.[6] Die oberste MFA&A Instanz in Europa reicht de Walds Ersuchen an den Direktor der Wirtschaftsabteilung der US-Militärregierung für Deutschland weiter. Es wird um Klarstellung der Grundsätze in dieser Angelegenheit und um eine Vollmacht ersucht, die Reichskleinodien nach Österreich zu überführen.[7] Zum gleichen Zeitpunkt erhalten die Oberkommandierenden der US-Besatzungszone in Österreich und Deutschland sowie die Mitglieder des Alliierten-Rates in diesen beiden Ländern eine generelle und grundsätzliche Weisung, wie sie sich bei der Rückstellung jener Vermögenswerte zu verhalten haben, die »durch wirtschaftliche Tätigkeiten oder auf andere Weise durch Deutschland von Ländern der Vereinten Nationen erbeutet oder in Besitz gebracht wurden«. Insbesondere fallen darunter auch Kulturgüter künstlerischen oder historischen Wertes, also auch die Reichskleinodien. Unvorgreiflich eines definitiven Rückstellungsprogrammes, sind solche Objekte jedenfalls innerhalb der amerikanischen Besatzungszonen zu restituieren, wenn das antragstellende Land bestätigt, daß die Rückerstattung für seine Rehabilitierung dringend erforderlich ist.[8] Damit ist, jedenfalls amerikanischerseits, die Basis für die Restitution der Reichskleinodien geschaffen. Wohl bezieht sich diese Anordnung nur auf die Restitution an Länder der Vereinten Nationen, denen Österreich 1945 ja nicht zuzuzählen ist, doch scheint man die Anordnung großzügig zu interpretieren – möglicherweise im Hinblick auf die Moskauer Deklaration von 1943, in der man Österreich bescheinigte, das erste Land gewesen zu sein, das der »Aggressionspolitik Hitlers zum Opfer fallen sollte«. Etwa zwei Wochen später gibt

Brigadegeneral Draper die Frage, ob die Reichskleinodien nach Wien überführt werden können, nach oben weiter.[9] Anfang Dezember 1945 rühren sich die US-Streitkräfte in Österreich wieder. Sie wenden sich an ihr Hauptquartier in Europa, weisen darauf hin, das »österreichische Staatssekretariat« habe um Rückerstattung der Reichskleinodien gebeten; man ersuche nun um Zustimmung und Unterstützung für die Rückstellungsaktion.[10] Drei Tage später kommt Antwort: Die Anfrage wurde an die US-Militärregierung für Deutschland weitergeleitet.[11] Eine klare Entscheidung, was mit den Reichskleinodien zu geschehen hat, ist im amerikanischen Bereich offenbar trotz aller Betriebsamkeit immer noch nicht gefallen, denn der Chef der Rückstellungsabteilung der US-Militärregierung für Deutschland urgiert am 11. Dezember sein Ersuchen vom 27. November.[12] Auch Generalleutnant Lucius D. B. Clay von der US-Militärregierung in Deutschland bringt dieses Ersuchen in Erinnerung.[13] Nun schaltet sich der Chef der US-Militärregierung für Deutschland, Generalmajor McNarney, ein. Er teilt General Hume in Österreich am 15. Dezember 1945 mit, daß die Angelegenheit Washington, der Spitze des Staates also, zur Entscheidung unterbreitet wurde.[14] An diesem 15. Dezember erreicht auch schon das Hauptquartier der US-Streitkräfte in Europa die entscheidende Nachricht aus Washington: »Sie werden unpräjudiziell ermächtigt, die Heiligen Römischen Juwelen und Regalien von der US Zone Deutschlands in die Gewahrsame des Hauptquartiers der US-Streitkräfte in Österreich zwecks Übergabe an die österreichische Regierung zu transferieren.«[15]

Obwohl nun eine eindeutige Weisung vorliegt, gibt es offenbar immer noch Unklarheiten. General Draper fragt am 17. Dezember bei General Clay an, ob dieser »irgend eine andere Aktion wünsche«. Clay antwortet kurz und sarkastisch: »No, but this illustrates why it is frequently better not to ask ... Nein, aber das zeigt, warum es meist besser ist nicht zu fragen.«[16] Trotz seines Sarkasmus fühlt sich General Clay bemüßigt, die Angelegenheit

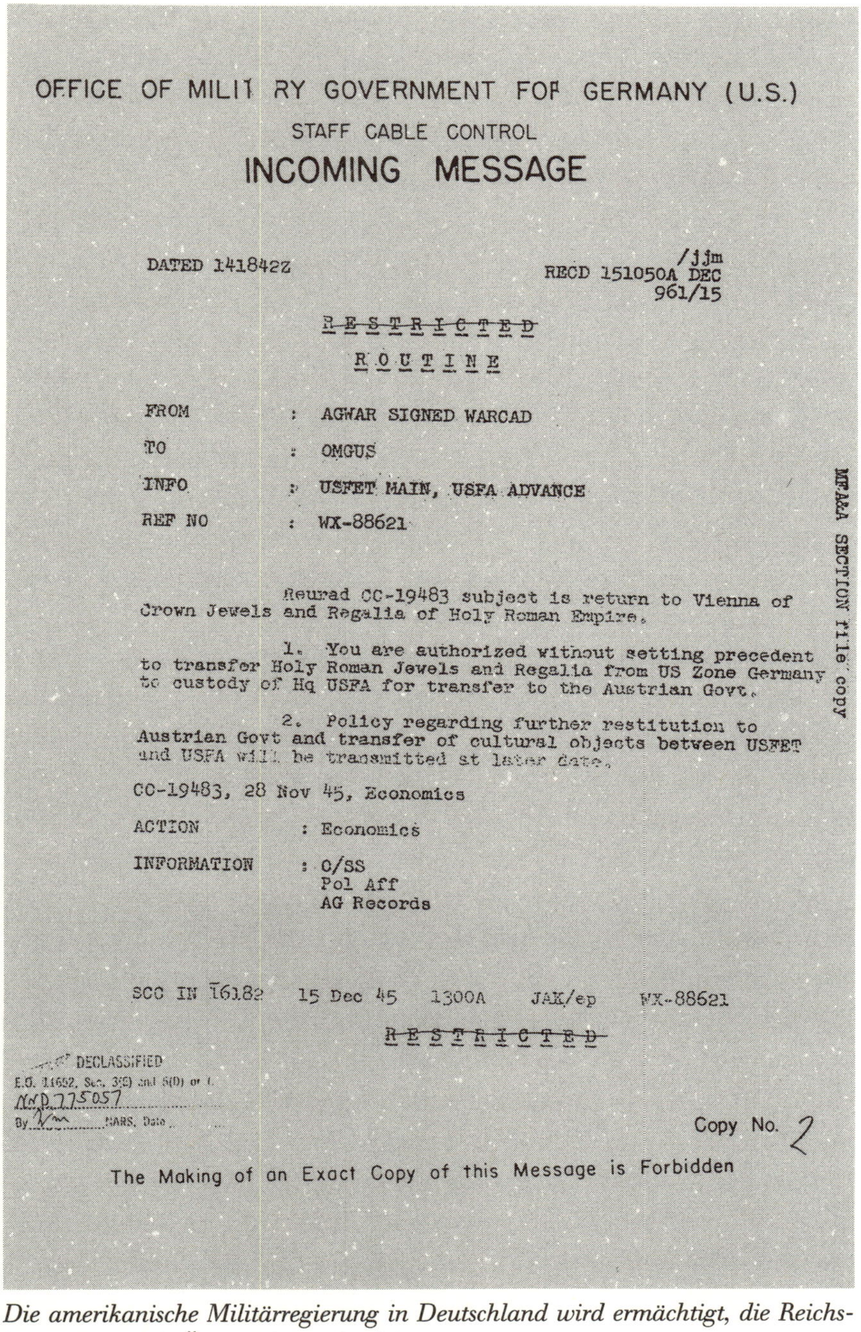

OFFICE OF MILITARY GOVERNMENT FOR GERMANY (U.S.)

STAFF CABLE CONTROL

INCOMING MESSAGE

DATED 141842Z

/jjm
RECD 151050A DEC
961/15

~~RESTRICTED~~

ROUTINE

FROM : AGWAR SIGNED WARCAD

TO : OMGUS

INFO : USFET MAIN, USFA ADVANCE

REF NO : WX-88621

Reurad CC-19483 subject is return to Vienna of Crown Jewels and Regalia of Holy Roman Empire.

1. You are authorized without setting precedent to transfer Holy Roman Jewels and Regalia from US Zone Germany to custody of Hq USFA for transfer to the Austrian Govt.

2. Policy regarding further restitution to Austrian Govt and transfer of cultural objects between USFET and USFA will be transmitted at later date.

CC-19483, 28 Nov 45, Economics

ACTION : Economics

INFORMATION : C/SS
Pol Aff
AG Records

SCC IN 16182 15 Dec 45 1300A JAK/ep WX-88621

~~RESTRICTED~~

MFA&A SECTION file copy

DECLASSIFIED
E.O. 11652, Sec. 3(E) and 5(D) or (E)
NND 775057
By ... NARS, Date ...

Copy No. 2

The Making of an Exact Copy of this Message is Forbidden

Die amerikanische Militärregierung in Deutschland wird ermächtigt, die Reichskleinodien nach Österreich zu überführen.

klarzustellen. Einige Tage später bevollmächtigt er die amerikanische Militärregierung nochmals, die Reichskleinodien aus der amerikanischen Besatzungszone Deutschlands in den Gewahrsam des Hauptquartiers der US-Streitkräfte für Österreich und an die österreichische Regierung zu transferieren.[17]

War 1938 unter den Wiener Museumsleuten Panik ausgebrochen, äußerten damals selbst eingefleischte Nationalsozialisten ihren Unwillen, als bekannt wurde, daß die Reichskleinodien nach Nürnberg gebracht werden sollten, so erfaßt die Panik nunmehr die Nürnberger Kulturverantwortlichen, als Captain Rae am 27. Dezember 1945 aus München den für Nürnberg zuständigen MFA&A-Offizier, Leutnant Albright, telefonisch verständigt, daß die Reichskleinodien nach Wien zurückzubringen sind und Albright davon am folgenden Tag Dr. E. G. Troche, den Direktor der städtischen Galerien und des Germanischen Nationalmuseums, in Kenntnis setzt.

Der Befehl der Amerikaner, die Reichskleinodien nach Österreich zu transferieren, trifft die Nürnberger nicht vollkommen unvorbereitet. Sie ahnten, daß das Pendel nun wieder zugunsten Wiens ausschlagen könnte und haben daher rechtzeitig Dr. Hans Liermann, ordentlichen Professor für Kirchenrecht, deutsche und bayerische Rechtsgeschichte an der Universität Erlangen, beauftragt, ein Rechtsgutachten über die Reichskleinodien zu verfassen. Der Auftrag wurde »im Einvernehmen mit dem amerikanischen Kunstoffizier Lt. Horn erteilt«.[18] Horns, des deutschstämmigen Amerikaners, Herz scheint noch immer für sein Geburtsland zu schlagen. Es wurde natürlich darauf Bedacht genommen, »einen politisch vollkommen unbelasteten Herrn« als Gutachter zu gewinnen.[19] Das Gutachten liegt am 27. Oktober 1945 vor. Professor Liermann kommt zu folgendem Ergebnis:

1. Die Reichskleinodien sind eine Stiftung mit eigener Rechtspersönlichkeit.
2. Aus diesem Grund kann niemand Eigentumsrechte an ihnen geltend machen.

3. Der Stiftung mangelt zur Zeit eine Organisation, insbesondere eine geordnete Stiftungsverwaltung und ein fester Sitz.
4. Einer Neuorganisation der Stiftung durch die dazu berufene Staatsgewalt steht nichts im Wege.
5. Bei der Neuorganisation der Stiftung hat die Staatsgewalt freie Hand. Doch sprechen historisches – nicht juristisches – Recht, der jahrhundertelange Sitz der Stiftung in Nürnberg und Zweckmäßigkeitserwägungen dafür, daß Nürnberg als Sitz der Stiftung neu bestimmt wird und daß die Stiftungsverwaltung wiederum der Stadt Nürnberg übertragen wird.

Folgt man dem Liermanngutachten, geht es nun darum, einen Verwalter zu bestellen, der Liermanns Meinung nach die Stadt Nürnberg sein soll. Zur Ernennung dieses Verwalters sei die amerikanische Militärregierung als »derzeitige Trägerin der Staatsgewalt an jenem Ort, an welchem sich die Kleinodien befinden, kompetent«.[20] Die »derzeitige Trägerin der Staatsgewalt«, die Amerikaner also, halten sich – bewußt oder unbewußt – de facto an das Gutachten: indem sie die Rückführung nach Wien anordnen, ernennen sie gleichsam den neuen »Verwalter« der Stiftung.

Das entspricht natürlich nicht den Nürnberger Intentionen. Troche beeilt sich, noch am 28. Dezember 1945 das Bayerische Staatsministerium für Unterricht und Kultus von der eingetretenen Wendung der Dinge zu informieren. Liermanns Gutachten schließt er bei, betont, daß die »Eigentumsfrage an den Reichskleinodien durchaus schwebend ist«, und daß insbesondere der Staat Österreich ein Eigentumsrecht an den Reichskleinodien weder geltend machen kann noch jemals geltend gemacht hat. Wenn irgendein Rechtstitel ins Feld geführt werden könne, so wäre dies lediglich historisches Recht, das in jedem Fall für den Verbleib der Reichskleinodien in Nürnberg sprechen würde. Überdies sei ein Transport der Reichskleinodien unter derzeitigen Umständen aus konservatorischen Gründen nicht zu vertreten. Es solle danach getrachtet werden, den Abtransport der Kleinodien wenigstens so lange hinauszuschieben, bis eine direkte Auseinandersetzung zwischen Bayern und Österreich möglich ist. Mit der dringenden Bitte, sich »dieser weittragenden Angelegenheit anzunehmen« und sie dem Herrn Kultusminister sowie gegebenenfalls dem Herrn Ministerpräsidenten vorzutragen, schließt Troche.[21] Darüber hinaus verfaßt Troche am 1. Januar 1946 eine Denkschrift, die in der Bitte an die Militärregierung mündet, »eine Verfügung über die Reichskleinodien nicht ohne genaue Prüfung der historischen und rechtlichen Situation und nicht ohne Anhören aller daran interessierten Parteien zu treffen«.[22] In seiner Not wendet sich Dr. Troche auch an Dr. Georg Gustav Wieszner, Dozent für allgemeine Stilgeschichte, und überreicht ihm alle greifbaren Unterlagen. Natürlich will auch Wieszner die Kleinodien der Stadt Nürnberg erhalten. Im Gegensatz zu Liermann sucht er die Begründung nicht im in der Vergangenheit wurzelnden Recht, er blickt in die Zukunft. Zunächst müsse einmal »der Gedanke, als sei die Krone Symbol der ›nationalen‹ Reaktion auf jeden Fall im deutschen Volk oder vor der Welt als Anachronismus verschwinden«. Mit der Romantik der Stadt der Reichsparteitage sei es endgültig vorbei. »Nürnberg als Symbol ist tot. Für die Stadt der Reichsparteitage gab es keine größere Strafe als die Todesstrafe, die sie erlitt.« Die Insignien müßten vom umstrittenen Symbol in Werte rein geschichtlicher Erinnerung verwandelt werden. Dies könne geschehen, indem man Nürnberg die Insignien weiter anvertraut, und zwar als der Stadt des Germanischen Museums. Dort sollten sie weiterhin aufbewahrt werden. Nürnberg solle also den Schritt von der »Stadt der Reichsparteitage« zur »Stadt des Germanischen Museums« machen. Wieszner verkennt die Denkkategorien der Sieger. Das offenbart vor allem seine Vision, mit der er nahezu hymnisch schließt: Das Germanische müsse »sich wieder wie in der Gotik zum Europäischen weiten unter Betonung des Germanischen. Darunter zählen: Holland, Schweiz, Amerika als Land germanischer Siedlung insbesondere ausgewanderter Deutscher«.[23] Eine Vision, die, wie das mit Visionen so unüblich nicht ist, schon als Illusion zur Welt kommt. Sie weist Wieszner als unverbesserlichen Romantiker aus, voll guten Willens, jedoch fern der Realität, denn die von ihm genannten Germanensprößlinge wollen zur Zeit mit ihrer germanischen Verwandtschaft, wollen mit den deutschen Vettern ganz und gar nichts zu tun haben.

Der US-Militärregierung liegt nicht nur Liermanns Gutachten vor, sie ist auch im Besitz einer historischen Expertise Dr. Wilhelm Schwemmers, die den Anspruch Nürnbergs untermauern soll.[24] Troches Memorandum befindet sich in Händen Captain Raes. Am 2. Januar 1946 fährt Dr. Troche nach München. Staatsrat Dr. Meinzolt erklärt ihm zunächst selbstsicher und optimistisch, »daß bei den zur Zeit unfreundlichen Beziehungen zwischen Bayern und Österreich an eine Herausgabe der Reichskleinodien nicht zu denken sei«.[25] Mit den »unfreundlichen Beziehungen« meint Meinzolt das gespannte Verhältnis zwischen Bayern und Österreich, das durch die vorwitzige Forderung des frischgebackenen österreichischen Außenministers Dr. Karl Gruber nach dem schönen Berchtesgadener Land hervorgerufen wurde; Gruber will es nach Österreich »heimholen«.[26] Dr. Troche schöpft Hoffnung. Meinzolts Worte sind noch nicht verhallt, als Captain Rae diese Hoffnung zerstört. Es liege »ein unabänderlicher Beschluß des Allierten Kontrollrates in Berlin« vor, die Exekution dieses Beschlusses sei nicht mehr zu verhindern. Troche unternimmt einen letzten Versuch, argumentiert, die Entscheidung des Alliierten-Rates sei übereilt, Bayern werde nur unter amerikanischem Druck dem Auslieferungsbefehl nachkommen, er selbst halte es mit seinem Gewissen unvereinbar, bei der Auslieferung der Reichskleinodien irgendwelche Hilfe zu gewähren. Captain Rae, Mister Ritchie und Leutnant Albright bringen Troches Standpunkt persönlich durchaus Verständnis entgegen; an den Fakten ändert das aber nichts.[27]

De Wald hat zwischenzeitlich Vorschläge für die Überführung nach Wien unterbreitet. Mister Ritchie solle die Reichskleinodien mit Lastkraftwagen von Nürnberg zunächst nach München transportieren. Dort wären sie in einen stählernen Eisenbahnwaggon umzuladen. Der Waggon wäre dem ausschließlich Amerikanern vorbehaltenen »Mozartexpreß« anzuhängen und nach Wien zu bringen. In Wien seien die Kronjuwelen in den Tresoren der Nationalbank zu verwahren.[28]

Am 3. Januar 1946 erscheinen Troche und Baurat Harald Clauss als Vertreter der Stadt Nürnberg und Mister Ritchie als Vertreter der amerikanischen Streitkräfte in Österreich sowie Leutnant Albright, Repräsentant der Militärregierung in Nürnberg, in der Bunkeranlage Schmiedegasse 52 unter der Kaiserburg. Die Nürnberger übergeben den Amerikanern sämtliche Reichskleinodien.[29] Der folgende Tag, es ist der 4. Januar 1946, findet den gleichen Personenkreis am selben Ort. Auch Captain Rae von der Militärregierung in München hat sich eingefunden, ebenso deutsches Personal, das die Kleinodien verladen soll. Die Deutschen wissen, warum sie hierher beordert wurden. Doch keiner legt Hand an. Bis endlich Leutnant Albright den Befehl gibt, aufzuladen.[30] Man folgt nicht dem Vorschlag de Walds, den Kronschatz per Bahn nach Wien zu bringen. Er wird auf amerikanischen Lastkraftwagen unter Bewachung amerikanischer Militärpolizisten zum Flughafen Fürth gebracht und von dort nach Österreich geflogen.[31]

Tags darauf übergeben die Amerikaner die Reichskleinodien der Wiener Schatzkammer. Der Direktor der Wiener Staatlichen Kunstsammlungen vermerkt in seinem Bericht: »Sie kamen im Luftfahrzeug bei Tulln (Anm.: Tulln war der amerikanische Flugplatz bei Wien) an und wurden von dort vom amerikanischen Militär zusammen mit Aufsehern des Kunsthistorischen Museums nach Wien gebracht.« Die Kleinodien werden sogleich zur Nationalbank gefahren, die Behältnisse geöffnet, der Inhalt geprüft. Der Schatz ist komplett und in intaktem Zustand. Die Reichskleinodien werden im Tresor, der auch der Albertina zur Verfügung steht, untergebracht.

Am 6. Januar 1946 teilt der Oberkommandierende der amerikanischen Streitkräfte in Österreich, General Mark Clark, der Gründungsversammlung der österreichisch-amerikanischen Gesellschaft in Wien mit, Lebensmittelsendungen seien im Anrollen, was die Versammelten freudig aufnehmen; die Lebensmittelversorgung ist ja elend genug, die Wiener hungern. Als Mark Clark aber die Ankunft der Reichskleinodien in der alten Kaiserstadt bekanntgibt, brechen die Wiener in begeisterte Ovationen aus, was den Sohn der Neuen Welt ausgesprochen überrascht.[32]
Dieses für Österreich und Wien so freudige Ereignis muß natürlich solenn begangen werden. Daran haben die Amerikaner Interesse, sie wollen vor aller Welt bekunden, wie rasch sie auch in solchen Belangen Ordnung schaffen. Daran haben die Österreicher Interesse, sie feiern ja die Heimkehr des verlorenen Schatzes.
Am 10. Januar werden die Reichskleinodien aus dem Tresor geholt, in den Parterresaal der Nationalbank gebracht, dort zur Schau gestellt und durch General Mark Clark dem österreichischen Bundeskanzler Leopold Figl feierlich übergeben. Nach der Feier schließen sich die Stahltüren des Tresors wieder hinter dem Kronschatz.[33] Dort bleiben sie bis Ende Mai 1949. Mit diesem Datum kündigt die Bank den Vertrag. Im Kunsthistorischen Museum findet sich kein geeigneter Raum, den Krönungsschatz aufzubewahren. Am 31. Mai werden die Reichskleinodien unter entsprechendem Polizeischutz daher in den großen Saferaum der Österreichischen Postsparkasse gebracht[34] und im untersten Tresor gelagert, in dem sich auch noch andere wichtige Objekte des Museums befinden.[35] Den Krönungsmantel und die Adlerdalmatika entnimmt man am 12. Januar 1950 der für diese Stücke völlig ungeeigneten, weil viel zu engen Behausung und hängt sie in Schränke der Weltlichen Schatzkammer.[36]
Zurück aber zunächst in das Jahr 1946. Eines der von deutschen Juristen erstellten Gutachten wird der Rechtsabteilung der amerikanischen Militärregierung übermittelt; die Reichskleinodien hätten in Nürnberg zu bleiben oder wieder nach Nürnberg zu-

rückgebracht zu werden. Vermutlich handelt es sich um die von Dr. Troche dem MFA&A-Offizier Ritchie am 4. Januar 1948 ausgehändigten Unterlagen.[37] Das Gutachten landet schließlich bei der Wirtschaftsdivision.[38] Konsequenzen werden daraus von den Amerikanern offenbar nicht gezogen. Damit versanden fürs erste die deutschen Aktivitäten um die Reichskleinodien im US-Behördenbereich.

In der in Paris gedruckten amerikanischen Illustrierten »Continental News Week« schreibt im Januar 1946 ein James O'Donell, nun, da sich die Reichskleinodien wieder in Wien befänden, sei jede Möglichkeit ausgeschlossen, sie zu politischen Aktivitäten in einem »neuen Reich« zu gebrauchen. Er verhehlt jedoch nicht, manche US-Armee-Experten hätten das Gefühl und brächten es auch zum Ausdruck, daß die Reichskleinodien nach Nürnberg gehörten. Aber es liege nun einmal ein klarer Befehl vor, sie nach Wien zu bringen.[39]

Zu diesen Armee-Experten dürfte auch der vormalige Oberleutnant der MFA&A Branch Frank P. Albright zählen, der 1946 die Reichskleinodien in Nürnberg für die Amerikaner übernommen hat. Vermutlich durch deutsche Kunstsachverständige bewogen, wendet er sich an das Department of State. Im September 1947 antwortet Washington: Die letzte Verfügung über kulturelle Wertgegenstände würde im Konfliktfalle auf Antrag einer der beteiligten Regierungen im Rahmen eines gerichtlichen Verfahrens getroffen werden. Gleichzeitig – und das dürfte Albright wenig optimistisch stimmen – verweist das Department of State auf einen Präzedenzfall: den Anspruch Belgiens bezüglich der Regalien des Ordens des Goldenen Vlieses, die ebenfalls während der napoleonischen Kriege nach Wien gekommen waren. Der diesbezügliche Rechtsstreit sei zugunsten Österreichs entschieden worden.[40] Diese Auskunft mag Albright und Nürnberg vor weiteren Schritten abgehalten haben.

Nach dem Abtransport der Reichskleinodien aus Wien nach Nürnberg entdeckte man 1938 im Wiener Kunsthistorischen Museum eine zu den Reichskleinodien gehörende vergessene Truhe. Nun entdeckt man im Germanischen Nationalmuseum Nürnberg, daß es noch im Besitz einer Schachtel ist, in dem sich Partikel der Reichskleinodien befinden; Perlen, die zur Stola, dem Mantel, dem Zeremonienschwert und der Alba gehören. Korrekterweise wird das Kunsthistorische Museum in Wien sofort benachrichtigt, die Perlen werden zurückgestellt.[41]

Noch sind die Reichskleinodien für das Publikum nicht zugänglich. Das gibt zu Gerüchten Anlaß. Hubertus Prinz zu Löwenstein behauptet im Juni 1950 bei einem Vortrag in Fulda, die Reichskleinodien befänden sich in Moskau. Gemeinsam mit den polnischen und bulgarischen Kronschätzen seien sie von den Russen dorthin verschleppt worden.[42] Diese Nachricht geht durch die Presse.[43] Deutsche Bundestagsabgeordnete werden aufmerksam. Die deutsche Bundesregierung zieht beim amerikanischen Hochkommissär für Deutschland inoffizielle Erkundigungen ein. Inzwischen hat sich das Gerücht angereichert. Die Reichskleinodien sollen sich nämlich weder in Wien noch in Warschau noch in Moskau befinden. Die deutsche Bundesregierung scheint die Fama nicht besonders ernst zu nehmen, denn in einem Atemzug mit dem Hinweis auf die dubiosen Meldungen nimmt sie die Gelegenheit wahr, bei den Amerikanern anzufragen, ob es möglich wäre, die Reichskleinodien wieder zurückzuerhalten. Man bittet um vertrauliche Behandlung, die Bundesrepublik wolle den Streit um die Eigentumsfrage nicht wieder entfachen. Gewiß etwas scheinheilig, denn eine Rückstellung, ohne die Eigentumsfrage zu berühren, ist ja wohl nicht möglich.[44]

Die Amerikaner wenden sich an ihre Repräsentanten in Wien. Die Antwort der US-Streitkräfte in Österreich beseitigt zunächst jeden Zweifel darüber, daß sich der Kronschatz in Wien befindet. Es werden aber auch keine Zweifel offengelassen, daß sich die österreichische Regierung entschieden gegen eine Verbringung der Reichskleinodien nach Deutschland zur Wehr setzen würde.[45]

McCloy, der amerikanische Hochkommissär für Deutschland,

erteilt am 9. August 1950 Bonn eine eindeutige Antwort: Die Reichskleinodien seien österreichisches Eigentum seit der Auflösung des Heiligen Römischen Reiches 1806. Jeder Schritt in Richtung der Bonner Anfrage sei unpassend und würde überdies auf heftigen Widerstand Österreichs stoßen.[46] Damit wird der offizielle amerikanische Standpunkt in dieser Frage nochmals und eindeutig deklariert.

Im Sommer 1953 spricht der Bundestagsabgeordnete Dr. Hugo Decker den deutschen Bundespräsidenten Theodor Heuss auf das Thema Reichskleinodien an. Heuss zeigt sich an dieser Frage zwar interessiert, möchte aber einerseits Österreich nicht verärgern, andererseits vertritt er die Ansicht, »daß deutsche Ansprüche bestehen«. Auch will Decker aus Heuss' Ausführungen entnommen haben, man hätte schon überlegt, ob Tauschobjekte vorhanden seien, mit denen man Österreich einen Ausgleich geben könnte.[47]

Nun geht die Odyssee der Reichskleinodien allmählich zu Ende. Am 19. September 1953 werden die wichtigsten Stücke dem Tresor der Postsparkasse entnommen und ins Hauptgebäude des Kunsthistorischen Museums gebracht. Alba, Dalmatika und der Lederkoffer für die Krönungsgewänder folgen am 4. Dezember; diese Stücke lagern nun im »finsteren Depot« der Schatzkammer.[48] Mit der Wiedereröffnung der Schatzkammer am 1. Juli 1954 werden die Reichskleinodien der Öffentlichkeit zugänglich gemacht.[49] Unterrichtsminister Dr. Kolb hält die Eröffnungsansprache: »So ist die österreichische Kaiserkrone in einer Zeit, da die Völker Europas wieder nach Einigung ringen, kein totes Zeichen vergangener Pracht, sondern Mahner, Rufer und Zeuge dafür, wie Einigung gefunden und bewahrt werden kann.«[50] Worte, die auch für die Krone des Heiligen Reiches Deutscher Nation gelten könnten, die der Politiker jedoch in Anbetracht der jüngsten Vergangenheit wohl besser auf die österreichische Kaiserkrone bezieht, die aber dennoch ein paar Monate später erhebliche Aufregung hervorrufen werden. Das Publikumsinteresse an

den nun wieder zur Schau gestellten Schätzen ist äußerst rege, ein Kulturfilm »Der Schatz des Abendlandes«, wird über die Schatzkammer in Farbe – damals noch eine kleine Sensation – gedreht. Ende März 1955 findet die Uraufführung statt. Der Film hat durchschlagenden Erfolg. Die Evangelische Filmgilde Österreichs erklärt ihn zum besten Kulturfilm des Monats, in Deutschland erhält er die Prädikate »wertvoll« und »jugendfördernd«. Und in Österreich? Man hat sich eine besonders sinnige Überraschung ausgedacht: Die Filmkommission beim Magistrat der Bundeshauptstadt verbietet die Vorführung für Jugendliche unter 16 Jahren! Begründung: Die vom Unterrichtsminister Dr. Kolb bei der Eröffnung gesprochenen, uns schon bekannten Worte: »So ist die österreichische Kaiserkrone...« werden im Film wiedergegeben. Dieser Satz lasse – so der Magistrat Wien – »eine Gefährdung der geistigen Entwicklung der Jugend befürchten, weil er als Propaganda für eine monarchistische Staatsform ausgelegt werden kann und somit geeignet ist, in den Köpfen junger Menschen, welche dem Staatsgrundgesetz gemäß im republikanischen Geist erzogen werden, Verwirrung zu stiften«.[51]
Die Republik befindet sich also ganz offensichtlich in allergrößter Gefahr. Um sie zu schützen, hat man das sogenannte »Schmutz- und Schundgesetz«, das die Jugend vor Pornographie und ähnlich wertvollen Errungenschaften in Film und Presse bewahren soll, bemüht – eine für dieses Verdikt im übrigen völlig ungeeignete Rechtsgrundlage; falls es sich um eine politisch anfechtbare Passage handeln sollte, wäre nicht der Magistrat, sondern der Staatsanwalt zuständig. Das Volk der Tänzer und der Geiger hat wieder einmal eine Burleske inszeniert. Die Presse bezeichnet die Regisseure als »Weltanschauungs – Überplansoll – Supererfüller«, die gewiß durch das »Hohngelächter ganz Europas« zur Besinnung gebracht werden.[52] »Man möchte beinahe meinen, unsere Schatzkammer stünde nicht in Wien, sondern in Krähwinkel und dessen Freiheit wäre bedroht. Nicht einmal Nestroy hat das vorausgeahnt.«[53] So unhaltbar juristisch die Angelegenheit war und

»Schatzkammer-Reinigungsbrigade« *»Die Presse«, 2. April 1955*

so burlesk sie vielen schon damals und gewiß den meisten von uns heute erscheinen mag, so eröffnet diese Posse doch einen Einblick in die Gedankengänge mancher Politiker von gestern. Beinahe noch dreißig Jahre müssen vergehen, bis einer der bedeutendsten Männer jener Partei, die damals offenbar unter einem Monarchiesyndrom gelitten hatte, der letzten österreichischen Kaiserin gestattet, das ihr bis dahin verbotene Land, die Republik Österreich, wieder zu betreten.[54] Bundeskanzler Dr. Bruno Kreisky hat sich diesbezüglich weltoffen, klug und human erwiesen. Obwohl die letzte österreichische Kaiserin Zita und ihr Sohn, der ehemalige Thronfolger Otto, nach Österreich kamen, steht die Republik immer noch.

Ein um die Wahrung städtischer Interessen besorgter Mitarbeiter der Stadt Nürnberg schlägt aus Anlaß der 1958 geplanten Ausstellung »Die Deutsche Reichsstadt in Buch und Graphik« vor, nicht nur die Frankfurter Nachbildungen der Reichskrone, des Szepters und des Reichsapfels, sondern die echten in Wien befindlichen Stücke zu zeigen. Es wäre von höchster Bedeutung, diese Stücke, wenn auch nur leihweise und vorübergehend, wieder in Nürnberg zu präsentieren. Stieße Nürnberg in Wien auf Ablehnung, so bliebe gleichwohl als positiver Erfolg, daß sich die

Stadt aus sachlichem Anlaß der Reichskleinodien erinnere. Das erscheine von wesentlicher Bedeutung, damit der Anspruch auf Rückführung der Reichskleinodien nach Nürnberg nicht verwirkt werde. Und zukunftsweisend betont der Nürnberger Patriot, er erachte die Rückerlangung der Reichskleinodien, was den kulturellen Sektor angehe, für eines der größten, wenn nicht das größte Anliegen der Stadt. Nie solle dieses Anliegen vergessen werden, auch wenn seine Verwirklichung Jahre, Jahrzehnte oder Jahrhunderte dauere.[55] Die Anregung, für »die Rückgabe bzw. Ausleihung der Reichskleinodien eine besondere Kommission zu entsenden« wird in der Referentensitzung abgelehnt.[56] Die verantwortlichen Politiker Nürnbergs beweisen damit Augenmaß, denn Nürnberg verfügt keineswegs über einen durchsetzbaren Anspruch auf den Thronschatz. Nürnberg ist niemals Eigentümerin der Reichskleinodien gewesen. Stets war die Stadt nur Verwahrerin. Die Stadt Nürnberg kann keineswegs auf »ihren Schein«, die Urkunde Kaiser Sigismunds, bestehen. Die Verhältnisse des 20. Jahrhunderts lassen sich nicht mehr mit jenen von 1424 vergleichen. Wesentliche Veränderungen faktischer und rechtlicher Natur sind eingetreten. Läge ein zivilrechtlicher Vertrag vor, würde man sagen, die Geschäftsgrundlagen sind weggefallen, die sogenannte clausula rebus sic stantibus – wie der Jurist sagt – griffe Raum. So man die Frage des Aufbewahrungsrechtes von der rechtlichen Seite betrachtet, spricht eine Reihe von Gründen dafür, daß Nürnberg des Aufbewahrungsrechtes verlustig ging. Beispielsweise erlöschen auch völkerrechtliche Verträge nicht nur durch Eintritt der erwähnten Klausel, sie erlöschen auch durch Wegfall eines der beiden Vertragsteile. Vertragspartner waren die Freie Reichsstadt Nürnberg und der Kaiser des Heiligen Römischen Reiches. 1806 wird die vormals Freie Reichsstadt Nürnberg dem Königreich Bayern einverleibt, und Franz II. legt die Kaiserwürde des Heiligen Römischen Reiches Deutscher Nation ab. Das Reich, das de facto spätestens mit der Gründung des Rheinbundes nicht mehr besteht, hat auch formell zu existieren aufgehört;

Nürnberg besteht ebenfalls nicht mehr als freie Reichsstadt, beide Vertragsteile sind weggefallen. Aber auch noch ein weiterer, sowohl im Völkerrecht als auch im zivilen Rechtsverkehr geltender Grund für den Wegfall des Nürnberger Aufbewahrungsrechtes ist eingetreten: Erinnern wir uns, unter welchen Bedingungen Kaiser Sigismund den Nürnbergern die Reichskleinodien anvertraute. Die Nürnberger mußten ihm am 23. Dezember 1423 versprechen, die Kleinodien wieder zurückzustellen, »wer es Sach, da Gott vor sey, daß derselb unser gnädigster Herr der römische König, einen widerstand im reiche gewinne und yemantan dem reich wider im aufgeworfen wurd« – in die Sprache von heute übertragen: die Reichskleinodien sind dem Kaiser wieder zurückzustellen, das Aufbewahrungsrecht erlischt also, wenn – was Gott verhüten möge – sich im Reich jemand gegen den Kaiser erheben sollte. Spätestens mit der Gründung des Rheinbundes ist dieser Fall eingetreten; man hat sich gegen den Kaiser erhoben, indem eine Reihe deutscher Staaten aus dem Reich austrat und sich darüber hinaus zum unter dem Protektorat Napoleons stehenden Rheinbund zusammenschloß, dessen Ziele eindeutig gegen Kaiser und Reich gerichtet waren.

So man auch die kirchenrechtliche Seite nicht außer Betracht lassen will, sei daran erinnert, daß der Papst 1424 das Aufbewahrungsprivileg der Nürnberger bestätigte, »außer wenn etwa, was Gott verhüte, die Bevölkerung vom katholischen Glauben abfallen sollte«. Gott verhütete es nicht. Nürnberg wurde hundert Jahre später lutherisch.

Betrachtet man das Nürnberger Aufbewahrungsrecht also aus völkerrechtlicher, zivilrechtlicher und kirchenrechtlicher Sicht, so ist es jedenfalls erloschen. Im übrigen gelten für die Symbole des Reiches andere Gesetze als für Krämerware.

An wen aber sind die Reichskleinodien nach der Abdankung Franz' II. 1806 gefallen? Seit 1800 bzw. 1801 befanden sie sich in Wien. Sie standen als Reichsgut besonderer Art im Eigentum des Reiches. Das Reich erlosch de jure mit der Abdankung des Kaisers, es hatte sich selbst aufgelöst. Das Völkerrecht spricht in einem solchen Fall von Dismembration und knüpft daran die Folge, daß – soferne nicht das hier nicht in Betracht zu ziehende Liquidationsprinzip Raum greift – nach dem Territorialitätsprinzip das Eigentum des untergegangenen Staates auf diejenigen Nachfolger übergeht, die es in ihrem Gebiet vorfinden.[57] Die Reichskleinodien waren Eigentum des untergegangenen Reiches, sie befanden sich auf dem Gebiet des österreichischen Kaiserreiches. Dazu kommen noch Legitimationsgründe wie die Tatsache, daß der Krönungsschatz mit Wien insofern eng verbunden war, als die Habsburger annähernd 400 Jahre römisch-deutsche Könige und römische Kaiser gewesen sind und die Hauptstadt des Reiches Jahrhunderte hindurch Wien gewesen ist. Damit sind die Reichskleinodien an das Kaiserreich Österreich gefallen, und zwar infolge ihres Charakters als Sondervermögen besonderer Art. Die Besonderheit äußert sich heute darin, daß die Republik Österreich keineswegs frei darüber verfügen, es also beispielsweise veräußern oder belasten kann, und die Reichskleinodien – dies ergibt sich aus der historischen Verpflichtung, die als in eine Rechtspflicht eingeflossen angesehen werden kann – sorgsam zu verwahren, zu erhalten sowie in angemessener, würdiger und den gebührenden Respekt berücksichtigenden Weise der Öffentlichkeit zugänglich zu machen hat. Aber auch dann, wenn man der Liermannschen Formel folgt, wonach die Reichskleinodien 1945 Gegenstand einer Stiftung – allerdings ohne Stiftungsorgane – waren, und es Aufgabe der herrschenden Staatsgewalt war, diese Organe zu bestellen, kommt man im Effekt zu einem ähnlichen Resultat: herrschende Staatsgewalt in Nürnberg waren 1945/46 die Amerikaner. Sie ordneten an, daß die Reichskleinodien nach Wien zu kommen haben. Damit haben die Amerikaner auch die »Organe« der Stiftung bestellt: die Republik Österreich.

Nicht nur in Nürnberg zerbricht man sich über die Reichskleinodien den Kopf. Der Reichskleinodienforscher Albert Bühler, der vehement den Gedanken ihrer Überführung nach Nürnberg ver-

tritt, gebiert 1959 mit Dr. Latzke, dem Direktor der Frankfurter Abteilung des Bundesarchives, eine neue Idee: »Als Endziel schwebt Herrn Dr. Latzke vor eine Vereinbarung Bonn – Wien, die Reichskleinodien zehn Jahre in Deutschland und fünf Jahre in Österreich zu verwahren.«[58] Die westlichen Alliierten und die Bundesrepublik Deutschland schließen 1952 die 1954 wirksam werdenden sogenannten Bonner Verträge. Diese Verträge regeln unter anderem auch die Rückstellung von Kunst- und Kulturgegenständen. Um eine nach deutscher Auffassung mögliche Präjudizierung der Nürnberger und Aachener Ansprüche auf die Reichskleinodien durch diese Verträge auszuschließen, nimmt der Deutsche Bundestag trotz der geschilderten rechtlichen Situation am 5. November 1952 die Entschließung an, daß die zur Zeit in Wien befindlichen Reichsinsignien und Reichskleinodien nicht unter die einschlägigen Bestimmungen dieser Verträge fallen und ihr weiteres Schicksal einer Vereinbarung zwischen der Bundesrepublik Deutschland und Österreich vorbehalten bleibt.[59]
Diese Entschließung schreckt die Wiener Behörden auf. Schon im Dezember ist das Bundeskanzleramt, Auswärtige Angelegenheiten, darüber unterrichtet und ersucht das Unterrichtsministerium dringend um »eine historisch und rechtlich fundierte Information über das Schicksal der Reichskleinodien«,[60] ein Ersuchen, das ein knappes Monat später beantwortet wird.[61] Man schlägt vor, ein interministerielles Redaktionskomitee zu gründen, das sich mit dem Fragenkomplex insbesondere aus historischer und juristischer Sicht befassen soll.[62] Das Komitee tritt bereits am 5. März 1953 zusammen. Es wird beschlossen, ein Memorandum so rechtzeitig vorzubereiten, daß es für den bevorstehenden Minister- und Kanzlerbesuch in Bonn im Mai zur Verfügung steht. Zu diesem Zweck sollen Experten des Kunsthistorischen Museums das Quellenmaterial ausschöpfen und in einem Exposé zusammenfassen, namhafte Juristen hätten im Anschluß daran ihr Gutachten abzugeben. Doch dieses Memorandum kommt offenbar nicht zustande. Jedenfalls ist die erste Sitzung des Redaktionsko-

mitees auch seine letzte. So rasch das Komitee zusammengetreten ist, so rasch stellt es seine Tätigkeit wieder ein. Aus diesem Grund fühlt sich Dr. Bruno Thomas vom Kunsthistorischen Museum nach länger als einem Jahr verpflichtet, im Juli 1955 das Unterrichtsministerium darauf aufmerksam zu machen, daß zwar »in der Bundesrepublik Deutschland ständig die Frage einer Restitution der Reichskleinodien an Deutschland bearbeitet wird«, das Redaktionskomitee jedoch nur einmal zusammengetreten sei und die von dem Komitee geforderten Untersuchungsergebnisse noch nicht vorlägen. Es sei dringend geboten, die Arbeiten fortzusetzen.[63] Aber in Wien regiert die Gemütlichkeit. Sehr ungern nur läßt man sich aus diesem wohligen Zustand wecken. Eine erste Störung der Ruhe kündigt sich an, als ein gutes halbes Jahr danach anläßlich der Arbeitstagung der Gemischten Österreichisch-Deutschen Kommission im Januar/Februar 1956 deutscherseits der Wunsch geäußert wird, »die Frage des Kunstbesitzes und der Sammlungen einschließlich der historischen Situation des Besitzes« zu behandeln. Hinter dieser Absicht vermutet der hellhörige österreichische Vertreter den Gedanken, daß »Ansprüche auf die Insignien des Heiligen Römischen Reiches Deutscher Nation« erhoben werden könnten. Auch das Bundesministerium für Unterricht gibt nun unverhohlen gegenüber dem Amt für Auswärtige Angelegenheiten seiner Verwunderung darüber Ausdruck, daß die Aktivitäten des interministeriellen Redaktionskomitees offenbar sanft entschlummert sind. Setzt doch die Arbeit endlich fort – so der Tenor des Ministeriums.[64]

Schatzkammer und Ministerium haben nicht ohne Grund versucht, den Amtsschimmel wieder in Trab zu setzen. Ob er nun will oder nicht, alsbald wird er galoppieren müssen. Im Februar 1957 erreicht den österreichischen Bundeskanzler Raab der Brief des Domkapitels zu Aachen, in dem gebeten wird, die vormals dort befindlichen drei Kleinodien nach Aachen zu transferieren. Das Domkapitel behauptet, »daß die genannten Stücke niemals ein Bestandteil der in Nürnberg aufbewahrten Reichskleinodien

gewesen, sondern als Reliquien in Aachen aufbewahrt und verehrt worden sind... Ein rechtsgültiger Verzicht des Kapitels und eine dem bisherigen Eigentum entgegenstehende Handlung des letzten Kaisers des Hl. römischen Reiches deutscher Nation hätte zu ihrer Rechtmäßigkeit der Approbation des Apostolischen Stuhles bedurft, dem allein die Disposition über die ›insignes Reliquiae‹ zusteht.« Die Aachener Insignien-Reliquien also und sonst nichts? Im übrigen stützt sich das Domkapitel auf die 1932 verfaßte Arbeit des vormaligen Aachener Archivdirektors Huyskens. Die Bitte wird auch vom Aachener Bischof unterstützt.[65]
Als der deutsche Bundeskanzler Adenauer wenig später im Juni 1957, zu einem Zeitpunkt also, zu dem die Wogen zwischen Aachen und Wien hoch gehen, die Wiener Schatzkammer besucht, steht er zum zweiten Mal vor der Krone des Heiligen Römischen Reiches Deutscher Nation. Schon als Kölner Oberbürgermeister hatte er ja 1926 die Krone in Händen gehalten. Er betrachtet die Kaiserkrone interessiert und mit Respekt. Zu Dr. Bruno Thomas, dem Leiter der Sammlungen für Plastik und Kunstgewerbe, der den hohen Gast sachkundig führt, bemerkt Adenauer verschmitzt lächelnd mit dem ihm eigenen Humor: »Aber über Aachen wollen wir heute nicht sprechen.«[66]
Der österreichische Ministerrat befaßt sich bald darauf mit der neuen Situation. Am 16. Juli 1957 berichtet der Bundeskanzler, auf Grund eines Gutachtens des Österreichischen Staatsarchives werde dem Aachener Domkapitel mitgeteilt werden, man könne seinem Begehren nicht stattgeben, da Aachen immer nur als Verwahrer und niemals als Eigentümer oder Besitzer bezeichnet worden sei.[67] Obwohl dieser Beschluß dem Aachener Domkapitel offiziell noch gar nicht bekannt gegeben ist – Bundeskanzler Raab wird sein ablehnendes Schreiben erst drei Tage später, nämlich am 20. Juli absenden –, tritt das Aachener Domkapitel schon am Abend des 17. Juli zur Beratung zusammen. Man berät die ganze Nacht. Am Morgen des folgenden Tages wird mitgeteilt, daß »die alte deutsche Kaiserstadt Aachen, in der viele Nachfolger Karls

des Großen gekrönt wurden, den Anspruch auf ihre Teile der kaiserlichen Insignien niemals aufgeben werde«.[68] Stolze Worte! Wie begründet Bundeskanzler Raab seine Ablehnung? Vorausgeschickt sei, daß Österreich tatsächlich über gute Gründe verfügte und verfügt, jedem Aachener »Auslieferungsbegehren« entgegenzutreten. Doch – und hier scheint sich die bisherige recht dilatorische Behandlung des Falles nicht gerade günstig ausgewirkt zu haben – es wurden zum Teil Argumente ins Treffen geführt, die durchaus widerlegbar waren. So ist in Raabs Schreiben beispielsweise von der Ablehnung eines Nürnberger Rückforderungsanspruches durch den Wiener Kongreß die Rede,[69] eine Behauptung, die durch nichts bewiesen werden kann. Wenig später weist der Aachener Dompropst Raabs Argumentation entschieden zurück.[70] Die Medien nehmen sich weiterhin des Themas an. Kurz danach strahlt der Westdeutsche Rundfunk ein Interview mit dem Generaldirektor des Wiener Haus-, Hof- und Staatsarchivs, Dr. Gebhard Rath, aus. Dieses Interview läßt die Flamme der Empörung in Aachen auflodern. Propst Dr. Hermann Müssener protestiert in einem Telegramm an Bundeskanzler Raab »schärfstens« gegen die »verletzend unsachlichen Ausführungen« des Generaldirektors. Der Protest mündet in der Behauptung, Dr. Rath hätte versucht, die Argumente des Domkapitels »lächerlich« zu machen.[71] Zugegeben, das Interview war nicht gerade ein schlagender Nachweis der Fachkompetenz des Interviewten, doch davon, die Aachener Argumente lächerlich gemacht zu haben, kann keine Rede sein.[72]
Die »Initiativen« des interministeriellen Redaktionskomitees haben die Erwartungen nicht erfüllt. Eine auf den aktuellen Stand gebrachte wissenschaftliche Aussage liegt der österreichischen Bundesregierung noch immer nicht vor. Das Unterrichtsministerium beauftragt daher Dr. Hermann Fillitz, ein Gutachten zu erstatten, »das geeignet wäre, im Falle der Fortsetzung der von Aachen geltend gemachten Ansprüche als wissenschaftlich stichhaltiges Exposé verwendet zu werden«.[73] Fillitz präsentiert am

7. Mai 1958 eine wohlfundierte Expertise. Er kommt dabei zu dem schlüssigen Ergebnis, daß die Rechte Österreichs an den Reichskleinodien nicht zu bezweifeln sind.[74] Zwischenzeitlich hat Aachen 1957 in den Vertragsentwurf Metternichs von 1834 und das Chmelsche Gutachten von 1857 Einsicht genommen,[75] Zeichen dafür, daß sich das Aachener Domkapitel zur Fortsetzung des Streites rüstet. Die Zeichen trügen nicht. Am 24. November 1959 reklamiert Dompropst Müssener bei Bundeskanzler Raab erneut. Im Besitz des Fillitz'schen Gutachtens, erwidert Raab guten Gewissens und mit Recht, »daß die Republik Österreich nach eingehender Prüfung der im dortigen Schreiben angeführten Gründe keine Veranlassung« sehe, »ihren bisherigen Standpunkt zu revidieren oder die Sache einer unparteiischen Sachverständigenkommission zur Entscheidung vorzulegen«.[76] Aber Aachen gibt nicht auf; es bläst erneut zur Attacke. In kurzen Abständen werden Briefe gewechselt; an den beiderseitigen Standpunkten ändert aber weder die neuerliche Eingabe Müsseners an den neuen österreichischen Bundeskanzler Dr. Gorbach vom September 1962 noch jene an den österreichischen Bundespräsidenten Dr. Schärf im November desselben Jahres etwas. Das gleiche gilt für die ebenfalls im November 1962 neuerlich an Dr. Gorbach gerichtete Eingabe. Vorher hatte Aachen auch schon Rom zu Hilfe gerufen. Im April 1962 lancierte man im »Osservatore Romano«, dem Sprachrohr des Vatikans, einen Artikel über die Kleinodien. Auch in der Bundesrepublik selbst wird man offensiv. Im Dezember 1962 legt Müssener dem deutschen Bundeskanzler Adenauer, dem Außenminister Dr. Schröder, aber auch dem österreichischen Unterrichtsminister Dr. Heinrich Drimmel den seit 1957 geführten Schriftverkehr Aachen – Wien einschließlich der Abhandlung Huyskens vor. Dr. Drimmel verweist in seiner Antwort auf den schon bekannten Standpunkt des österreichischen Bundeskanzleramtes, und der deutsche Bundeskanzler Dr. Adenauer läßt Hermann Müssener durch seinen Staatssekretär Globke im März 1963 wissen: »Solange die Rechtslage nicht klar ist – wozu

wohl ein oder mehrere Gutachten erforderlich wären –, ist es der Bundesregierung nicht möglich, an die österreichische Bundesregierung wegen der Krönungsinsignien heranzutreten.« Man sei sicher, der Prälat werde für die politischen Erwägungen der Bundesregierung Verständnis haben.[77] Eine deutliche Absage der deutschen Bundesregierung an Aachen.
In diese Zeit, in der die Reichskleinodien im Mittelpunkt divergierender Standpunkte stehen und auch in den Blickpunkt der Öffentlichkeit gerückt sind, fällt ein runder Jahrestag: die Krönung Ottos des Großen am 2. Februar 962 in Rom durch Papst Johannes XII. jährt sich zum tausendsten Mal. Die Wiener Universität lädt aus diesem Anlaß für den 31. Januar 1962 zu einem Festakt ein. Und da die Wissenschaft gerade einige Jahre zuvor zur Auffassung gelangt ist, schon Otto der Große habe die Wiener Krone getragen, sind die Veranstalter um die Präsenz der Krone bei dieser Feier bemüht. Ein ungewöhnliches Verlangen. Wann schon ist die Schatzkammer einem solchen Wunsche nachgekommen? Die Schatzhüter setzen sich mit Recht und heftig zur Wehr. Doch der zuständige Minister folgt nicht ihrem Votum. Seinem Machtwort ist es zuzuschreiben, daß die Reichskrone am 31. Januar auf einer geheimgehaltenen »Reiseroute« in einem »unauffälligen« Pkw, eskortiert von ebenso unauffälligen Polizeifahrzeugen, begleitet von etlichen Kriminalbeamten aus der Schatzkammer in die Universität und von dort nach wenigen Stunden auf gleiche Weise wieder zurückgebracht wird.[78] Dem Wunsche der Veranstalter, daß Soldaten des Gardebataillons die Wache während der Anwesenheit der Krone im Festsaal der Alma mater Rudolphina übernehmen, wird nicht Rechnung getragen. Hat nicht die linke Reichshälfte eben Sorge geäußert, die Feier »für den Otto des Jahres 962 würde zur Provokation für Otto von 1962« – gemeint ist Otto, der Sohn des letzten österreichischen Kaisers – mißbraucht werden?[79] Der Sozialdemokrat Dr. Adolf Schärf, Bundespräsident der Republik Österreich, teilt diese Bedenken nicht. Er nimmt an dem Festakt teil.[80] Ob es vom konser-

vatorischen Standpunkt, aus präjudizellen Gründen, vor allem aber im Hinblick auf die zwischen Aachen und Wien gerade zu diesem Zeitpunkt herrschenden latenten Spannungen recht klug ist, die Krone aus der Schatzkammer zu schaffen und sie auf diese Weise wieder ins Blickfeld der Öffentlichkeit zu rücken, mag dahingestellt bleiben.

Die folgenden Jahre wird über die Aachener Frage nicht mehr gesprochen. Bis 1968 Dr. Fritz Ramjoué seine Arbeit »Die Eigentumsverhältnisse an den drei Aachener Reichskleinodien« veröffentlicht. Er kommt zu dem Ergebnis, die drei Aachener Kleinodien stünden seit eh und je im Eigentum der Aachener Münsterkirche. Ramjoué hat mit Umsicht und Fleiß Fakten zusammengetragen; aus diesem Grunde ist seine Arbeit von besonderem Interesse. Mit durchaus geistvollen Interpretationen versucht er zu beweisen, daß die Aachener Münsterkirche Eigentümerin der bis 1794 in Aachen verwahrten Insignien war und ist. Aber gerade dieser Versuch ist nicht gelungen. Der schlüssige Beweis dafür konnte nicht erbracht werden. Im Gegenteil. Von Ramjoué ins Treffen geführte Indizien können vielmehr auch dahingehend interpretiert werden, daß die Münsterkirche Aachen Verwahrerin im heute verstandenen Rechtssinn gewesen ist. Es kann also keine Rede davon sein, daß Münsterkirche oder Stift Aachen über einen durchsetzbaren Rechtsanspruch auf die drei Insignien besitzen.[81] Überdies ist auch folgende völkerrechtliche Maxime zu beachten: »Ohne Rücksicht auf die Herkunftsverhältnisse und die nationale Beziehung der Einzelstücke erkennen die neueren Abkommen die Integrität bedeutender Kunst – und historischer Kollektionskörper an.« [82] Das bedeutet, daß selbst dann, wenn das ehemalige Reichseigentum an den in Aachen aufbewahrt gewesenen drei Insignien bezweifelt werden sollte, diese Stücke als dem »Kollektionskörper«, also dem Verband der Reichskleinodien, in Wien zugeschlagen werden müßten.

Nach dem Erscheinen der Arbeit Ramjoués gehen die Wogen

wieder hoch. Vor allem die Presse bemächtigt sich des Themas und hört sich in Wien ebenso wie in Aachen um. Zunächst scheint es, als ob Aachen friedliche Töne anschlüge. Msgr. Erich Stephany werden Erklärungen zugeschrieben wie: »Als Domschatzmeister bin ich selbstverständlich für eine Rückgabe der Kleinodien. Aber: Das Domkapitel wird sich noch eingehend mit der Dissertation Doktor Ramjoués befassen müssen. Nur wenn die Arbeit eine objektive Darlegung eines historischen Tatbestandes ist, werden wir die Konsequenzen ziehen.« Und in einem Atemzug: »Die Säulen unseres Domes stammen aus Ravenna. Wenn nun heute die Italiener nur auf Grund dieser an sich unbestreitbaren Tatsache Anspruch auf die Säulen erheben würden, würden wir sie auch nicht herausgeben...«[83] Auch vertritt er die Meinung: »Es gibt bestimmte Punkte, wo die Geschichte ihre eigene Logik und ihr eigenes Recht hat.«[84] Eine gerade in dieser Angelegenheit, die immer schon von politischen Faktoren überlagert war, weise Einsicht.

Aus Wien meldet sich der Leiter der Schatzkammer, Dr. Erwin Neumann, zu Wort. Warum hätten die Aachener nicht zwischen 1938 und 1945 ihre Ansprüche geltend gemacht, als sich die drei umstrittenen Kleinodien in Nürnberg befanden? Und was die – im übrigen ohnedies von keinem ernstzunehmenden Historiker oder Juristen vertretene – Auffassung betrifft, das deutsche Kaiserreich von 1871 wäre Rechtsnachfolger des Heiligen Römischen Reiches Deutscher Nation gewesen, kommt Neumann zu dem originellen, deswegen aber nicht weniger richtigen Vergleich: »Es ist so ähnlich wie mit einer Aktiengesellschaft. Wenn diese aufgehört hat zu existieren, da sie sich aufgelöst hat, kann man sie nicht nach zwanzig oder dreißig Jahren wieder unter gleichem Namen wiederbeleben.«[85]

Einige Monate später melden im August 1969 deutsche Gazetten, Schatzmeister Stephany habe sich geäußert: »Wir haben die Sache aufgegeben... Der Dom unternimmt in dieser Sache nichts mehr.«[86] Wie verträgt sich das mit Ramjoué, der – obzwar nicht offizielles Sprachrohr von Dom und Kapitel, so doch diesen Institutionen sehr nahestehend – sein Buch mit dem Satz beschließt: »Es ist nicht anzunehmen, daß das Aachener Domkapitel seinen Rechtsanspruch auf Rückgabe der drei Aachener Reichskleinodien an die Aachener Münsterkirche aufgeben wird, falls die Wiener Seite nicht nachweist, daß der Aachener Rückgabeanspruch unbegründet ist.«[87] Auf die Frage, was er denn nun wirklich gesagt habe, beruft sich Stephany auf ein Mißverständnis: »Ich habe nur gesagt, daß seitens des Aachener Domkapitels keine Veranlassung bestehe, jetzt oder in nächster Zeit irgend etwas in der Frage der drei Kleinodien zu unternehmen. Damit ist aber keineswegs ein grundsätzlicher Verzicht ausgesprochen, sondern nur der Wunsch, die alte Causa nicht künstlich anzuheizen.»[88]

Doch selbst in der Bundesrepublik Deutschland wird eine Stimme laut, die den Anspruch Österreichs auf Verwahrung der Reichskleinodien nicht nur anerkannt, sondern darüber hinaus sogar als beispielhaft für die Abwehr des Anspruches der DDR auf Herausgabe der berühmten Nofretetebüste heranzieht. Der ordentliche Professor für öffentliches Recht und Verfassungsgeschichte der Neuzeit, Dr. Reinhard Mußgnug, kommt im Zusammenhang mit den Reklamationen der Reichskleinodien im 19. Jahrhundert zu dem ausführlich begründeten Ergebnis, daß »die bayerische und preußische Regierung den Nürnberger und Aachener Reklamationen keine Chance« gab. »Sie hielten Österreich vielmehr berechtigt, den nach seiner Ansicht herrenlos gewordenen Reichsschatz in seinen Besitz zu nehmen...« Und auf die jüngste Vergangenheit eingehend: »Was die Völkerrechtsordnung gebietet, zeigt allein die Heimführung der Reichsinsignien in die Wiener Schatzkammer durch die amerikanische Besatzungsbehörde im Jahre 1946.«[89]

Würdigt man alle Umstände, kommt man zu dem Schluß, daß Österreich zur Verwahrung aller Reichskleinodien sowohl aus rechtlicher als auch historischer Sicht unangreifbare Titel besitzt.

Die Forderungen Nürnbergs und Aachens erscheinen vom lokalen Standpunkt dieser Städte aus zwar verständlich, sie entbehren jedoch letztlich ausreichender historischer und rechtlicher Grundlagen. Seit Ende der sechziger Jahre ist Ruhe eingetreten. Hat Aachen eingesehen, daß es den behaupteten Rechtsanspruch nicht beweisen kann? Ist der subjektiv durchaus verständliche Wunsch, die Originale der Insignien zu besitzen, der Einsicht gewichen, daß auch diese drei Kleinodien integrierender Bestandteil der Reichskleinodien sind und daher aus historischen, rechtlichen, aber auch kunsthistorischen Gründen im Verband der Reichskleinodien vereint zu sein haben? Wie auch immer. Auch diese drei Kleinodien befinden sich in Wien, an jenem Ort, der jahrhundertelang Hauptstadt des Heiligen Römischen Reiches Deutscher Nation gewesen ist. Ihre Verwahrung in Wien ist historisches Faktum, an dem nicht zu rütteln ist. Das Rad der Geschichte kann man nicht zurückdrehen.

15. Kapitel

Finale

So sehr man sich also bis in die jüngste Zeit um die Kleinodien des weiland Heiligen Römischen Reiches Deutscher Nation bemüht, so wenig respektvoll sind seit dem 16. Jahrhundert manche von jenen mit den Zeichen imperialer Würde umgegangen, die eigentlich allen Grund gehabt hätten, diese Zeichen zu schätzen und in Ehren zu halten. Schon 1561 setzte der spanische Habsburger Philipp II. – obwohl ansonsten streng auf Beachtung des Zeremoniells bedacht – die Kaiserornate seiner Vorfahren in Geld um. Daß ein Revolutionär wie Richard Cromwell den englischen Kronschatz nach dem Materialwert des Edelmetalls und der Steine verkaufen ließ, ist zwar barbarisch, verwundert aber nicht, da Cromwell ja selbst dem gesalbten englischen König das Haupt abschlagen ließ. Der Preußenkönig Friedrich der Große nannte die Krönungszeremonien eine nichtige Erfindung des Aberglaubens. Seine große Gegenspielerin, die Kaiserin Maria Theresia, war gleicher Auffassung. Dennoch war sie infolge der politischen Ereignisse gezwungen – Herzog Karl Albrecht von Bayern hatte Prag besetzt und sich zum böhmischen König ausrufen lassen –, sich zur böhmischen Königin krönen zu lassen. In einem Brief an den Grafen Kinsky bezeichnete die nunmehr gekrönte böhmische Königin ihre Krone als »Narrenhäubl«. Die Französische Revolution ließ das Königspaar durch die Guillotine um einen Kopf kürzer machen und vernichtete konsequenterweise das, was das Königstum verkörpert hatte: In Reims zerschlug ein Schmied die Ampulle mit dem »Heiligen Öl«, der seit dem Mittelalter in St. Denis verwahrte Kronschatz wurde vernichtet oder in alle Winde zerstreut. Nach dem Zerstörungs- und Blutrausch der Revolution regten sich wieder restaurative Gedanken. Der König von Bayern, ein Monarch von Napoleons Gnaden, beeilte sich, 1806 von einem Pariser Goldschmied Krone, Szepter und Reichsapfel anfertigen zu lassen. Und Napoleon, des Chaos und des Glückes Sohn? Er ließ sich 1804 in Notre-Dame zum Kaiser salben; in Gegenwart des Papstes krönte er sich selbst und setzte seiner Gemahlin die Krone aufs Haupt. Was dem »Revolutionär« Napoleon billig war, mußte dem Kaiser des durch einen revolutionären Akt geschaffenen Staates Brasilien recht sein. Dom Pedro I. erschien 1827 bei der Eröffnung der Kammer mit einer »ungeheuren Krone« auf dem Kopf, was schon damals Verwunderung und Spott erweckte. 1905 wurde der dänische Prinz Carl als Håkon VII. zum norwegischen König gekrönt. Im Ersten Weltkrieg ließ sich Kaiser Karl als König von Ungarn mit der Stephanskrone schmücken. Bei der Vereidigung des schwedischen Königs Gustav VI. Adolf von Schweden wurde dem neuen König die Krone zwar nicht aufs Haupt gesetzt, sie wurde neben ihm zur Schau gestellt. Starb der italienische König, dann schaffte man die »Eiserne Krone« aus Monza herbei und legte sie auf den Sarg des verstorbenen Monarchen. Nicht so bei Viktor Emanuel III., dem letzten italienischen Monarchen; er starb im Exil.[1]

Die Krone spielt heute eigentlich nur noch in England, Schottland und Schweden eine Rolle. Die Insignien der anderen Reiche hat man entweder gewaltsam zerstört, verstreut oder – wenn es gut ging – in Museen gebracht. Die allzu sichtbaren Attribute der Macht verschwanden. Staatsoberhäupter trugen wie andere honorige Bürger auch nicht mehr Kronen, sondern Zylinder und tauschten diese alsbald gegen den ebenso anonymen Homburg, um heute auch diesen abgelegt zu haben. Es ist ihnen noch vorbehalten, an ihren Staatswagen an Stelle der Kennzeichennummer das Staatswappen zu führen und außerdem die lackglänzende Karosse mit dem »Präsidentenstander«, dem Nachfolger des Kaiserbanners, zu schmücken. In Demokratien, in denen das Recht, also ein guter Teil der Macht, angeblich vom Volk ausgeht, sind prunkvolle Symbole der Macht nicht mehr gefragt. Im Zeitalter der Égalité machen sich auch wirklich Mächtige möglichst klein – nach außen jedenfalls. Wenn irgendwie möglich, ziehen sie ihre Fäden unauffällig und anonym. Die heute politisch Mächtigen bekleiden sich mit dem Ornat der Bescheidenheit, behaupten während ihrer Regentschaft, das Szepter der Gerechtigkeit zu schwingen und machen den Wähler glauben, er allein trage die Krone, das Volk sei ja der wahre Souverän. Möglicherweise erklärt sich daraus, daß Geschichten über gekrönte Häupter von vorgestern, die über Filmleinwand und Fernsehschirm flimmern, in bestimmten Kreisen gerade heute so beliebt sind.

Satire oder Zynismus sind jedoch nicht jene Töne, mit denen ein Thema wie dieses abgeschlossen werden darf. Bei aller kritischen Distanz, die Zeit und Intellekt, Erfahrung, ja auch historische Enttäuschung zwischen jenen Machtträgern, für welche die Reichskleinodien als sichtbare Zeichen standen, und uns legt, ist wohl zu bedenken, daß sie Signa und Symbole einer über Jahrhunderte währenden Gesellschaftsordnung sind, die, wie auch unsere gegenwärtigen Gesellschaftsordnungen, dem Wandel alles Lebendigen unterworfen waren. So begriffen, sind sie Teil unserer historischen Genesis. Und wer wollte seiner eigenen Herkunft letztlich den Respekt versagen?

Nachwort

Als ich im Zusammenhang mit meinem letzten Buch, »Sonderauftrag Linz«, in den National Archives Washington forschte, stieß ich gleichsam zufällig auf ein umfangreiches Konvolut, das in den von mir durchgesehenen Beständen eigentlich nichts zu suchen hatte. Es handelte sich um die Aufzeichnungen der Stadt Nürnberg über die Verbringung der Reichskleinodien 1938 von Wien nach Nürnberg und das Schicksal des Kronschatzes bis 1945. Wien, jahrhundertelang Hauptstadt des Heiligen Römischen Reiches Deutscher Nation, hatte damals die Kleinodien verloren. Mein Interesse für die Reichskleinodien wuchs, ich beschäftigte mich intensiv mit ihrem Schicksal.

Dieses Buch entstand nicht zuletzt durch das Entgegenkommen einer Reihe von Personen und Institutionen, denen ich zu Dank verpflichtet bin. Frau Elisabeth Söderberg-Weixlgärtner, Göteborg, gestattete mir, in die Familien- und Lebensgeschichte ihres Vaters, Dr. Arpad Weixlgärtner, Einsicht zu nehmen. Im Haus-, Hof- und Staatsarchiv Wien unterstützten mich Herr Generaldirektor Dr. Gerhard Rill; vor allem waren es Frau Dr. Christiane Thomas, die mir durch ihren fachkundigen Rat und ihre profunde Sachkenntnis weit über das übliche Maß hilfreich beistand, und Frau Dr. Elisabeth Springer sowie Herr Dr. Franz Dirnberger, die mir wertvolle Hinweise gaben. Von den Mitarbeitern des Schatzkammerarchives sage ich vor allem den Herren Dr. Rudolf Distelberger und Dr. Helmut Trnek Dank; sie gingen mir freundlich an die Hand. Stellvertretend für die vielen Mitarbeiter des Archivs der Republik in Wien möchte ich die stete Hilfsbereitschaft und den profunden fachlichen Rat hervorheben, der mir durch Herrn Dr. Rudolf Jeřábek stets zuteil wurde. In der Handschriften- und Inkunabelsammlung der Nationalbibliothek Wien unterstützte mich Frau Dr. Eva Irblich. In Nürnberg waren es insbesondere Dr. Irmtraut Freifrau von Andrian-Werburg und Dr. Klaus Freiherr von Andrian-Werburg, die mir ihren Rat zuteil werden ließen. In Washington nahm sich Mrs. Aimy Schmidt des Ausländers an. Überdies unterstützten mich das Diözesanarchiv Wien, das Bayerische Hauptstaatsarchiv München und das Nürnberger Stadtarchiv. Auch diesen Institutionen und ihren Mitarbeitern gilt mein Dank.

Möge dieses Buch das Verständnis für die alten Symbole des Heiligen Römischen Reiches Deutscher Nation bei einer breiten Öffentlichkeit wecken und damit auch das Interesse an unserer Geschichte wachhalten, die in Gefahr geraten ist, mitunter verdrängt oder auch verfälscht zu werden.

Linz, im Februar 1991 — Dr. Ernst Kubin

Anmerkungen

1. KAPITEL
DAS NORDLICHT – EIN VORSPIEL

1. vgl. Schuschnigg, S. 69–73, 259 f.; Neuman, S. 112 ff.
2. Neuman, S. 112 f.
3. Art. 2 d. Gesetzes v. 12. November 1918 über die Staats- und Regierungsform von Deutschösterreich Staatsgesetzblatt für den Staat Deutschösterreich, 1. Stück.
4. § 1 d. Berliner Protokolls v. 2. März 1919, zit. nach Preradovich, S. 26.
5. Art. 88 des am 10. September 1919 unterfertigten Staatsvertrages von Saint-Germain-en-Laye, 90. Stück d. Staatsgesetzblattes Nr. 303 v. 21. Juli 1920 und Art. 80 des Friedensvertrages von Versailles v. 28. Juni 1919, Gesetz über den Friedensschluß zwischen Deutschland und den alliierten und assoziierten Mächten v. 16. Juli 1919, RGBl. S. 687.
6. Renner, »Neues Wiener Tagblatt«, Nr. 92 v. 3. April 1938.
7. Feierliche Erklärung der sechs Erzbischöfe und Bischöfe Österreichs v. 18. März 1938, zit. nach Liebmann »Vom Appeasement zum Widerstand«, S. 320.
8. Erklärung des Evangelischen Oberkirchenrates, zit. nach Preradovich, S. 382.
9. Österreichische Tageszeitungen v. 16. März 1938.
10. Weixlgärtner, Brief an Karl Renner v. 23. Oktober 1928, zit. aus »Die Weixlgärtnerei«, S. 1321.
11. Weixlgärtner, zit. nach Friedrich von Haller, »Die Rettung der Reichskleinodien« in: Fränkischer Kurier v. 12. September 1938.
12. Weixlgärtner, »Die Weixlgärtnerei« S. 1184 ff. sowie Frau Pepi Weixlgärtner, Brief an Albert Bühler v. Dezember 1967; BStAN, Bühler Nachlaß, Band 29.
13. Weixlgärtner, »Die Weixlgärtnerei«, S. 1186.
14. Nedbal, Erwin, Brief an Albert Bühler v. 21. September 1975; BStAN, Bühler Nachlaß, Band 29.

2. Kapitel
Ein Oberbürgermeister erfüllt sich einen Wunschtraum

1. vgl. Schwemmer, S. 398, und Fries, Bericht v. März 1972, S. 9; NStA, F 5 QNG 412: »Liebel war ein überzeugter Anhänger Adolf Hitlers, er war aber nicht der Mann, der seine Existenz wie viele Glücksritter der damaligen Zeit nur dem Nationalsozialismus verdankt hätte, vielmehr bewußt Bürger der Stadt Nürnberg, aus einer Nürnberger Bürger- und Unternehmerfamilie stammend und sich der Stadt Nürnberg verpflichtet fühlend.«
2. Tigges, S. 158.
3. Tigges, S. 157.
4. Mitteilung eines kundigen Nürnberger Bürgers an den Autor.
5. Liebel, Begrüßungsansprache beim Empfang Adolf Hitlers zum Reichsparteitag 1933 am 30. August 1933; NAW, OMGUS, Ardelia Hall Collection, Record Group 260, Boxes 32–34.
6. Niederschrift über die öffentliche Sitzung des Stadtrates Nürnberg am Mittwoch, dem 16. Mai 1934; NAW, OMGUS, Ardelia Hall Collection, Record Group 260, Boxes 32–34.
7. vgl. Liebel, Begrüßungsansprache beim Empfang Adolf Hitlers aus Anlaß des Reichsparteitages 1934 am 4. September 1934; NAW, OMGUS, Ardelia Hall Collection, Record Group 260, Boxes 32–34.
8. Schwemmer, S. 399.
9. Liebel, Begrüßungsansprache beim Empfang Adolf Hitlers aus Anlaß des Reichsparteitages 1935 am 10. September 1935; NStA, V d 4 Nr. 257. Hitler erhält nicht sogleich die für ihn bestimmte Kopie des Schwertes; sie konnte nicht rechtzeitig fertiggestellt werden. Liebel behalf sich und händigte Hitler zunächst die 1914 angefertigte Aachener Nachbildung aus. Erst später erhielt Hitler das für ihn bestimmte Exemplar. Seit 1945 gilt es als verschollen (Akte »Reichskleinodien-Hauptregistratur«. Bl. 10–12, NStA, zit. nach Bühler Nachlaß, Regesten 1935; BStAN). Mitarbeiter der städtischen Kunstsammlungen »hörten lediglich einmal von der Vermutung, daß die Kopie von amerikanischen Armeeangehörigen nach den USA gebracht worden sei, ohne jedoch je dafür eine Bestätigung zu erhalten«. (Der Beauftragte des Bayerischen Staatsministeriums der Finanzen, Nürnberg, Brief an Bühler v. 25. Februar 1966, zit. nach Bühler Nachlaß, Band 36, BStAN) Nach dem Kontrollratsgesetz stünde das Eigentum an der Kopie als Privateigentum Hitlers dem Lande Bayern zu. (Bühler Nachlaß, Regesten 1935, BStAN).
10. Goebbels, Teil I, Band 2, S. 513.
11. Liebel, Protokoll über die geheime Beratung mit den Ratsherrn, betreffend die Zurückführung der Reichsinsignien und Reichskleinodien nach Nürnberg v. 22. Juni 1938; NAW, OMGUS, Ardelia Hall Collection, Record Group 260, Boxes 32–34.

12. Liebel, Vortrag, abgedruckt im 61. Jahresbericht des Vereines für Geschichte der Stadt Nürnberg, 1938, S. 21.
13. ebd.
14. Kohlhaußen, Brief an Liebel v. 9. Mai 1938; NAW, OMGUS, Ardelia Hall Collection, Record Group 260, Boxes 32–34.
15. Liebel, Brief an Lammers v. 13. Juni 1938, NAW, OMGUS, Ardelia Hall Collection, Record Group 260, Boxes 32–34, ferner BAK, R 43 II/1236.
16. Liebel, Protokoll über die geheime Beratung der Ratsherrn, betreffend die Zurückführung der Reichsinsignien und Reichskleinodien nach Nürnberg, v. 22. Juni 1938; NStA, V d 4 Nr. 257.
17. Lammers, Vermerk v. 16. Juni 1938; BAK, R 43 II/1236.
18. Lammers, Vollmacht, ausgestellt im Auftrag Hitlers, v. 18. Juni 1938, NAW, OMGUS, Ardelia Hall Collection, Record Group 260, Boxes 32–34, sowie BAK R 43 II/1236.
19. wie 16.
20. Liebel, Vermerk v. 18. Juli 1938; NAW, OMGUS, Ardelia Hall Collection, Record Group 260, Boxes 32–34.
21. Liebel, Vermerk v. 23. Juli 1938; NAW, OMGUS, Ardelia Hall Collection, Record Group 260, Boxes 32–34.
22. Stromer, Dr. Erich, Leiter der Sammlung für Plastik und Kunstgewerbe und der Schatzkammer am Wiener Kunsthistorischen Museum, Brief an den Leitenden Direktor der staatlichen Kunstsammlungen in Wien, undatiert, vmtl. Februar 1946; KHMW, Archiv, Fasz. 4, S. 137 ff.
23. Seyß-Inquart, Brief an Lammers v. 4. Juli 1938, RK 13649 A; BAK, R 43 II/1236.
24. Lammers, Vermerk v. 13. Juli 1938, zu RK 13649 A; BAK, 43 II/1236.
25. Lammers, Brief an Seyß-Inquart v. 15. Juli 1938, RK 13649 A; BAK, R 43 II/1236.
26. Seyß-Inquart, Brief an Lammers v. 21. Juli 1938, Zl. 42.398–Prot 1/38; BAK, R 43 II/1236.
27. Hitler, Telefongespräch mit Prinz Philipp von Hessen v. 11. März 1938, zit. nach Chorherr, S. 159; vgl. Speer, S. 123, sowie Schuschnigg, S. 102 f.
28. Seyß-Inquart, Brief an Lammers v. 11. August 1938, einschließlich Denkschrift des KHMW; BAK, R II/1236.
29. Lammers, Brief an Seyß-Inquart v. 17. August 1938; BAK, R II/1236.
30. Liebel, Vermerk v. 26. Juli 1938; NAW, OMGUS, Ardelia Hall Collection, Boxes 32–34.
31. Im Dezember 1936 zeigt Liebel dem Reichspropagandaminister Dr. Goebbels Entwürfe der Kongreßhalle. Goebbels vermerkt in seinem Tagebuch: »Ganz phantastisch. Das wird seit der Antike der monumentalste geschlossene Bau.« (Goebbels, Teil I, Band 2, Eintr. v. 6. Dez. 1936, S. 748).
32. vgl. Lorenz, S. 11 f; Unterkircher, Franz, »Reich und Reichskleinodien« in: Die Furche, 16. Januar 1946, Nr. 4, S. 2.

33. Mühlmann, Brief an Liebel v. 26. Juli 1938; NAW, OMGUS, Ardelia Hall Collection, Record Group 260, Boxes 32–34.
34. Liebel, Vermerk v. 28. Juli 1938, NAW, OMGUS, Ardelia Hall Collection, Record Group 260, Boxes 32–34..
35. Liebel, Brief an Mühlmann v. 28. Juli 1938; NAW, OMGUS, Ardelia Hall Collection, Boxes 32–34.
36. Dworschak, Verhandlungsschrift v. 1. August 1938; NAW, OMGUS, Ardelia Hall Collection, Record Group 260, Boxes 32–34.
37. Brugmann, Vermerk v. 9. August 1938; NAW, OMGUS, Ardelia Hall Collection, Record Group 260, Boxes 32–34.
38. Vermerk des Sekretariats Liebel v. 18. August 1938; NAW, OMGUS, Ardelia Hall Collection, Record Group 260, Boxes 32–34.
39. Bormann, Brief an Liebel v. 21. August 1938; NAW, OMGUS, Ardelia Hall Collection, Record Group 260, Boxes 32–34.
40. Dworschak, Brief an Liebel v. 22. August 1938; NAW, OMGUS, Ardelia Hall Collection, Record Group 260, Boxes 32–34.
41. Dworschak, Brief an die Reichsstatthalterei Wien v. 22. August 1938, Zl.: 220/1938/KL.; StA, Reichsstatthalter III, Zl. RSt I 9475/38.
42. Bürckel, Brief an Bormann v. 25. Mai 1939, Zl.: 2420/2; Sta, Reichsstatthalter III.
43. Geyer, Reichsbahnpräsident, Einladung für die Fahrt Nürnberg–Wien–Nürnberg; NAW, OMGUS, Ardelia Hall Collection, Record Group 260, Boxes 32–34.
44. Protokoll v. 29. August 1938; NAW, OMGUS, Ardelia Hall Collection, Record Group 260, Boxes 32–34.
45. Ramjoué, S. 9.
46. vgl. Schwemmer, S. 401.
47. Protokoll v. 29. August 1938; NAW, OMGUS, Ardelia Hall Collection, Record Group 260, Boxes 32–34.
48. Ministerium für innere und kulturelle Angelegenheiten, Brief an Dworschak v. 26. August 1938, GZ. 30970 4 b; StA, BMfU, 1938.
49. Schwemmer, »Zur Geschichte der Reichskleinodien«, August 1945, Beilage 6 des Horn-Berichtes v. 14. August 1945; GNMN, Hist. Archiv.
50. Liebel, Vortrag, abgedruckt in den MVGN, 61. Jhg. 1938, S. 22.
51. Bormann, Brief an Liebel v. 21. August 1938; NAW, OMGUS, Ardelia Hall Collection, Record Group 260, Boxes 32–34.
52. Seyß-Inquart, Ansprache am 6. September 1938; NAW, OMGUS, Ardelia Hall Collection, Boxes 32–34.
53. Liebel, Ansprache am 6. September 1938; NAW, OMGUS, Ardelia Hall Collection, Boxes 32–34.
54. Hitler, Rede am 12. September 1938; NStA, V d 4 Nr. 257, Bl. 128, zit. nach Schwemmer, S. 402.
55. vgl. Schwemmer, S. 402 f.

56. vgl. Schwemmer, S. 400.
57. Dworschak, Brief an Brugmann v. 29. September 1938; NAW, OMGUS, Ardelia Hall Collection, Record Group 260, Boxes 32–34.
58. Fischer, Dr. Kurt, Gutachten über das Eigentum an den Reichskleinodien und an der Heiltumstruhe v. 18. November 1938; BAK, R 43/II/128 b.
59. Liebel, Brief an Lammers v. 3. November 1938; BAK, R 43/II/128 b.
60. Liebel, Brief an Lammers v. 10. Februar 1939; BAK, R 43/II/128 b.
61. Liebels Gesetzesentwurf; NAW, OMGUS, Ardelia Hall Collection, Record Group 260, Boxes 32–34.
62. wie 61.
63. Liebel, Vermerk v. 10. Februar 1939; NAW, OMGUS, Ardelia Hall Collection, Record Group 260, Boxes 32–34.
64. Liebel, Brief an Lammers v. 9. Mai 1939; NAW, OMGUS, Ardelia Hall Collection, Record Group 260, Boxes 32–34.
65. Lammers, Brief an Liebel v. 16. Mai 1939; NAW, OMGUS, Ardelia Hall Collection, Record Group 260, Boxes 32–34, und BAK, R 43/II/128 b.
66. Liebel, Brief an Lammers v. 7. Juni 1939; NAW, OMGUS, Ardelia Hall Collection, Record Group 260, Boxes 32–34.
67. Aktenvermerk und Liebel v. 13. Juli 1939; NAW, OMGUS, Ardelia Hall Collection, Record Group 260, Boxes 32–34.
68. Lammers Gesetzesentwurf; BAK, R 43/II/128 b.
69. Lammers, Brief an Liebel v. 8. Juli 1939; NAW, OMGUS, Ardelia Hall Collection, Record Group 260, Boxes 32–34.
70. Frick, Brief an Lammers v. 26. August sowie Lammers an Frick vom 1. September 1939; BAK, R 43/II/128 b.
71. Schwemmer, S. 405.
72. Fries, Bericht v. 29. Mai 1954, S. 1 u. 3 sowie v. März 1972, S. 7; NStA F 5 QNG 412.
73. Bühler, »Die Reichskleinodien und ihr Schicksal« in: Aachener Volkszeitung v. 2. September 1972.
74. Fries, Bericht v. 29. Mai 1954, S. 3 und März 1972, S. 6 f. NStA, f 5 QNG 412.
75. ebda.
76. Schwemmer, S. 406.
77. Kohlhaußen, Bericht v. 10. April 1940; GNMN, Hist. Archiv.
78. Kohlhaußen, Brief an Lutze v. 5. November 1942; GNMN, Hist. Archiv.
79. Lutze, Vermerk v. 23. September 1943; GNMN, Hist. Archiv.
80. Lammers, Fernschreiben an Goebbels v. 24. Juli 1944; BAK, R 43 II/128 b.
81. Der Staatssekretär im Reichsministerium für Volksaufklärung und Propaganda, Brief an Lammers v. 14. August 1944; BAK, R 43 II/128 b.

3. Kapitel
Das heilige römische Reich deutscher Nation

1. Pufendorf, Samuel, zit. nach Planitz, S. 216.
2. Kugler, S. 71.
3. vgl. Trnek, S. 123 f.: »In Karls des Großen voller Kaisertitulatur verweisen die Titel augustus auf die göttliche Erhöhung zur Herrschaft, imperator auf den obersten Heerführer, . .« »Die Erneuerung des imperium im karolingischen Kaisertum wäre ein mißglückter Versuch geblieben, wenn nicht das Andenken an dessen Erfolge mit der kühnen Hoffnung einhergegangen wäre, aufs neue den Mythos des Kaisertums heraufzubeschwören; und in der Nachfolge Karls des Großen die Kontinuität jener Reichstradition – in ihrer Übernahme als verpflichtende universale Reichsidee – wiederaufzunehmen. Über alle Stürme hinweg hatte die magisch lockende Faszinationskraft imperialer Erhöhung nicht nachgelassen. Jegliche Kaisermacht war mit dem römischen Mythos verbunden, Aachen und Rom die Spannungspole.«
4. Bühler, Johannes, S. 245.
5. Einhard, »Leben Kaiser Karls des Großen«, zit. nach Johannes Bühler, S. 281.
6. Kugler, S. 70.
7. Kugler, S. 71.
8. ebd.
9. Lorenz, Willy, »Das Heimliche römische Reich« in: Fillitz »Die österreichische Kaiserkrone und die Insignien des Kaisertums Österreich«, S. 10.
10. ebd., S. 11 f.

4. Kapitel
Die Reichskleinodien

1. vgl. Kugler, S. 112.
2. Meyer, Karl Franz, »Aachensche Geschichten . . .«, 1. Band, Aachen, 1784, S. 216, §§ 10–12.
3. Kugler, S. 17.
4. ebd., S. 20.
5. ebd., S. 22.
6. Fillitz, Hermann, »Studien zur Römischen Reichskrone« in: »Jahrbuch der Kunsthistorischen Sammlungen in Wien«, Band 50 (Neue Folge Band XIV), 1953, S. 52; ferner Hansmartin Decker-Hauff und Percy Ernst Schramm »Die Reichskrone, angefertigt für Kaiser Otto I.«, in: Schramm »Herrschaftszeichen und Staatssymbolik«, Band II., S. 575; ebenso Staats, S. 136–143.

7. Decker-Hauff und Schramm, wie Anm. 6.
8. Kugler, S. 22.
9. Fillitz, wie Anm. 6, S. 51 f; Decker-Hauff und Schramm, wie Anm. 6, S. 577.
10. Decker-Hauff und Schramm, wie Anm. 6, S. 575.
11. vgl. Trnek, S. 153.
12. Köhler, S. 308.
13. Kugler, S. 24.
14. vgl. Staats, S. 16.
15. Kugler, S. 79, 81.
16. Liebenau, H. v., »Lebensgeschichte der Königin Agnes von Ungarn«, Regensburg 1868, S. 37; ders. »Urkundenteil«, Regensburg, 1869, Nr. XVII, zit. nach Staats, S. 7.
17. Heer, S. 216.
18. Staats, S. 7.
19. ebd., S. 2.
20. vgl. ebd., S. 32 ff.
21. Heer, S. 99.
22. Decker-Hauff und Schramm, wie Anm. 6, S. 601 f.
23. ebd., S. 603 f.
24. ebd., S. 618.
25. Kugler, S. 11.
26. ebd., S. 44 f.
27. ebd., S. 65 f.
28. Schramm, Percy Ernst, »Die Heilige Lanze«, Band II, S. 533.
29. Heer, S. 220.
30. de Berault–Bercastel, S. 223–226; Stolle, S. 47 f.; vgl. aber Heliandus mit einer weiteren abweichenden Variante (bei Kentenich, S. 339). Von der Forschung wird der historische Gehalt dieser Legenden bezweifelt. (siehe Kentenich, S. 339–350, ebenso Berg, S. 46–54.).
31. Schramm, wie Anm. 28, S. 517.
32. ebd., S. 503 ff. u. 535.
33. ebd., S. 501 u. 535.
34. ebd., S. 501.
35. ebd., S. 502.
36. ebd., S. 503.
37. ebd., S. 513.
38. Schramm, wie Anm. 28, S. 526; Schuhmann, Günther, S. 38.
39. Schnelbögl, S. 86.
40. Reicke, S. 386.
41. Ravenscroft, Abbildung 6.
42. ebd., S. 86.
43. ebd., S. 10.

44. ebd., S. 79 f.
45. ebd., S. 315 ff.
46. ebd., S. 324.
47. »Sunday Dispatch« v. 6. November 1960; ferner Dr. Heinrich Heinen in: Kölner Rundschau, v. 23. September 1961, Nr. 222.
48. Neuman, S. 113 f.
49. Heinen, wie Anm. 46.
50. vgl. S. 14, 20.
51. Trnek, S. 172.
52. Heer, S. 221.
53. Schramm, Band III., S. 1073.
54. Fillitz, »Die Schatzkammer in Wien«, S. 168 f.
55. Weixlgärtner, Arpad, »Geschichte im Widerschein der Reichskleinodien«, S. 24.
56. Trnek, S. 173.
57. Schuhmann, S. 36.
58. Weixlgärtner, wie Anm. 55, S. 57.
59. vgl. 2. Kapitel, Anm. 10.
60. Schuhmann, S. 36.
61. Fillitz, wie Anm. 54, S. 167.
62. Weixlgärtner, wie Anm. 55, S. 34.
63. ebd., S. 21.
64. ebd., S. 70.
65. OKäA, 1838, Z. 760; SchKA, Z. 34/1838, Z. 75/1847; OKäA, 1852, Zl. 1898; SchKA, Z. 62/1852, zit. nach Leitung der Sammlungen für Plastik u. Kunstgewerbe, Bericht an d. BMfU, Abtlg. II–6, v. 1. Juli 1953, ad. Z. 1/Pl ex 1953; SchKA, 1953.
66. Weixlgärtner, S. 86 f.
67. Fillitz, wie Anm. 54, S. 168.
68. Meyer, Karl Franz, »Aachensche Geschichten«, 1. Buch, Aachen, 1784, S. 216 f, §§ 10–12.
69. vgl. Schramm, II, S. 489.
70. Gauert, S. 263.
71. Schuhmann, S. 35.
72. Gauert, wie Anm. 70.
73. Schuhmann, S. 35.
74. Weixlgärtner, wie Anm. 55, S. 47.
75. Schuhmann, S. 33; Fillitz, wie Anm. 54, S. 169.
76. Weixlgärtner, wie Anm. 55, S. 24.
77. Kohlhaußen, S. 3.
78. Kollegialstiftskapitel von Aachen, Eingabe an Kaiser Franz Joseph I. v. 14. März 1865; HHStA, Administrative Registratur, F 1, Varia 1850–1869, Kart. 132, zit. nach ASR, HHStA.

79. Schuhmann, S. 33; Fillitz, S. 170.
80. Weixlgärtner, wie Anm. 55, S. 34; ders., Vortrag in Aachen, in: Aachener Volkszeitung sowie Aachener Nachrichten v. 12. Mai 1952.
81. Schuhmann, S. 36.
82. Fillitz, wie Anm. 54, S. 172 f.
83. Fillitz, wie Anm. 54, S. 174.
84. Weixlgärtner, wie Anm. 55, S. 40.
85. Bauer, Rotraud, S. 146.
86. Fillitz, wie Anm. 54, S. 174.
87. »Inventar über die Reichskleinodien und Reliquien des ehemaligen Heiligen Römischen Reiches«, ohne Autor und Datum; HHStA, OKäA, D 1874.
88. Fillitz, wie Anm. 54, S. 26.
89. Trnek, S. 157.
90. Fillitz, wie Anm. 54, S. 166 f; Weixlgärtner, wie Anm. 55, S. 31 ff.; Schuhmann, S. 37.
91. Fillitz, wie Anm. 54, S. 175 f.
92. Fillitz, wie Anm. 54, S. 176.
93. ebd.
94. Fillitz, wie Anm. 54, S. 177.
95. ebd., S. 178.
96. ebd.
97. Schneider, S. 77 f.

5. Kapitel
Ein wechselvolles Schicksal

1. vgl. Heer, S. 104.
2. Winkler, S. 26, ohne Quellenangabe.
3. ebd., S. 28, ohne Quellenangabe.
4. Staats, S. 21.
5. Fürst, S. 345.
6. Kugler, S. 75.
7. Kugler, S. 79.
8. Kugler, S. 76.
9. Fürst, S. 345.
10. Grass, S. 61–65.
11. Machilek, S. 59.
12. Reicke, S. 383.
13. Grass, S. 65–67.
14. Schuhmann, S. 39, schon 1421.
15. Andrian-Werburg, S. 83.
16. Winkler, S. 38.

17. Sigismund, Urkunde v. 29. September 1423, Ofen; StAN, Reichsstadt Nürnberg Kaiserprivilegien Nr. 283.
18. Andrian-Werburg, S. 83.
19. Sigismund, Urkunde v. August und September 1422, RA 1422, 5012, 5079, 5109, 5272 zit. nach Frensdorff, S. 68.
20. Rechter, S. 51.
21. Sigismund, Urkunde v. 29. September 1423; wie Anm. 17.
22. Sigismund, Urkunde v. 9. Februar 1424, Ofen; StAN, Reichsstadt Nürnberg Kaiserprivilegien Nr. 284.
23. Reicke, S. 384.
24. Rechter, S. 51.
25. Reicke, S. 384.
26. Klaar, S. 72 f.
27. Sigismund, Urkunde v. 29. September 1423; wie Anm. 17.
28. Rechter, S. 52.
29. Winkler, S. 39.
30. Rechter, S. 52.
31. Klaar, S. 74 f.
32. Andrian-Werburg, S. 84.
33. Staats, S. 22.
34. Magistrat Aachen, Schreiben an Karl VI. undatiert (1711/12) HHStA, Wahl- und Krönungsakten, Fasz. 26a, fol. 36–37.
35. Schnelbögl, S. 85 f.
36. wie Anm. 35, S. 126.
37. Staats, S. 21.
38. Machilek, S. 62.
39. Schnelbögl, S. 108–113.
40. Fürst, S. 347.
41. Sigismund, Urkunde v. 9. Februar 1424, Ofen; StAN, Reichsstadt Nürnberg Kaiserprivilegien Nr. 284.
42. Magistrat Nürnberg, Mitteilung an die geistl. u. weltl. 17 Fürsten sowie Städte v. 7. April 1424; StAN, Reichsstadt Nürnberg Ratsbriefbuch 6, fol. 79 f.
43. Machilek, S. 63.
44. Klaar, S. 76.
45. Andrian-Werburg, S. 86.
46. Klaar, S. 76 f.
47. Andrian-Werburg, S. 83 f.
48. Enders, S. 141.
49. Klaar, S. 74.
50. Reicke, S. 390.
51. Schnelbögl, S. 153.
52. Fürst, S. 362.

53. Müller, Uwe, S. 91.
54. BHStAM, GR 513/65 u. 65a; Müller, Uwe, »Der Versuch Herzog Wilhelms V. von Bayern, das Reichsheiltum in seinen Besitz zu bringen« in: MVGN, Bd. 72, 1985, S. 117–135; ferner Uwe Müller, »Der Plan einer Entführung des Reichsheiligtums durch Herzog Wilhelm V. von Bayern«, in Nürnberg – Kaiser und Reich, Katalog der Ausstellung des Staatsarchives Nürnberg, Nürnberg, 1986, S. 91–94.
55. Nürnberger Rat, Schreiben an Joh. Löw v. 14. Januar 1637; StAN, Rep. 44 e, Rst. N., Losungsamt Akten S.I L. 133 Nr. 10 fol. 3; ebd. Rep. 67, Rst. N. Krönungsakten Nr. 20.
56. StAN, Rep. 67, Rst. N. Krönungsakten Nr. 24, fol. 88.
57. ebd. Nr. 21.
58. StAN, Rep. 44 e, Rst. N., Losungsamt Akten S. I L. 133 Nr. 6 fol. 28 f.
59. ebd., fol. 4.
60. StAN, Brief an den Autor v. 18. April 1989, Zl.: 1261/89–V/3750(52).
61. Liebfrauenstift und Magistrat von Aachen, Protestnote v. 10. Oktober 1745; Krönungsdiarium Kaiser Franz' I., 1746, Anhang Nr. IV, S. 12–17 in Franz Karl Meyer, »Aachener Geschichten«, 1. Buch, Aachen 1784, S. 834 ff.
62. Frensdorff, S. 82.
63. wie Anm. 61.
64. wie Anm. 62.
65. Magistrat Aachen, Schreiben an den Kaiser, s. d. (praes. 23. Mai 1760); HHStA, RHR, Decisa 29.
66. Reicke, S. 390 f.
67. Klaar, S. 73.
68. Bühler, MVGN, S. 483, Reicke, S. 1003 f.
69. Bürgermeister und Rat der Stadt Nürnberg, Brief Feldmarschall Pfalzgraf von Zweibrücken v. 14. Mai 1759; StAN, S. I L. 134, Nr. 8.
70. Bürgermeister und Rat der Stadt Nürnberg, Brief an Baron von Wiedmann v. 14. Mai 1759; wie Anm. 69.
71. Haller von Hallerstein, Relation an die Herrn Alten v. 2. Juni 1759; wie Anm. 69.
72. König, Brief an den Nürnberger Rat v. 25. Mai 1759; wie Anm. 69.
73. König, Brief an den Nürnberger Rat v. 18. Juni 1759 sowie König, Pro Memoria v. 18. Juni 1759; wie Anm. 69.
74. Verlaß der Herren Alten v. 17. Januar 1763, StAN, S. I L. 134, Nr. 8.
75. König, Gutachten v. 22. Januar 1763, StAN, S. I L. 134, Nr. 8.
76. vgl. Goethe, »Dichtung und Wahrheit«, Erster Teil, Fünftes Buch.
77. Grundriß und Accurate Beschreibung deren Bühn, Thronen und Staffeleyen..., wie solche zu Frankfurt am Mayn in dem so genandten Römer Saal. Als an dem Allerhöchsten Solennen römisch Königlichen Krönungs Tag Josef des IIten sind zubereitet worden; Anno 1764...; HHStA, Wahl-Krönungsakten Joseph II. (86), Fasz. 2 (1–115), fol. 6. u. 7.

6. Kapitel
Von der Revolution zur Restauration

1. Fürst, S. 363.
2. Hügel, Anna von (»Nanny«), Tagebuch 1796; BA, Außenstelle Frankfurt, FN 8, Alois/5, Alois Freiherr von Hügel, Nachlaß.
3. Fürst, S. 363.
4. Bock, zit. nach Friedrich Freiherr von Haller »Die Rettung der Reichskleinodien« in: Fränkischer Kurier v. 12. September 1938, Nr. 251.
5. Haller, Friedrich Freiherr von, wie Anm. 4.
6. Kreß, Karl Freiherr von, »Die deutschen Reichsinsignien« in: Deutsches Wochenblatt v. 12. Juli 1888, Nr. 16.
7. Schlosser, Julius, »Die Schatzkammer des allerhöchsten Kaiserhauses in Wien, dargestellt in ihren vornehmsten Denkmälern«, Wien, 1918; ders. »Die deutschen Reichskleinodien«, Wien, 1920.
8. Schulz, Traugott, »Die Deutschen Reichskleinodien« Leipzig, 1934.
9. Haller, Georg von, Bericht v. 27. Juli 1796 über die Ausfolgung der Reichskleinodien; StAN, Akten S I L 134 Nr. 16 a (Acta, die Abführung der Reichskleinodien und Reichsheiltümer von Nürnberg nach Regensburg und von da weiter nach Wien, so wie deren Reklamierung betr., 1796–1806), fol. 16–19; Magistrat Nürnberg, Briefe an Hügel und Strauß v. 22. Juli 1796 (gleichzeitige Abschrift); HHStA, RK Ber. Princ., Nr. 316 ad Rel. 192, Regensburg 24. Juli 1796, Fasz. 166 a.
10. Hügel übernimmt von Oberst von Haller die Reichsinsignien am 24. Juli 1796 (gleichzeitige Abschrift); HHStA, RK Ber. Princ. Nr. 320 ad Rel. 195, Regensburg, 25. Juli 1796, Fasz. 166 a.
11. Haller, Brief an seinen Bruder v. 24. Juli 1796; StAN Reichsstadt Nürnberg, Losungsamt, Akten S I L 134 Nr. 16 a (Acta, die Abführung der Reichskleinodien und Reichsheiltümer von Nürnberg nach Regensburg und von da weiter nach Wien, so wie deren Reklamierung betr., 1796–1806), fol. 6–8.
12. Colloredo, Vortrag an Franz II. v. 29. Juli 1796, StAN, Akten (vgl. Anm. 11).
13. Colloredo, Brief an Hügel v. 30. Juli 1796; HHStA, RK Weis. Princ., 14 c, zit. nach ASR, HHStA.
14. Landeskirchliches Archiv Nürnberg, Brief an Bühler v. 17. März 1955; Nr. 504; BStAN, Bühler Nachlaß, Band 24.
15. Hügel, Brief v. 30. 7. 1796 an die Gattin des Reichsreferendars v. Frank; BA, Außenstelle Frankfurt, Hügel Archiv, zit. nach Bühler, S. 487.
16. Dorda, S. 119.
17. Hügel, Anna von, (»Nanny«), wie Anm. 2.
18. Dorda, S. 119.
19. Hügel, zwei Briefe an Haller v. 17. September 1796 (gleichzeitige Abschrift); HHStA, RK Ber. Princ., Nr. 414 und Nr. 415 ad Rel. 251, Passau, 19. September 1796, Fasz. 166 c.

20. Reicke, S. 1010.
21. ebd., S. 1011.
22. Haller, Brief an Hügel v. 12. September 1796 (gleichzeitige Abschrift); HHStA, RK Ber. Princ., Nr. 413 ad Rel. 251, Passau, 19. September 1796, Fasz. 166 c. Ebenda liegt ad Nr. 413 eine undatierte Spezifikation, die mit dem Datum der Relation 19. September 1796 beschriftet wurde.
23. Hügel, Brief an Emmerich v. 25. September 1796; StAN, Reichsstadt Nürnberg, Losungsamt, Akten S I L 134 Nr. 16 a (Acta, die Abführung der Reichskleinodien und Reichsheiltümer von Nürnberg nach Regensburg und von da weiter nach Wien, so wie deren Reklamierung betr., 1796–1801) fol. 39 f.
24. Haller, Bericht an den Magistrat Nürnberg v. 3. Oktober 1796, StAN, wie Anm. 23, fol. 55 f.
25. Haller, Freiherr Friedrich von, Urenkel des Oberst Haller, »Die Rettung der Reichskleinodien« in: Fränkischer Kurier v. 12. September 1938, Nr. 251, S. 12.
26. Fürst, S. 364.
27. Colloredo, Bericht an Kaiser Franz II. v. 24. September 1796; HHStA, RK Vortr., Fasz. 8 c, fol. 35 f., sowie Reichsvizekanzler an Hügel v. 24. September 1796, RK Weis. Princ., 14 c.
28. Dorda, S. 121.
29. Hügel, Anna von (»Nanny«), wie Anm. 2.
30. Hügel, Carl Alexander Anselm Freiherr v., Sohn d. Aloys, Biographie, undatiert; BA, Außenstelle Frankfurt, Hügel Nachlaß.
31. Kreß, Karl Freiherr von, »Die deutschen Reichsinsignien« in: »Deutsches Wochenblatt« v. 12. Juli 1888, Nr. 16, ohne Quellenangabe.
32. Hügel, Anna von (»Nanny«), wie Anm. 2.
33. Hügel, Bericht an Colloredo v. 13. Oktober 1800, Rel. 139; RK Ber. Princ., 1800, Fasz. 172 c; ders., Brief an Saurau v. 28. Oktober 1800, Anlage Sub 177 ad Rel. v. 30. Oktober 1800; HHStA, RK Ber. Princ. 1800, Fascz. 172 c.
34. wie Anm. 30.
35. Losungsamt Nürnberg, Spezifikation der Reichsinsignien v. 22. Juli 1796 (Abschrift) und Wolfskron, Übernahmebestätigung v. 29. Oktober 1800 (Abschrift); BA, Außenstelle Frankfurt, Bestand: Aloys von Hügel. Ferner Losungsamt Nürnberg, Spezifikation der Reichsheiligtümer v. 27. September 1796 (Original), HHStA, RK Ber. Princ., Beilage zu Bürgermeister und Rat v. Nürnberg, Brief an Hügel v. 27. September 1796, Fasz. 166 c, fol. 128 u. 130; Wolfskron, Übernahmebestätigung v. 29. Oktober 1800; HHStA, RK Ber. Princ., Nr. 178 ad Rel. 141 v. 30. Oktober 1800, Fasz. 172 c. Ferner Losungsamt Nürnberg, Spezifikation der Reichsinsignien v. 22. Juli 1796 und Aushändigungsvermerk Hügels v. 29. Oktober 1800 (Original); SCHkA, Mappe »Schatzkammer«. Ferner Losungsamt Nürnberg, Spezifikation der Reichs Heiltümer v. 27. September 1796 und Aushändigungsver-

merk Hügels v. 29. Oktober 1800 (Original); SCHkA, Mappe »Schatzkammer«.

36. Weixlgärtner, »Geschichte im Widerschein der Reichskleinodien«, S. 81, ohne Quellenangabe.
37. wie 35.
38. Hügel, Bericht an Colloredo v. 30. Oktober 1800, Rel. 141; ders., Brief an Saurau v. 28. Oktober 1800, Anlage Sub 177 ad Rel. v. 30. Oktober 1800; HHStA, RK Ber. Princ., 1800, Fasz. 172 c; Wolfskron, Übernahmebestätigung v. 29. Oktober 1800, Rel. 179, wie 35.
39. Franz II., Schreiben an Starhemberg v. 23. Dezember 1800, Zl. 606; HHStA, OMeA, Karton 1800, 90, Nr. 520–630.
40. Dietrichstein, Brief an Starhemberg v. 30. Dezember 1800; HHStA, OMeA, Karton 1801, 1–98, Zl. 2.
41. Wencker-Wildberg, Band 7, S. 38.
42. Colloredo, Schreiben an Starhemberg v. 27. Dezember 1800; HHStA, OMeA, 1800, Kart. 90, Nr. 520–630, Zl. 620.
43. Dietrichstein, Brief an Starhemberg v. 30. Dezember 1800; HHStA, OMeA, 1801, 1–98, Zl. 2.
44. Fürst, S. 365.
45. Fürst, S. 365 f.
46. Tucher, Memorandum v. 22. April 1804; HHStA, Prinzipalkommission, 1804, Fasz. 178 b, N 227, ad Rel. 116.
47. Fürst, S. 387.
48. Hügel, Brief an Colloredo v. 29. April 1804; HHStA, RK Ber. Princ., 1804, Fasz. 178 b, Rel. 116.
49. Ramjoué, S. 15.
50. Weixlgärtner, »Geschichte im Widerschein der Reichskleinodien«, S. 34.
51. Ramjoué, S. 15 f.
52. ebd., S. 67.
53. Colloredo, Weisung an Westphalen v. 14. Oktober 1797; HHStA, RK, Gesandtschaftsarchiv Köln, Fasz. 168, Nr. CLIX, zit. nach Ramjoué, S. 69.
54. Westphalen, Vollmacht für Wichmann, v. 2. November 1797; HHStA, Niederrh. GA Köln, Karton 138, Nr. CLIX, zit nach ASR, HHStA, sowie Entwurf d. Vollmacht, HHStA, Niederrh. GA Köln, Karton 138, Nr. CLIX.
55. Westphalen, Brief an den Geheimen Rat von Paderborn v. 20. September 1798; HHStA, RK Ber. Reich, 1798, 831.
56. Westphalen, Brief an Wichmann v. 10. September 1798; HHStA, Niederrh. GA Köln, Karton 138, Nr. CLIX.
57. Westphalen, Brief an den Paderborner Fürstbischof v. 29. September 1798, Beilage zu Bericht Westphalens n. 731 (recte 831) v. 27. Oktober 1798; HHStA, RK Ber. Reich 1798.
58. Spezialprotokoll über die Entnahme der Reichsinsignien aus dem Aachener Kirchenschatz v. 15. Oktober 1798; HHStA, zit. nach ASR, HHStA, sowie

Wichmann, Übernahmebestätigung v. 18. Oktober 1798, HHStA, Niederrh. GA Köln, Kart. 138, CLIX.

59. Westphalen, Übernahmebestätigung v. 21. Oktober 1798; Beilage zum Berich Westphalens v. 27. Oktober 1798, n. 731 (recte 831); HHStA, RK Ber. Reich, 1798.
60. Colloredo, Vortrag an Franz II. v. 22. Mai 1801 und dessen Entschließung, HHStA, RK Vortr., 1801, fol. 317 a, b.
61. Übernahmeverzeichnis für die Reichskleinodien durch Schatzmeister Leopold Ritter von Wolfskron v. 14. Juli 1801; HHStA, RK RKgF. 33, »Sicherheitsmaßnahmen für die Reichsarchive und Registratur... 1800–1805«.
62. Ältere und Geheime Räthe der Reichsstadt Nürnberg, Brief an Hügel v. 1. Februar 1805; HHStA, RK Ber. Princ., 1805, Fasz. 180 b ad Rel 53, Nr. 76.
63. Hügel, Bericht an Colloredo v. 14. Februar 1805; HHStA, RK Ber. Princ. 1805, 180 b, Rel. 53.
64. Fürst, S. 388.
65. wie Anm. 58.
66. Reichshofkanzlei, Ablieferungsbestätigung v. 28. Februar 1803; HHStA, RK Weis. Berlin, Fasz. 6, zit. nach ASR, ferner Übernahmeverzeichnis für die Reichskleinodien v. 11. März 1803 durch Schatzmeister Leopold Ritter von Wolfskron; HHStA, RK RKgF, 33, »Sicherheitsmaßnahmen für die Reichsarchive und Registratur... 1800–1805«.
67. vgl. Bock, Franz.
68. Hügel spricht irrtümlich nicht vom Cingulum, sondern vom Schwert Karls des Großen; Hügel an Colloredo v. 28. April 1804; HHStA, RK Ber. Princ. 1804, 178 b ad Rel. 114.
69. Colloredo, Brief an Hügel v. 9. Mai 1804; HHStA, RK Weis. Princ., 14 f, zit. nach ASR, HHStA.
70. Hügel, Brief an Colloredo v. 31. Mai 1804; HHStA, RK Ber. Princ., 1804, 178 c ad Rel. 144.
71. Brandenburgischer Gesandter, Görz, Brief an Hügel v. 3. August 1804; HHStA, RK Ber. Princ. Fasz. 179 b, Nr. 366 ad. Rel. 202 v. 9. August 1804, zit. nach ASR, HHStA.
72. Hügel, Brief an Colloredo v. 9. August 1804; HHStA, RK Ber. Princ., 1804, 178 b, Rel. 202.
73. Metternich, Brief an Sedlnitzky v. 18. Juni 1826; HHStA, StK, Noten an Polizeihofstellen, 1826/27, 12.
74. Note verbale an den preußischen Geschäftsträger Freiherr von Mahlzahn v. 14. Juli 1826; HHStA, StK Preußen, Korrespondenz, 1826/27, 124.
75. Metternich, Bericht v. 14. November 1818 an Franz I., Vermerk Erzherzog Ludwig v. 10. Dezember 1818; HHStA, StK Vortr. 1818, Kart. 216, XI. fol. 90–95.
76. Metternich, Brief v. 11. November 1826 an Sedlnitzky; HHStA, StK, Noten an Polizeihofstelle, 1826/27, 12.

77. Reicke, S. 1011.
78. Bibl., S. 128.
78. Wencker-Wildberg, Band 7, S. 139.
80. ebd., S. 427.
81. Rössler, S. 16.
82. ebd.
83. Wencker-Wildberg, Band 7, S. 446..
84. ebd., S. 449.
85. ebd., S. 459.
86. Rössler, S. 18.
87. Wencker-Wildberg, Band 7, S. 460.
88. Kircheisen, VI., 36 f., zit. nach Wencker-Wildberg, Band 7, S. 462 f.
89. Einhard, S. 30.
90. ebd., S. 125, A. 22.
91. Bibl., S. 126 f.
92. ebd., S. 127.
93. ebd., S. 128.
94. ebd., S. 129.
95. Franz II., Weisung an Starhemberg v. 31. Oktober 1805; HHStA, OMeA, 1805, Kart. 120 (370–494).
96. vmtl. Starhemberg, Weisung an Kaunitz v. 31. Oktober 1805; HHStA, OMeA, 1805, Karton 120 (370–494).
97. Franz II., Weisung an Starhemberg, undatiert; HHStA, OMeA, Kart. 120 (370–494).
98. Stadion, zit. nach Rössler, S. 36 f.
99. Stadion, zit. nach Rössler, S. 45.
100. Rössler, S. 25.
101. Rössler, S. 19.
102. Srbik, S. 45.
103. Extrait du Journal de Paris v. 21. Mai 1804; HHStA, Habsburg–Lothringisches Familienarchiv, Familienakten, Kart. 104, Konvolut Reichskleinodien, fol. 154.
104. Srbik, S. 38 ff.
105. Srbik, S. 40 f.
106. Rössler, S. 55.
107. ebd.
108. ebd., S. 60.
109. vgl. Winkler, S. 40 f.
110. Hügel, Gutachten über die Frage, ob Österreich die Kaiserkrone des Römischen Reiches noch forttragen soll v. 17. Mai 1806 an Franz II.; Stadion, Philipp Graf, Gutachten an Franz II. in gleicher Sache v. 24. Mai 1806; kaiserliche Resolution v. 17. Juni 1806; HHStA, Habsburg-lothringisches Familienarchiv, Ministerium des k.k. Hauses, Titel und Wappen, Karton 3,

Konvolut Niederlegung der deutschen Kaiserwürde 1806, Gutachten und Vortrag, fol. 21–40, 58–67; vgl. auch Srbik, S. 34–38.

111. Srbik, S. 49.
112. Rössler, S. 61.
113. Titulatur und Wappen Seiner Österreichischen-Kaiserlichen und Königlichen Apostolischen Majestät... allerhöchsten Pragmatikal Verordnung v. 6. August 1806, Wien, 1806; HHStA, Habsburg-lothringisches Familienarchiv, Ministerium des k.k. Hauses, Titel und Wappen, Karton 3.
114. Stadion, Friedrich Graf, Bemerkungen über den Antrag Napoleons zur Niederlegung der Deutschen Kaiserkrone v. 31. Juli 1806; HHStA, Habsburg-lothringisches Familienarchiv, Ministerium des k.k. Hauses, Titel und Wappen, Karton 3, Konvolut Niederlegung der deutschen Kaiserwürde 1806, allgemeine Akten Juni–September 1806, fol. 85–86.
115. Görres, S. 14–26.
116. vgl. Fillitz, »Die österreichische Reichskrone und die Insignien des Kaisertums Österreich«, S. 11.
117. Hormayr, Gutachten, undatiert, jedenfalls 1828, Ad Excellentissime, Ad. Nr. 4608; BHStAM, M 39304.
118. ders., »Wien, seine Geschichte und Denkwürdigkeiten«, II. Jhg., 2. Band, 2. und 3. Heft, S. 80.
119. ders., wie Anm. 117.
120. vgl. Thomas, Christiane, »Die Wiener weltliche Schatzkammer«, Dissertation, S. 34 f.
121. OkäA, D, Schatzkammerverzeichnisse, Band 5, Inventar 1824 (revidiert 27, 28, 29, 30, 31, 39).
122. Schlosser, »Die Schatzkammer des Allerhöchsten Kaiserhauses in Wien«, S. 30.
123. Franz I., Dekret v. 28. Dezember 1826, No. 2127, zit. nach Schatzkammerinventar, Band 5, OKäA, D, Schatzkammerverzeichnisse, HHStA.
124. Vermerk, 1870; HHStA, OKäA, Kart. 577, r 60–74, Mappe »Veränderte Aufstellung der Gegenstände der k.k. Schatzkammer und Anfertigung eines neuen Katalogs«, Pr. 985, 1870.
125. Hermann, Dr. H., Stellungnahme zu tschechischen Forderungen v. 10. August 1921; SCHkA, Fasz. 1921.
126. Wencker-Wildberg, Band 11, S. 224.
127. Metternich, Denkschrift v. 4. Dezember 1808, zit. nach Wencker-Wildberg, Band 11, S. 224.
128. Bibl, S. 169.
129. ebd., S. 165 f.
130. ebd., S. 171.
131. Wencker-Wildberg, Band 12, S. 239.
132. Napoleon, Brief an Dalberg v. Januar 1809, zit. nach Wencker-Wildberg, Band 11, S. 233.

133. Schreiben an den Obersthofmarschall v. 21. Februar 1809; HHStA, OMeA, 1809, Kart. 115 c (170–245) aus 203, fol. 23–28.
134. Skall, Johann Baptist, »Memoirs denkwürdiger Begebenheiten am kaiserlichen Hofe im Jahre 1809«, S. 46; HHStA, Handschrift, W 1093/2.
135. Vortrag an den Kaiser v. 5. Mai 1809; HHStA, OMeA, 1809, Kart. 157 (300–399) 394.
136. Vermerke und Aufstellung über den Transport, undatiert; HHStA, OMeA, 1809, Karton 157.
137. Napoleon, Armeebefehl v. 17. April 1809, zit. nach Wencker-Wildberg, Band 12, S. 242.
138. Bibl, S. 174.
139. wie 135.
140. Franz I., Befehl, undatiert, jedoch nach dem 14. Juni 1809; HHStA, OMeA, 1809, Kart. 159 (460–514), 469.
141. Schreiber, Bericht v. 21. Juni 1809 an das Obersthofmeisteramt; HHStA, OMeA, 1809, Kart. 159 (460–514) 484.
142. Skall, S. 302.
143. ebd., S. 307.
144. ebd., S. 308.
145. ebd., S. 307.
146. ebd., S. 308.
147. Bibl, S. 175.
148. Pichler, Erster Band, S. 362 f.
149. vmtl. Vesque, Schreiben v. 29. Juli 1810 an vmtl. OKäA; AdAS., 1810.
150. OMeA, Note v. 25. Juli 1813 an die Chefs sämtlicher Hofstellen; HHStA, OMeA, 1813, Kart. 198; 303.
151. Zichy, Note an Trauttmansdorff v. 9. August 1813; HHStA, OMeA, 1813, Kart. 198; Obersthofmeisteramt, Note v. 10. August 1813 an die Hofstellen; HHStA, OMeA, 1813, Kart. 198; 303.
152. OKäA, Note (vmtl.) v. 11. August 1813 an das OMeA; HHStA, OMeA, 1813, Kart. 198; 303.
153. Intimat an das k.k. Trabantenkorps v. 17. August 1813; HHStA, OMeA, 1813, Kart. 198; 303.
154. OMeA, Schreiben v. 13. August 1813; HHStA, OMeA, 1813, Kart. 198; 312.
155. Note an Oberststallmeisteramt v. 13. August 1813; HHStA, OMeA, 1813, Kart. 198; 312.
156. Rodler, Andreas, Brief an den Direktor der kaiserl. Kunstsammlungen v. 13. September 1813; AdAS, 1813, Z. 376.
157. Bericht an das OKäA v. 3. September 1813; AdAS, Z. 376.
158. Zichy, Vortrag v. 12. Oktober 1813 und Entscheidung Franz' I. v. 20. Oktober 1813; HHStA, OMeA, 1813, Kart. 198; 360.
159. OMeA, Intimat v. 26. Oktober 1813; HHStA, OMeA, 1813, Kart. 198; 360.

160. Morgenbesser und Raymond, Johann, Bericht v. 13. November 1813 an den Obersthofmeister; HHStA, OMeA, 1813, Kart. 198; 360.
161. Vesque, Bericht v. 17. November 1813 an das OMeA; HHStA, OMeA, 1813, Kart. 198; 360.
162. Morgenbesser und Raymond, Johann, Bericht v. 20. November 1813 an das Obersthofmeisteramt; HHStA, OMeA, 1813, Kart. 198; 360.
163. Vesque, Note v. 7. Dezember 1813; HHStA, OMeA, 1813, Kart. 198; 360.
164. Haas, S. 15.
165. Thiebes, S. 51.
166. Weindel, S. 57.
167. Haas, S. 21.
168. Löpchner, Eingabe v. 24. April 1815; HHStA, StK Vortr., 1815, Kart. 198 V, fol. 39–42.
169. Franz I., Weisung an Metternich v. 5. Mai 1815; HHStA, StK Vortr. 1815, Kart. 198 V, fol. 39–42.
170. Metternich, Bericht an Franz I. v. 26. Dezember 1818; HHStA, StK Vortr., 1818, Kart. 216/XII, 199.
171. Münster, Note an die Abgeordneten von 29 deutschen souveränen Fürsten und Städten v. 25. November 1814; HHStA, StK Kongr., Karton 6 (alt), Verfassung Deutschlands, fol. 86 f.
172. vgl. Vorschlag für die deutsche Verfassung, nicht unterzeichnet, undatiert; HHStA, StK Kongr. Kart. 6 (alt), Fasz. 7, fol. 4–10.
173. Memorandum, nicht unterzeichnet, undatiert; HHStA, StK Kongr., Kart. 6 (alt).
174. Gagern, Instruktionen v. 10. März 1813; HHStA, StK Kongr., Kart. 6 (alt).
175. Stein, Memorandum v. 6. (?) August 1813; HHStA, StK Kongr., Kart. 6 (alt).
176. Greifenegg, Bericht v. 3. Januar 1815 an Metternich; HHStA, StK Baaden, Korr. 1815 I-III, Kart. 11.
177. Stein, Note v. 25. Dezember 1813; HHStA, StK Kongr., Kart. 6 (alt).
178. ders., Memorandum v. 3. Januar 1814; HHStA, StK Kongr., Kart. 6 (alt).
179. Weissenberg, Bericht v. 29. August 1814, Nr. 56, an Metternich; HHStA, StK, Würzburg, 1814–1816, Kart. 4.
180. ebd.
181. wie Anm. 174.
182. wie Anm. 179.

7. Kapitel
Krämer, Phantasten, Realisten

1. Tucher, Bericht v. 3. September 1806; StAN, Reichsstadt Nürnberg, Losungsamt, Akten S I L 134 Nr. 16 a (Acta, die Abführung der Reichs-

kleinodien und Reichsheiltümer von Nürnberg nach Regensburg und von da weiter nach Wien, so wie deren Reklamierung betr., 1796–1806). fol. 98.

2. Magistrat Nürnberg, Eingabe an die königl. Regierung d. Rezatkreises v. 6. August 1821, Exp. Nro. 8009; BHStAM, MA 39304.
3. Vermerk v. 6. September 1821; BHStAM, MA 39304.
4. Klüber, Schreiben an die königl. Archiv Kommission v. 21. Oktober 1828; BHStAM, MA 39304.
5. Vorlage d. Staatsministers d. königl. Hauses u. d. Äußeren an den König v. 31. Okt. 1828; BHStAM, MA 39304.
6. Hormayr, Gutachten, undatiert, jedenfalls 1828, Ad Excellentissime, Ad Num. 4608; BHStAM, MA 39304.
7. Klüber, Eingaben an den bayer. König v. 15. u. 26. November 1828; BHStAM, MA 39304.
8. Hormayr, Stellungnahme v. 29.11.1828, Ad Excellentissimum, ad Num. 4983; BHStAM, MA 39304.
9. Klüber, wie Anm. 4.
10. ders., Eingabe an den bayer. König v. 30. November 1828; BHStAM, MA 39304.
11. Hormayr, Schreiben an die Regierung des Rezatkreises v. 19. Dezember 1828, ad. Num. 5259; BHStAM, MA 39304.
12. Mieg, Bericht an den bayer. König v. 4. Januar 1829; BHStAM, MA 39304.
13. Hormayr, Brief an Mieg v. 6. Januar 1829, ad. N. 120; BHStAM, MA 39304.
14. Klüber, Eingabe an den bayerischen König v. 9. März 1829; BHStAM, MA 39304.
15. Binder, Brief an Mieg v. 2. April 1829; BHStAM, MA 39304.
16. Mieg, Schreiben an den Staats- und Conferenz-Minister v. 10. April 1829; BHStAM, M 39304.
17. Hormayr, Brief an Mieg v. 3. Mai 1829 ad. N. 1836; BHStAM, M 39304.
18. Klüber, Eingabe an König Ludwig I. v. 4. Juli 1829; BHStAM, M 39304.
19. Hormayr, Schreiben an die K. Regierung des Isarkreises v. 9. August 1829 ad. Nr. 3491; BHStAM, M 39304.
20. Bibl, S. 209 ff.
21. Staatsminister d. königl. Hauses u. d. Äußeren, Bericht an Ludwig I. v. 5. August 1829; BHStAM, M 39304.
22. Ludwig I., Vermerk v. 19. August 1829; BHStAM, M 39304.
23. Mieg, Bericht a. d. Ministerium d. königl. Hauses u. d. Äußeren v. 31. August 1829; BHStAM, M 39304.
24. Hormayr, Schreiben an Mieg v. 6. September 1829; BHStAM, M 39304.
25. Mieg, Bericht v. 15. September 1829 an den Staats- und Konferenzminister; BHStAM, M 39304.
26. vmtl. Staats- u. Konferenzministerium, Note v. 25. Dezember 1829 a. d. Staatsminister d. Königl. Hauses u. d. Äußeren; BHStAM, M 39304.

27. Minister d. Königl. Hauses u. d. Äußeren, Note an den Minister d. Inneren v. 20. Februar 1830; BHStAM, M 39304.
28. Königl. Bayer. allgemeines Reichsarchiv, Empfangsbescheinigung v. 18. September 1858; BHStAM, M 39304.

8. Kapitel
Auch Aachen reklamiert

1. Sacks, Schreiben an Fonck v. 13. März 1816; Historisches Archiv d. Erzbistums Köln, Akten BA Dom II 3, zit. nach Ramjoué, S. 102f.
2. Mußgnug, S. 34.
3. Metternich faßt in seinem Vortrag das Gutachten in vier Punkte zusammen: »a) Die Frage nach der Rechtsnachfolge nach dem Römischen Kaiser: 1806 erlosch das Heilige Römische Reich ohne Rechtsnachfolger. Es sei daher richtig, daß die Insignien des Reiches dem österreichischen Kaiser (Franz I.) verblieben, der (als Franz II.) auch der letzte Kaiser des Heiligen Römischen Reiches gewesen war.
b) Nachfolger nach dem Kaiserlichen Krönungsstift Aachen: Unter den von der französischen Regierung aufgehobenen linksrheinischen Stiften und Klöstern befand sich auch das Aachener Liebfrauenstift. Auf Grund des Concordates zwischen Frankreich und dem Heiligen Stuhl (Pius VII.) sei ein Bistum Aachen mit Capitel neu gegründet worden, das ›sich ... als neue Fundation ansehend‹, niemals Forderungen erhob. Nach der preußischen Besitznahme der Rheinlande wurden das Bistum Aachen wieder aufgehoben und an der Stelle der alten Domkirche ein kleines Collegialstift errichtet, das mit dem vormaligen Kaiserlichen Krönungsstift ›nichts als die Kirche ... gemein hat‹.
c) Es wäre bei der Flüchtung der drei Aachener Kleinodien eine deutliche Unterscheidung zwischen den drei Reichskleinodien, die dem Collegialstift zur Aufbewahrung übergeben waren, und dem Reliquienschatz, der der Aachener Stiftkirche gehörte, gemacht worden: Die einen wären 1794 nach Wien geflüchtet worden, die anderen ›anderswohin‹ und bildeten noch immer den Schatz der Liebfrauenkirche.
d) Die Frage des Eigentumsrechtes Aachens an den drei Reichskleinodien: Metternich steht auf dem Standpunkt, daß diese Reichseigentum waren, die Aachen nur zur Verwahrung anvertraut worden sind. Er beruft sich dabei auf das Privileg Richards von Cornvall und auf den Prozeß, den die Stadt Aachen zur Sicherung ihres Mitverwahrungsrechtes beim Reichshofrat im 16. Jahrhundert angestrengt und erfolgreich beendet hatte« (Fillitz, Gutachten v. 7. Mai 1958, S. 7f; ScHKA, Reichskleinodien, deutsche Rückforderungen, sowie Metternich, Vortrag an den Kaiser v. 29. Oktober 1824, dm. Reg., F 1, Varia, Fasz. 134, zit. nach ASR, HHStA.)

Dazu ist festzustellen: Der Inhalt der Punkte a) und b) trifft zu. Die im Punkt c) enthaltene Behauptung, die drei Reichsinsignien wären schon 1794 nach Wien gebracht worden, ist unrichtig. Sie kamen zunächst nach Paderborn. Erst 1802 wurden sie in die Reichshauptstadt transferiert. Auch bezieht sich das unter Punkt d) angeführte Privileg Richards von Cornvall nicht auf die besagten drei Reichskleinodien. (Fillitz, Gutachten v. 7. Mai 1958, S. 8; ScHKA, Reichskleinodien, deutsche Rückforderungen.)

4. Metternich, Schreiben an das Collegialstift Aachen v. 20. März 1835; HHStA, Adm. Reg., F 1, Varia Fasz. 134, zit. nach ASR, HHStA.
5. Gau, Dr. A., Schreiben an Esterhazy v. 30. März 1856; HHStA, Adm. Reg., F 1, Varia 1850–1869, Kart. 132. zit. nach ASR, HHStA.
6. Ministerium des Äußeren, Note an den österr. Gesandten in Berlin u. die Direktion d. HHStA v. 3. Juni 1856; HHStA, Adm. Reg., F 1, Varia 1850–1869, Kart. 132.
7. Kapitel des Kollegialstiftes Aachen, Eingabe an Franz Joseph I. v. 26. November 1856; HHStA, Adm. Reg., F 1, Varia 1850–1869, Karton 132, zit. nach ASR, HHStA.
8. vgl. Metternich, Gutachten v. 29. Oktober 1834, bei Fillitz, Gutachten v. 7. Mai 1958, S. 7.
9. Poll, S. 135, 16. Juli 1821 sowie S. 140, 28. Januar 1826.
10. Ministerium d. Äußeren, Note an die Direktion des k. Haus-, Hof- u. Staatsarchivs v. 24. Januar 1857; HHStA, Adm. Reg., F 1, Varia 1850–1869, Kart. 132, zit. nach ASR, HHStA.
11. vgl. Fillitz, Gutachten v. 7. Mai 1958, S. 11 f.; SchKA, Reichskleinodien, deutsche Rückforderungen.
12. vgl. Ramjoué, S. 125.
13. Vortrag d. Ministers d. Äußeren Graf Buol-Schauenstein v. 2. Februar 1857 u. Resolution Kaiser Franz Joseph I. v. 13. März 1857; HHStA, Adm. Reg., F 1, Karton 132 (Varia 1850–1869).

9. Kapitel
Das Sturmjahr 1848

1. Petition an Kaiser Ferdinand v. 4. April 1848; HHStA, Titel u. Wappen, F 1, 1830–1849, Varia, 15–21.
2. Ficquelmont, Vortrag an Kaiser Ferdinand v. 5. April 1848; HHStA, Titel u. Wappen, F 1, 1830–1849, Varia, 15–21.
3. Österreichisch-Kaiserlich privilegierte Wiener Zeitung v. 4. April 1848, Abendbeilage.
4. Schuselka, S. 73–76.
5. Ministerratsprotokoll v. 5. April 1848, Nr. 96, Pkt. 6, S. 36 f; HHStA, MR–Prot. 1848, IV-V/1. Teil.

6. Österreichisch-Kaiserlich privilegierte Wiener Zeitung v. 6. April 1848, Abendbeilage.
7. wie Anm. 2.
8. Wolfsgruber, S. 485 u. 487.
9. Österreichisch-Kaiserlich privilegierte Wiener Zeitung v. 6. April 1848, Abendbeilage.
10. Wolfsgruber, S. 487.
11. Schriefl, S. 26 f; Kundmachung des Erzbischofs v. April 1848; Diözesanarchiv Wien, Bischofsakten, Erzbischof Milde, Kassette I/1 u. II/2; Protokoll über die Ministerkonferenz v. 6. April 1848, Nr. 97, S. 2 f; HHStA, MR–Prot., 1848, IV–V/1. Teil.
12. Crenneville, Brief an Beust v. 11. Dezember 1870, Beilage (vmtl. Autor Kanonikus Bock); HHStA, Politisches Archiv, 1870, XL, Kart. 131, Interna Varia, fol. 1–5.
13. Winkler, S. 44.
14. Schuselka, S. 76 f.
15. Heine, »Kobes I.« (gekürzt), 2. Band, S. 210–215.
16. Friedrich IV., Brief an Bunsen v. 15. Dezember 1848, in: L. v. Ranke »Aus dem Briefwechsel Friedrich Wilhelm IV. mit Bunsen«, S. 233 f., zit. nach Staats, S. 153.
17. Schlosser, »Die Schatzkammer des Allerhöchsten Kaiserhauses in Wien«, S. 31 f.

10. Kapitel
Die Preussen kommen

1. Die folgende Darstellung stützt sich im wesentlichen auf die Arbeit von Christiane Thomas »Die Bergung der kaiserlichen Kunstschätze und des Archives 1866«. Die Originärquellen sind dort ausführlich zitiert.
2. vgl. Herre, S. 244 ff.

11. Kapitel
Vom neuen Kaiserreich zum Weltbrand

1. Crenneville, Brief an Beust v. 11. Dezember 1870; HHStA, politisches Archiv, XL., Kart. 131, Interna Varia, 1870, fol. 1–5.
2. ders., Brief an Braun v. 11. Dezember 1870; HHStA, OKäA, 1870, Kart. 577, r 60–74, ad 1018.
3. Braun, Brief an Crenneville v. 12. Dezember 1870; HHStA, OKäA, 1870, Kart. 577, r 60–74, ad 1018.

4. Winkler, S. 4, ohne Quellenangabe.
5. Stillfried, S. 17.
6. ebd., S. 10.
7. Friedrich III., S. 260, Schieder, S. 154–163, zit. nach Staats, S. 151.
8. Stillfried, S. 12.
9. ebd., S. 14.
10. ebd., S. 15.
11. ebd., S. 15 f.
12. ebd., S. 21.
13. Kölnische Zeitung v. 29. Juni 1872, StAN, fol. 30 f.
14. vgl. Essenwein, Brief an Crenneville v. 28. März 1872; HHStA, OKäA, 1870, Kart. 577, r 60–74, ad 1018/1870.
15. HHStA, Pol. A. III, Fasz. 108, zit. nach Rath; Bericht über die Reichskleinodien, vmtl. 1953; ScHKA, Karton Reichskleinodien, deutsche Rückforderungen.
16. Stillfried, S. 15.
17. wie Anm. 14.
18. Crenneville, Brief an Essenwein v. 1. April 1872; HHStA, OKäA, 1870, Kart. 577, r 60–74, ad 1018/1870.
19. Aufseß, »Eine offene Frage über die deutschen Reichskleinodien« in: Fränkischer Kurier, XXXIX. Jhg., Nr. 286 v. 6. Juni 1872.
20. Kreß, in: Deutsches Wochenblatt v. 12. Juli 1888, Nr. 16, S. 189–191.
21. Freytag, Erste Serie, Band 7, S. 535.
22. Oberstämmerer, Anordnung an die Direktion der Sammlungen von Waffen und kunstindustriellen Gegenständen d. Allerhöchsten Kaiserhauses v. 29. April 1890, Nr. 5, Präsidiale; AdAS, 1890.
23. Königl. bayer. Staatsministerium d. königl. Hauses u. d. Äußeren, Brief an den Stadtmagistrat Nürnberg v. 14. Mai 1905, No. 10405/II.; StAN, C 7/I GR 12653.
24. Gudenus, Brief an die königl. bayer. Gesandtschaft Wien v. 23. Juli 1905, Zl. 1798; StAN, C 7/I GR 12653.
25. Jostenrode, Grävel van, »Die Reichskleinodien zurück nach dem Reich! Völkische Richtlinien für unsere Zukunft«, Wien, 1906.
26. Stenographisches Protokoll über die 442. Sitzung des Hauses der Abgeordneten, XVII. Session, v. 30. Oktober 1906, S. 39324 f.
27. Deutscher Reichstag, Verzeichnis der bei dem Reichstag eingegangenen Petitionen, 13. Legislaturperiode, 1. Session, 1912/1913, Drucksache Nr. 1032, S. 4.
28. Verwaltung des Deutschen Reichstages, Brief an Liebel, undatiert, jedenfalls November 1938; NAW, OMGUS, Ardelia Hall Collection, Record Group 260, Box 34.
29. Liermann, Rechtsgutachten ex 1945 über die Reichskleinodien, Anm. 16; GNMN, Hist. Archiv.

30. Siebert, Brief v. 8. Juni 1937 an Lammers; Lammers, Brief an Sieber, undatiert; BAK, R 43 II/1236 b.
31. KHM Wien, Schreiben an d. BMfU v. 9. April 1934, Z. 17 ex 1934; STA, BMfU, 1934.
32. Vermerk im Aktenstück Nr. 60 der Schatzkammer ex 1914; SchKA, 1914.
33. Schatzkammer d. Allerhöchsten Kaiserhauses, Meldung an das Hohe O.K.A. v. 20. August 1914; SchKA, 1914.
34. Schatzkammer, Vermerk v. 22. August 1914, Z. 68; SchKA, 1914.

12. Kapitel
Republik und Kaiserkrone

1. Weixlgärtner, Gedächtnisprotokoll über Gespräch mit Baron Wilhelm von Weckbecker am 22. Februar 1926 v. 4. März 1926; SchKA 1926.
2. Arbeiterzeitung, Wien, v. 6. September 1919.
3. Renner in der Sitzung der Nationalversammlung v. 6. September 1919, zit. nach Schuster, Dissertation, S. 201.
4. Bauer, zit. nach Ermacora, S. 42.
5. Loehr, S. 701 f.
6. Renner, Brief an Weixlgärtner v. 26. Oktober 1928; Weixlgärtner »Die Weixlgärtnerei«, S. 1322 f; ÖNB-HuIS, Weixlgärtner Nachlaß.
7. Weixlgärtner, »Die Weixlgärtnerei«, S. 739; ÖNB-HuIS, Weixlgärtner Nachlaß.
8. Deutschösterreichisches Staatsamt für Äußeres, Zl. I–1447 (1919), Sammelakt der Gemäldegalerie Wien, zit. nach Lhotsky, S. 619 f.
9. Weixlgärtner, »Die Weixlgärtnerei«, S. 740 f, ÖNB-HuIS, Weixlgärtner Nachlaß.
10. Lhotsky, S. 627.
11. Italienische Herausgabeforderungen an die Wiener Schatzkammer 1919 »Elenco IV«; StA, NPA, 382, Liasse Österreich 33/4, 1919, fol. 920–925.
12. Weixlgärtner, S. 741; ÖNB-HuIS, Weixlgärtner Nachlaß.
13. Lhotsky, S. 627.
14. Deutschösterreichisches Staatsamt für Äußeres, Zl. I–2347 (1919), zit. nach Lhotsky, S. 625.
15. Fellner-Maschl, S. 49.
16. Tietze, Erklärung v. 31. Juli 1919; StA, NPA, Liasse Österreich 33/4 aus 1919, Kart. 382, fol. 6.
17. Klein, in: Fellner-Maschl, S. 290.
18. Tietze, wie Anm. 16.
19. Renner, Brief an Löwenthal v. 20. August 1919; StA, NPA, Liasse Österreich 33/4 aus 1919, Kart. 382, fol. 85.
20. Tietze, wie Anm. 16.

21. Österreichisches Staatsamt für Äußeres, Vortrag vor dem Kabinettsrat, Z. 607/2, undatiert; StA, NPA, Liasse Österreich, 33/4 aus 1920, Kart. 382, fol. 462–467.
22. Sonderabkommen mit Italien über den Kunstbesitz v. 4. Mai 1920, Artikel 4; StA, NPA, Liasse Österreich, 33/4 aus 1924–1934, Karton 383, fol. 493–496.
23. wie Anm. 21.
24. Weber, Fritz, »Hauptprobleme der wirtschaftlichen und sozialen Entwicklung Österreichs in der Zwischenkriegszeit«, in: Kadrnoska, Franz, »Aufbruch und Untergang«, Wien, München, Zürich; 1981, S. 595.
25. Andics, S. 74.
26. wie Anm. 24.
27. Präsidium d. österr. Staatsamtes f. Inneres und Unterricht, Einsichtsvermerk v. 6. Mai 1919, Zl.: 1183/U/1919; StA, Staatsamt f. Inneres und Unterricht, 1919.
28. Der Oberste Verwalter des Hofärars, Vermerk über den Friedensvertrag von St. Germain in seiner Beziehung zur Verwertung des Hofärars, undatiert, im Akt 80 ex 1920; HHStA, Der Oberste Verwalter des Hofärars, 1920.
29. wie Anm. 27.
30. Advances to Austria, Text amended according to decision 630 of October 5th 1920, and published in Annex 472 of the Reparation Commission, Punkt I, lit. e).
31. Lhotsky, S. 641.
32. Weixlgärtner, »Die Weixlgärtnerei«, S. 767 f.; ÖNB-HuIS Weixlgärtner Nachlaß.
33. Oberste Verwaltung des Hofärars, Interalliierte Kommission zur Inventarisierung u. Bewertung d. staatl. Kunstbesitzes, Zahlen: 169, 300, 445, 696 ex 1920, sowie Karton 1922, Diverses 1–5; HHStA.
34. Deutschösterreichisches Staatsamt f. Finanzen, Schätzung v. 10. Januar 1919, Sektion II, Dep. 20, Zl. 1031/1919; StA, Deutschösterreichisches Staatsamt f. Finanzen, 1920.
35. OkäA, Briefkonzept v. 21. Mai 1919, Zl. 839/19; HHStA, OKäA, 1919.
36. Weixlgärtner, wie Anm. 32.
37. Loehr, S. 702 ff.
38. Huyskens, Albert, »Gutachten über das Eigentumsrecht des Aachener Domkapitels an den sogenannten Aachener Reichskleinodien in der Weltlichen Schatzkammer zu Wien«, Beilage zum Brief Dr. Viktor Kienböcks an Sekt. Chef Franz Peter v. 26. November 1932; StA, Neues Pol. Archiv, Kart. 457.
39. Loehr, S. 702 f.
40. Außenamt, BKA, Wien, Amtserinnerung v. 2. u. 3. November 1932, Zl. 24.669–13; StA, Neues Politisches Archiv, Karton 457.
41. ebd.

42. BKA, Auswärtige Angelegenheiten, Verbalnote an die deutsche Gesandtschaft in Wien, überreicht am 29. November 1932; StA, Neues Politisches Archiv, Kart. 457.
43. Kienböck, Dr. Viktor, Brief v. 26. November 1932 an Sektionschef Franz Peter; StA, Neues Politisches Archiv, Kart. 457.
44. KHM, Direktion der Sammlungen für Plastik und Kunstgewerbe, Schreiben an das BMfU v. 9. April 1934, Z. 17 ex 34, sowie BMfU, Schreiben an das BKA, Auswärtige Angelegenheiten v. 21. April 1934, Zl.: 11.588; StA, Unterrichtsministerium, 1934.
45. Weixlgärtner, »Die Weixlgärtnerei«, S. 814 f.; ÖNB-HuIS, Weixlgärtner Nachlaß.
46. ebd., S. 957 f.
47. wie Anm. 44.
48. Weixlgärtner, »Die Weixlgärtnerei«, S. 1105; ÖNB-HuIS, Weixlgärtner Nachlaß.
49. ebd., S. 1106 u. 1122.

13. Kapitel
Der Kronschatz wird verborgen und wiederentdeckt

1. Tigges, S. 158 f; Speer, S. 173; Fries, Bericht v. März 1972, S. 8; NStA, F 5 QNG 412.
2. Horn, Bericht v. 14. August 1945; GNMN, Hist. Archiv.
3. Kahn, Univ. Prof. Peter, schriftl. Mitteilung an den Autor v. 24. Oktober 1989.
4. Schmeißner, Mitteilung an Bühler v. 8. November 1961; Horn, Fragebogenbeantwortung an Bühler v. 11. August 1948; BStAN, Bühler Nachlaß, Band 29.
5. GNMN, Jahrbuch, 91. Jhg. 1946, S. 16, zit. nach Schwemmer »Die Reichskleinodien in Nürnberg 1938–1945« in: MVGN, Jhg. 65/1978, S. 408.
6. Schmeißner, Bericht v. 11. August 1945, S. 2; NStA, F 5 QNG 412.
7. wie Anm. 5.
8. Schwemmer, wie Anm. 5, S. 408.
9. Troche, Erklärung v. 20. Juni 1945, Blg. 1 des Horn-Berichtes v. 14. August 1945; GNMN, Hist. Archiv.
10. Pfeiffer, Bericht v. 1954, S. 5, zit. nach Schwemmer wie Anm. 5; Protokoll über die Besichtigung v. 2. August (datiert 3.) 1945; GNMN, Hist. Archiv..
11. Fries, Bericht an Thompson v. 30. Juni 1945, Beilage 2 des Horn-Berichtes v. 14. August 1945; GNMN, Hist. Archiv.
12. Pfeiffer, Bericht v. 1954, zit. nach Schwemmer wie Anm. 5.
13. Müller, Adolf, S. 129–144; Siegener Zeitung, 27. Juni 1954, S. 62 f; Stahl, Joachim, S. 48–54; Euler, Helmuth, S. 222–226.

14. Roethel, Dr. Hans Konrad, Mitteilung an die US-Streitkräfte; SchKA, Reichskleinodien, deutsche Rückforderungen.
15. Schwemmer, S. 408.
16. Troche führt u. a. aus: »Es fiel mir ein, daß Stadtrat Dr. Fries sich nicht persönlich an Captain Thompson gewendet hat, ... obwohl er zweimal die Schlüssel für die amerikanischen Armeeoffiziere übersandte, um die Keller der Schmiedegasse zu betreten.« (wie Anm. 9). Damit konnte Troche doch nur zum Ausdruck bringen wollen, daß Fries jeden Kontakt mit den Amerikanern tunlichst mied, weil er offenbar etwas vor ihnen zu verbergen hatte.
17. wie Anm. 2.
18. Report of the american Commission for the Protection and Salvage of artistic and historic Monuments in war area, S. 142 ff., Washington, 1946 (bekannt als »Roberts Commission«), zit. nach Bühler Nachlaß, Regesten 1945; BStAN, Bühler Nachlaß.
19. wie Anm. 6, S. 3.
20. wie Anm. 2; Schmeißner, Bericht v. 11. August 1945, S. 2; Fries, Bericht v. 29. Mai 1954, S. 4 f; NStA, F 5 QNG 412.
21. wie Anm. 8, S. 409 f; ferner wie Anm. 20. Fries, S. 6 f.
22. Schwemmer, wie Anm. 8, S. 406 f.; Schmeißner, Bericht v. 11. August 1945, S. 2; Fries, Bericht v. 29. Mai 1954, S. 4 f. sowie v. März 1972, S. 8; NStA, F 5 QNG 412.
23. Lincke, Brief an Bühler v. 16. Juli 1971; BStAN, Bühler Nachlaß, Band 31.
24. Fries, Bericht v. März 1972, S. 8; NStA, F 5 QNG 412; ferner wie Anm. 22.
25. Fries, Bericht v. 29. Mai 1954, S. 5, sowie v. März 1972, S. 8; NStA, F 5 QNG 412.
26. Fries, Bericht v. 29. Mai 1954, S. 4 und v. März 1972, S. 9; NStA, F 5 QNG 412.
27. Schmeißner, Bericht v. 11. August 1945, S. 4; NStA, F 5 QNG 412.
28. wie Anm. 2, sowie Schmeißner, Bericht v. 11. August 1945, S. 4; NStA, F 5 QNG 412.
29. Artikel »Famous Crown Found in Nurnberg Cache« in: The Stars and Stripes, Southern Germany Edition, 13. August 1945.
30. wie Anm. 2, sowie Schmeißner, Bericht v. 11. August 1945, S. 4; NStA, F 5 QNG 412.
31. 1949 berichtet »Der Spiegel«, Spacil habe sich 1945 zunächst als Unteroffizier Aue ausgegeben und im Kriegsgefangenenlager Fürstenfeldbruck den SS-Hauptsturmführer Gerhard Schlemmer kennengelernt. »Aue stellte sich sehr bald unter seinem richtigen Namen vor: ›Ich bin SS-Oberführer Spacil, Amtschef II (Recht und Verwaltung) des Reichssicherheitshauptamtes.‹ Dann ließ Aue-Spacil seinem neuen Chef einen Blick in den geheimnisvollen Rucksack werfen, von dem er sich nie trennte: Notenbündel aller Währungen, Gesamtwert nach Schlemmers Schätzung mindestens eine Million. Er habe den SS-Schatz, Geld, Devisen, Gold, Juwelen und die Reichsinsi-

gnien (Zepter, Krone, Reichsapfel) im Gesamtwert von etwa 26 Millionen Mark mit einem Lastzug nach Österreich bringen lassen, gab Spacil in Stacheldrahtpsychose preis. Nur ein zuverlässiger Förster wisse außer ihm, wo der Schatz vergraben sei. Die 25 KZ-Häftlinge, die das Loch gebuddelt haben, sind aus Geheimhaltungsgründen erschossen worden. Er, Spacil, sei bereit, einen Teil dieses Geldes für seine und Schlemmers Freilassung zu opfern. Der Löwenanteil der vergrabenen Millionen solle der höheren SS-Führung den Aufbau neuer Existenzen ermöglichen. Sicher aber solle Schlemmer, wenn er die richtigen Verbindungen zu den Amerikanern herzustellen vermöge, ein reicher Mann werden...« (Artikel »Man könne doch Knobelbecher...« in: Der Spiegel, 3. Jhg., Nr. 35, v. 25. August 1949, S. 6 ff.)
Was es mit dem im Rucksack mitgeführten Millionenbetrag und den vergrabenen Millionen aus dem »SS-Schatz« auf sich hatte, mag dahingestellt bleiben, die Angaben über den Aufbewahrungsort der wichtigsten Stücke der Reichskleinodien waren jedenfalls falsch. Der »Spiegel Artikel« kann natürlich nicht als seriöse Quelle betrachtet werden. Er wird hier nur angeführt, weil sein Inhalt tendenziell jenen Äußerungen zu entsprechen scheint, die Spacil zum Teil auch Horn gegenüber machte, und sohin ein Licht auf die Qualität jener Quelle (Spacil) wirft, aus der Horn einen Teil seiner Schlüsse zog.

32. wie Anm. 2.
33. wie Anm. 27, S. 6, sowie März 1972, S. 9.
34. Zauner, Franz, Niederschrift v. 22. Mai 1946 vor der Sicherheitsdirektion f. d. Bundesland Salzburg, Zl. 2230/SD/46, BMfI, GZ 104242-2/46; StA, Innenministerium 1946.
35. Unter der Bezeichnung »Werwolf« existierten zwei Organisationen: Ein Kleinkrieg-Verband, genannt »Werwolf«, der im Herbst 1944 gegründet wurde und unter Leitung des SS-Offiziers Hans Prützmann stand, sowie eine politisch-revolutionär als Volksaufstand inszenierte »Werwolf«-Bewegung, zu der Dr. Goebbels am 1. April 1945 aufrief. (vgl. Rose, insbesondere S. 7 f.).
36. Rose, S. 325.
37. ebd., S. 100.
38. ebd., S. 263 f.
39. wie Anm. 6, S. 1 f.
40. Fries, Bericht v. März 1972, S. 10; NStA, F 5 QNG 412.
41. The Stars and Stripes, Southern Germany Edition, 13. August 1945.
42. Schmeißner, Bericht v. 11. August 1945, S. 3; NStA, F 5 QNG 412.
43. Schmeißner, Bericht v. 11. August 1945, S. 4, und v. 2. Juni 1954, S. 1; NStA, F 5 QNG 412; Troche, Erklärung v. 3. November 1945; GNMN, Hist. Archiv.
44. Kahn, schriftl. Mitteilung an den Autor v. 24. Oktober 1989.

45. Schmeißner, Bericht v. 2. Juni 1954, S. 2, sowie Fries, Bericht v. März 1972, S. 14; NStA, F 5 QNG 412
46. Schmeißner, Bericht v. 2. Juni 1954, S. 1 f; NStA, F 5 QNG 412.
47. Fries, Bericht v. 29. Mai 1954, S. 7; NStA, F 5 QNG 412.
48. Armstrong, Robert G., »The German Crown Jewels – A Modern Detective Story«; NAW, OMGUS, Ardelia Hall Collection, Record Group 260, Box RK 10.
49. Fries, Bericht v. März 1972, S. 12; NStA, F 5 QNG 412.
50. ebd., S. 11.
51. ebd., S. 12 f.
52. Fries, Bericht v. 29. Mai 1954, S. 7; NStA, F 5 QNG 412.
53. Horn, Erklärung v. 23. Mai 1946, Punkt 4, Beilage zum Bericht Fries' v. März 1972; NStA, F 5 QNG 412.
54. Fries, Bericht v. März 1972, S. 14; NStA, F 5 QNG 412.
55. Schmeißner, Bericht v. 2. Juni 1954, S. 2; Fries, Bericht v. März 1972, S. 14; NStA, F 5 QNG 412.
56. Artikel »Rettung wie durch ein Wunder« in: Nürnberger Gemeindeblatt, Nr. 3, 1972.

14. Kapitel
Rückkehr nach Wien

1. Andrews, Charles H., Colonel, Meldung an den Commanding General, Third US-Army v. 10. August 1945; NStA, F 6/100 (2) OMGUS.
2. Horn, Bericht v. 14. August 1945 an Captain Thompson; GNMN, Hist. Archiv, Reichskleinodien.
3. De Wald, Ernest T., Bericht an MFA&A Branch, Repartition, Deliveries and Restitution Division Headquarters, U.S. Forces, European Theater, APO 757 v. 29. Oktober 1945; NAW, OMGUS, Ardelia Hall Collection, Record Group 260, Box 34.
4. Staatsamt für Volksaufklärung für Unterricht und Erziehung und Kultusangelegenheiten, Note an Staatskanzlei (Auswärtige Angelegenheiten) v. (vmtl.) 25. Oktober 1945, GZ. 8113/II/3; StA, BMfU, 1945; Weixlgärtner, curriculum vitae, Februar 1956; ÖNB-IuHS, Weixlgärtner Nachlaß.
5. Staatsamt für Volksauflärung usw., wie Anm. 4.
6. wie Anm. 3.
7. Headquarters U.S. Forces, European Theater, an den Direktor der Economics Division, Office of Military Government for Germany v. 13. November 1945; NAW, OMGUS, Ardelia Hall Collection, Record Group 260, Box 34.
8. Anweisung an den Oberkommandierenden der Besatzungszone von Österreich (Deutschland) v. 13. November 1945, J.C.B., 1570; NAW, OMGUS, Ardelia Hall Collection, Record Group 260, Central Collecting Points, Central Records 1945–1952, Policy Planings 1945–1949, Policy MFA&A.

9. Draper, W.H., Brigadegeneral, Economics Division v. 27. November 1945 an AGWAR für WARCAD; NAW, OMGUS, Ardelia Hall Collection, Record Group 260, Box 34.
10. CG USFA v. 6. Dezember 1945 an USFET (Main); NAW, OMGUS, Ardelia Hall Collection, Record Group 260, Box 34.
11. USFET v. 6. Dezember 1945 an USFA; NAW, OMGUS, Ardelia Hall Collection, Record Group 260, Box 34.
12. Allen, John, Colonel, Chief Restitution Branch v. 11. Dezember 1945 an AGWAR für WARCAD; NAW, OMGUS, Ardelia Hall Collection, Record Group 260, Box 34.
13. Clay, D.B., Gen.Leutnant, v. 14. Dezember 1945 an AGWAR für WARCAD; NAW, OMGUS, Ardelia Hall Collection, Record Group 260, Box 34.
14. USFET, gez. McNarney, v. 15. Dezember 1945 an USFA, General Hume; NAW, OMGUS, Ardelia Hall Collection, Record Group 260, Box 34.
15. AGWAR signed WARCAD an OMGUS v. 15. Dezember 1945; NAW, OMGUS, Ardelia Hall Collection, Record Group 260, Box 34.
16. Headquarters U.S., Group CC v. 17. und 19. Dezember 1945, Carrier Sheet; NAW, OMGUS, Ardelia Hall Collection, Record Group 260, Box 34.
17. OMGUS, gez. Clay, v. 22. Dezember 1945 an USFET; NAW, OMGUS, Ardelia Hall Collection, Record Group 260, Box 34.
18. Troche, Brief an Dr. Meinzolt, Bayerisches Staatsministerium für Unterricht und Kultus, v. 28. Dezember 1945; GNMN, Hist. Archiv.
19. ebd.
20. Liermann, Rechtsgutachten über die Rechtslage der Kleinodien des alten Heiligen Römischen Reiches Deutscher Nation v. 27. Oktober 1945; GNMN, Hist. Archiv.
21. Troche, wie Anm. 18.
22. ders., Denkschrift über die Kleinodien des Heiligen Römischen Reiches Deutscher Nation v. 1. Januar 1946; GNMN, Hist. Archiv, Reichskleinodien.
23. Wieszner, Brief an Troche v. 1. Januar 1946; GNMN, Hist. Archiv.
24. Troche, Vermerk v. 4. Januar 1946, GNMN, Hist. Archiv.
25. ebd.
26. »Bundesminister Dr. Gruber, der in der neuen Regierung mit der Leitung des Ministeriums für auswärtige Angelegenheiten betraut wurde, gab einem Berichterstatter der ADN einige aufschlußreiche Erklärungen, die österreichische Außenpolitik der nächsten Zukunft betreffend, ab: Es ist auf jeden Fall zu erwarten, daß Österreich die Forderung um Grenzberichtigung gegenüber Deutschland einbringen werde, es handle sich hierbei um das Berchtesgadener Land, das aus straßentechnischen Gründen für Österreich enorm wichtig sei. Außerdem laufen durch dieses Gebiet österreichische Telegraphenlinien und Telefonkabel, die von den Deutschen vor dem Überfall auf Österreich bereits abgehört wurden. Ein ähnliches Risiko

werde man nicht mehr auf sich nehmen. Der Minister erklärte, daß mit ziemlicher Sicherheit zu erwarten sei, daß der Kabinettsrat in nächster Zukunft einen derartigen Beschluß fasse.« (Oberösterreichische Nachrichten, 24. Dezember 1945, 1. Jhg., Nr. 164, S. 1).

Auf diese Absicht reagierten die Bewohner des Berchtesgadener Landes mit der Drohung, falls die Österreicher sich dieses Gebiet einverleiben wollten, würden sie sich mit Dreschflegeln dagegen zur Wehr setzen. Die Dreschflegel mußten nicht bemüht werden. (Erinnerung des Autors).

27. Troche, wie Anm. 24.
28. De Wald, Vorschlag v. 2. Januar 1946 an Brigadegeneral Flory; NAW, OMGUS, Ardelia Hall Collection, Record Group 260, Box 1.
29. Übergabeprotokoll v. 3. Januar 1946; GNMN, Hist. Archiv.
30. Schwemmer, Erklär. gegenüber Bühler; BStAN, Bühler Nachlaß, Band 30.
31. Troche, Vermerk v. 4. Januar 1946; GNMN, Hist. Archiv.
32. Bühler, »Ein Kunstschatz wandert durch das Abendland – Bericht über das Schicksal der Reichskleinodien« in: Der Feuerreiter, 1951, 27. Jhg., Nr. 26, v. 29. Dezember 1951, S. 12 ff., sowie Schönherr, Otto, »Die Reichskrone wieder in Wien« in: Die Presse v. 28. Februar 1954, S. 5 f.
33. Der leitende Direktor der staatlichen Kunstsammlungen, Bericht v. 31. Januar 1946, Zl. 4 ex 1946, an das BMfU, Wien; StA, Unterrichtsministerium, 1946.
34. wie Anm. 33.
35. Stromer, Bericht an d. BMfU v. 30. Mai und v. 2. Juni 1949, Z. ad 30 ex 1949; ScHKA, 1949.
36. KHMW, Sammlung für Plastik und Kunstgewerbe, handschriftl. Vermerk, nicht unterzeichnet, undatiert; ad Z. 30 ex 1949; ScHKA, 1949.
37. Troche, wie Anm. 31.
38. Headquarter US Group CC, Carrier Sheet v. 7. u. 9. Januar 1946; NAW, OMGUS, Ardelia Hall Collection, Record Group 260, Box: Reichskleinodien.
39. O'Donell, James, in: Continental News Weeks v. 28. Januar 1946, zit. nach Bühler; BStAN, Bühler Nachlaß, Band 32.
40. Speier, Hans, Acting Chief, Division of Occupied Areas, Department of State, Washington, Brief an Albright, Frank, v. 8. September 1947; NAW, OMGUS, Ardelia Hall Collection, Record Group 260, Box: Reichskleinodien.
41. Schriftverkehr KHMW–Bayerisches Nationalmuseum München, 1949/50; GNMN, Hist. Archiv.
42. Bühler; BStAN, Nachlaß Bühler, Band 32.
43. ebd.
44. Office of the High Commissioner for Germany, Incoming Message v. 12. Juli 1950; NAW, OMGUS, Ardelia Hall Collection, Record Group 260, Box: Reichskleinodien.

45. Office of the U.S. High Commissioner for Germany, Incoming Message v. 4. August 1950; NAW, OMGUS, Ardelia Hall Collection, Record Group 260, Box: Reichskleinodien.
46. Mc Cloy, John J., amerik. Hochkommissär für Deutschland, Mitteilung v. 9. August 1950 an Bonn; NAW, OMGUS, Ardelia Hall Collection, Record Group 260, Box: Reichskleinodien.
47. Decker, Dr. Hugo, Brief an Bühler v. 7. Juli 1953; BStAN, Bühler Nachlaß, Band 33.
48. Fillitz, Aktennotiz v. 31. Dezember 1953, Z. 66/Pl/1953; ScHKA, 1953.
49. Fillitz, »Die Schatzkammer«, S. 5.
50. Herle, Roman, in: Die österreichische Furche, v. 2. April 1955, Nr. 14, S. 9.
51. ebd.
52. Neuer Kurier, Wien, v. 2. April 1955.
53. Die Presse, Wien, v. 29. März 1955.
54. Griesser-Pecar, S. 276.
55. Rechtsamt der Stadt Nürnberg, Anregung v. 8. Mai 1958; StAN, C 7 I GR 10004.
56. Kurzprotokoll der Referentensitzung v. 13. Mai 1958; ebd.
57. Huber, S. 175 ff; vgl. auch Schönborn, S. 115 f.
58. Bühler, Brief an Dr. Hugo Decker v. 29. September 1959; BHStA, Bühler Nachlaß, Band 34.
59. Gesetz, betreffend den Vertrag v. 26. Mai 1952 über die Beziehungen der Bundesrepublik Deutschland und den Drei Mächten mit Zusatzverträgen v. 28. März 1954, BGBl. 1954, II. Teil, Nr. 3 v. 29. März 1954; Entschließung IV/2 d. Ausschusses f. d. Besatzungsstatut u. ausw. Angelegenheiten v. 27. November 1952, Anlage 2 zum Stenographischen Bericht d. 242. Sitzung.
60. BMfU, Note an die Sammlung für Plastik und Kunstgewerbe d. KHMW v. 2. Januar 1953, Zl. 97.364–II/6/52; ScHKA, Reichskleinodien, deutsche Rückforderungen.
61. Sammlung für Plastik und Kunstgewerbe im KHMW, Brief an d. BMfU v. 4. Februar 1953, Z. 1/Pl/1953; ScHKA, wie Anm. 60.
62. BMfU, Note an d. BKA, Auswärtige Angelegenheiten, v. 17. Februar 1953, Z. 27.172-II-6; Fillitz, Gutachten v. 7. Mai 1958, S. 17 f; ScHKA, wie Anm. 60.
63. Direktion d. Sammlung für Plastik und Kunstgewerbe im KHMW, Note an d. BMfU, Abtlg. II-6, v. 11. Juli 1955, Z. 60/Pl/1955; ScHKA, wie Anm. 60.
64. BMfU, Note an d. BKA, Auswärtige Angelegenheiten, v. 16. Februar 1956, Z. 72.713-II-6/55; ScHKA, wie Anm. 60.
65. Müssener, Brief an Bundeskanzler Julius Raab v. 4. Februar 1957 zit. nach ASR, HHStA.
66. Thomas, Christiane, mündliche Mitteilung an den Autor v. 7. Februar 1990.
67. Neues Österreich, Wien, v. 17. Juli 1957.
68. Wiener Kurier, v. 18. Juli 1957.

69. Raab, Brief an d. Aachener Domkapitel v. 20. Juli 1957, Aachener Domarchiv, Reichskleinodien, Korrespondenz, zit. nach Ramjoué, S. 163 f.
70. Müssener, Brief an Raab, v. 16. August 1957, zit. nach Ramjoué, S. 167.
71. Neues Österreich, Wien, »Aachener Domkapitel führt weiterhin Krieg gegen Ballhausplatz« v. 23. August 1957.
72. vgl. wörtl. Protokoll d. am 18. August 1957 vom Westdeutschen Rundfunk mit Dr. Rath ausgestrahlten Interviews, Beilage zu KHM, Direktion der Sammlung für Plastik und Kunstgewerbe, v. 7. Mai 1958, Zl. 42/Pl/1958-1; ScHKA, Reichskleinodien, deutsche Rückforderungen.
73. BMfU, Note an d. Adm. Direktor d. Sammlungen d. KHMW v. 19. September 1957, Z. 83.368-5/57; ScHKA, wie Anm. 72.
74. Fillitz, Gutachten v. 7. Mai 1958; ScHKA, wie Anm. 72.
75. Ramjoué, S. 168.
76. Raab, Brief an d. Aachener Domkapitel v. 20. April 1960, Aachener Domarchiv, zit. nach Ramjoué, S. 169.
77. Globke, Brief an Müssener, v. 4. März 1963; BStAN, Bühler Nachlaß, Band 34; vgl. Ramjoué, S. 168 ff.
78. Plechl, Pia Maria, »Kaiserkrone in ›Standardverpackung‹« in: Die Presse, Wien, v. 30. Januar 1962.
79. Die Presse, Wien, v. 30. Januar 1962.
80. Die Furche, Wien, v. 3. Februar 1962.
81. Die entscheidende Fragen sind: Wer war Eigentümer der in Aachen verwahrten drei Insignien? Insbesondere: Ist die Aachener Münsterkirche Eigentümerin oder Verwahrerin im heutigen Rechtssinne gewesen? Gehörten die in Aachen verwahrten Insignien zu den Reichskleinodien? Dazu ist festzustellen:

    a) »Es gibt keine Herkunftsbelege, aus denen Zeit und Anlaß der Herstellung, der Hersteller, der Auftraggeber, der Erwerber oder Schenker hervorginge.« (Ramjoué, S. 17).

    b) »Alle drei Werke lassen sich nur mit stilkritischen Mitteln näher bestimmen, da jeder äußere Hinweis auf ihre Entstehung oder für ihren ersten Besitzer fehlt.« (Fillitz, Gutachten v. 7. Mai 1958, S. 21).

    c) »Seit wann die drei Kleinodien in Aachen sind, und unter welchen Umständen sie dahin gelangten, darüber läßt sich überhaupt nichts Näheres feststellen.« Die Meinungen darüber divergieren erheblich. »Gerade das zeigt aber auch, daß Gewißheit für die Frage, seit wann sich die drei Werke in Aachen befanden und auf welche Weise sie dahin gelangten, nicht zu erlangen ist.« (Fillitz, a.a.O., S. 23).

    d) »Formulierungen, die behaupten, die drei Objekte seien immer schon in Aachen gewesen, sind ebenso falsch wie solche, die von Haus aus die Frage stellen, ›wann … die drei Reichskleinodien Aachen zur Aufbewahrung übergeben wurden.‹ Es fehlen einfach alle Unterlagen, sodaß weder positiv noch negativ eine Aussage zu rechtfertigen ist.« (Fillitz, a.a.O., S. 26.)

e) Belegbar sind der sogenannte Säbel Karls des Großen erstmals 1376, die Stephansbursa 1429 (Fillitz, a.a.O., S. 23f.) und das Reichsevangeliar 1500/1534. (Ramjoué, S. 24.)

f) Als vorläufiges Ergebnis kann somit festgehalten werden, daß ein schlüssiger Eigentumsbeweis zunächst weder für Kaiser und Reich noch für Aachen zu erbringen ist. Die Eigentumsverhältnisse lassen sich sohin – wenn überhaupt – nur über Indizien erschließen, wobei insbesondere die nachstehend erwähnten Umstände herangezogen werden können.

g) Herzog Johann von Jülich-Cleve-Berg bat 1534 das Aachener Domkapitel, ihm das Reichsevangeliar für einige Tage zu leihen. Das Domkapitel lehnte ab mit der Begründung, das Schreiben des Herzogs sei nicht unterfertigt, und mit dem Hinweis auf den außerordentlich hohen Wert der Handschrift. »Außerdem könne sie nicht, wie bekannt sei, ohne besondere Genehmigung des Kaisers versandt werden, da sie für die Eidesleistung der deutschen Könige bei der Krönung zur Verfügung stehen müsse.« (zit. nach Huyskens, S. 30). »Es geht daraus hervor, daß das Aachener Domkapitel über das Evangeliar nicht frei verfügen konnte, wie Huyskens für die drei Kleinodien behauptet, sondern an eine kaiserliche Genehmigung gebunden war.« (Fillitz, a.a.O., S. 26). Ramjoué will aus dem gleichen Brief das Gegenteil schließen. Dem im Brief enthaltenen Hinweis, daß das Evangeliar zu den hervorragenden Schätzen der Münsterkirche gehöre, will er entnehmen, daß es »sich um eines der hervorragendsten Stücke des Aachener Kirchenschatzes handele – nicht also um Reichsgut oder kaiserliches Gut«. (Ramjoué, S. 32) Ramjoué irrt. Aus diesem Hinweis kann keineswegs der Beweis des Eigentums der Münsterkirche am Evangeliar abgeleitet werden, denn man kann auch einen Gegenstand als zu einem Schatz gehörig bezeichnen, der nicht unbedingt im Eigentum desjenigen steht, der den Schatz verwahrt. Das Reichsevangeliar, das in einem Brief, in welchem es keineswegs um die Feststellung der Eigentumsfrage, sondern ganz offenkundig um die Abwehr einer nicht genehmen Ausleihbitte geht, als eines der vornehmsten Stücke des Münsterschatzes bezeichnet wird, konnte sich also ebensogut lediglich in Verwahrung des Münsterstiftes befinden. Dafür spricht insbesondere auch, daß es nicht ohne kaiserliche Genehmigung versendet werden durfte. Ramjoué kommt – aufbauend auf seiner vagen Eigentumskonstruktion für das Reichsevangeliar – überdies zu einem sehr kühnen, durch nichts gerechtfertigten Schluß, wenn er behauptet: »Der Ablehnungsbrief des Kapitels von 1534 bezeichnet damit deutlich die Rechtslage des Evangeliars und« – jetzt kommt der kühne Gedankensprung! – »dementsprechend der Stephansbursa und des Säbels als gleichfalls vom Aachener Münster zur Krönung zur Verfügung gestellten Stücke: sie zählten als Bestandteil des Kirchenschatzes zum Ausstattungsgut der Münsterkirche und standen im Eigentum der zur Münsterkirche gehörigen Kirchenstiftung.« (Ramjoué, S. 32.) Auf den Schultern der unbewiesenen

Eigentumskonstruktion für das Reichsevangeliar wird der Akrobatenakt versucht, auch das Eigentum Aachens an den beiden anderen Insignien nachzuweisen. Wie ist das bei einem solchen Akrobatenakt? Wenn sich schon der Untermann nicht auf den Beinen halten kann, wie sollen dann die beiden Obermänner gerade stehen?

Selbst wenn das Reichsevangeliar Eigentum der Münsterkirche gewesen wäre – was jedoch nicht zu beweisen ist –, könnten die beiden anderen Insignien durchaus Eigentum jemandes anderen gewesen sein.

h) 1562 findet erstmals eine Krönung außerhalb Aachens statt. Die in Aachen befindlichen Reichskleinodien werden nunmehr für die Krönung angefordert. Aus dem Anforderungsschreiben zeigt sich deutlich, »daß der Gebrauch der drei Kleinodien bei der Krönung altgeübten Gepflogenheiten entspricht.« (Fillitz, a.a.O., S. 27.) In späteren Unterlagen werden für die Aachener und Nürnberger Stücke regelmäßig Wendungen wie »die kayserlichen Insignien«, »die königl. insignia ornamenta und zierath«, »die Kay. Insignia und Kleynodien«, »die zur kayserlichen Crönung gehörenden insignien«, »die zur Crönung nöthige höchstansehnliche Insignia und Cleinodien«, die »zu der Koniglichen Crönung gehorigen Gezierden und Stukken«, »die Aachischen Reichsinsignien«, »Reichs Geräthe«, und »Reichs Ornat« gebraucht. (Ramjoué, S. 34 f.) Es wird also »klar ausgesprochen, daß es sich um kaiserliche Insignien handelt«. (Fillitz, a.a.O., S. 27.) Es liegt nahe, daß »kaiserliche Insignien« solche sind, die dem Kaiser gehören, also in dessen bzw. im Eigentum des Reiches stehen. Ebenso nahe liegt, daß damit ihre Eigenschaft als Reichskleinodien zum Ausdruck gebracht wird, was sich ja auch aus ihrem Verwendungszweck ergibt.

Ramjoué ist anderer Meinung: »Vergleicht man sie (Anm.: die Bezeichnungen) untereinander und hält man andere Fälle daneben, in denen dieselben Ausdrücke gebraucht werden, so zeigt sich, daß der Aussagewert begrenzt ist: Bezeichnungen wie ›kaiserlichen‹, ›königlichen‹, oder ›Reichs‹-Kleinodien spiegeln keineswegs immer die Eigentumslage wider.« (Ramjoué, S. 38 ff.) Sollte sich jemand diese Auffassung zueigen machen, dann muß er jedenfalls bedenken, daß diese Bezeichnungen aber keinesfalls *gegen* das Eigentum von Kaiser und Reich sprechen. Ganz im Gegenteil. Wenn man diese Bezeichnungen schon nicht als Beweise für Reichseigentum auffassen will, so sind sie doch gewichtige Indizien dafür.

i) In den Anforderungen, die drei Insignien von Aachen zum Krönungsort zu bringen, finden sich häufig Formulierungen, die von Verwahrung der Insignien durch die Aachener sprechen. (vgl. Ramjoué, S. 36 f.) Daraus Rückschlüsse auf das Eigentum zu ziehen, halten sowohl Fillitz als auch Ramjoué für nicht zielführend. (Fillitz, a.a.O., S. 28 f; Ramjoué, S. 36 ff.) Wenn die Bezeichnung der Aachener als Verwahrer nicht als Indiz für das Eigentum des Reiches herangezogen wird, so spricht sie doch auf keinen Fall dagegen.

j) Daß zwischen dem Aachener Münsterschatz und den kaiserlichen Insignien stets deutlich unterschieden wurde, weist Fillitz an Hand einer Reihe von Beispielen nach. (Fillitz, a.a.O., S. 29 f.) Mit Recht wird daraus geschlossen, »daß man sich im 18. Jahrhundert der Einheit der Reichskleinodien in Aachen und Nürnberg durchaus bewußt war... Erst in der Duplik des Aachener Stiftes von 1856 wird der Charakter der drei Werke als Reichskleinodien negiert und ihr Reliquiencharakter hervorgekehrt, um den Argumenten des Metternichschen Gutachtens namentlich wegen der Rechtsnachfolge nach dem Heiligen Römischen Reich entgegenwirken zu können.« (Fillitz, a.a.O., S. 31.)
k) Im Laufe der Jahrhunderte gesellte sich zur Insignieneigenschaft der Reichskleinodien auch die Eigenschaft als Reliquie. Dadurch – und das muß betont werden – verloren sie jedoch nicht ihren Charakter als Insignien, also ihren Charakter als Prädikate kaiserlicher und königlicher Macht und Würde. Die Reichskleinodien sind eben nicht mit dem Arm- oder Beinknochen eines Heiligen zu vergleichen, dessen sterbliche Hülle zur Reliquie erhoben worden ist. Es ist daher verfehlt, aus der Eigenschaft der Insignien, auch Reliquie gewesen zu sein, zu schließen, nunmehr seien kirchenrechtliche Normen bezüglich ihrer Verfügbarkeit maßgebend. Die Reichskleinodien sind weder Krämerware noch der im Mittelalter gängigen Handelsware »Reliquie« gleichzusetzen. Sie sind eine Sachgesamtheit sui generis, ein Unikat, unvergleichbar in der Geschichte, und daher auch nur schwer meßbar mit der Elle des allgemein gültigen Rechts. Keinesfalls aber kann aus ihrem »Auch«-Reliquiencharakter geschlossen werden, daß – wie das durch das Domkapitel in Aachen im Wege einer Interpretation des Metternichschen Gutachtens aus 1834 geschah – »zum mindesten die St. Stephansbursa, und zwar *wegen* ihres Reliquiencharakters, Eigentum der Aachener Stiftskirche ist...« (Müssener, Brief an Raab v. 24. November 1957; HHStA, Sammlung Rath.) Das Aachener Domkapitel ging aber noch weiter. Das Eigentum der Stiftskirche unterstellend, wird behauptet: »Ein rechtsgültiger Verzicht des Kapitels und eine dem bisherigen Eigentum entgegenstehende Handlung des letzten Kaisers des Hl. römischen Reiches deutscher Nation hätte zu ihrer Rechtmäßigkeit der Approbation des Apostolischen Stuhles bedurft, dem allein die Disposition über die ›insignes Reliquiae‹ zusteht.« (Müssener, Brief an Raab v. 4. Februar 1957; HHStA, Sammlung Rath.)
Die Nürnberg zur Verwahrung durch Sigismund anvertrauten Reichskleinodien verfügen schon ab dem Zeitpunkt der Übergabe an Nürnberg 1423 *auch* über Reliquiencharakter. Dazu stellt Fillitz fest, »daß auch in Nürnberg Heiltumsweisungen mit den Reichskleinodien stattfanden und die Stadt durch den Verkauf von allerlei Gegenständen, die mit der Hl. Lanze berührt wurden und dadurch selbst Reliquiencharakter annahmen, sich respektable Einnahmen schuf. Es konnte sich aber durch derartigen Handel

der Stadt nichts am Eigentumsrecht der Reichskleinodien ändern.« (Fillitz, a.a.O., S. 24.) Das gleiche gilt natürlich auch für Aachen. Im übrigen hat schon am 23. Januar 1932 der Aachener Bischof Dr. Vogt den Apostolischen Nuntius in Berlin gebeten, wegen der Übergabe der Reichskleinodien an Aachen zu intervenieren. Eine Antwort auf diese Bitte ist nicht bekannt geworden. (Fillitz, a.a.O., S. 16.)

l) »1797 ist nicht der erste und einzige Fall, daß der Kaiser bei der Flüchtung der drei Reichskleinodien eingriff und nicht das Stift allein dafür sorgen ließ. Auch in den frühen 90er Jahren des 17. Jahrhunderts waren in den Franzosenkriegen die Aachener Reichskleinodien geflüchtet worden, wobei der damalige Reichsvizekanzler Leopold Wilhelm Graf zu Königsegg sich ihres Schutzes angenommen hatte.« (Fillitz, a.a.O., S. 32.) Ein weiteres gewichtiges Indiz für die Eigentümerschaft des Reiches auch an diesen Insignien.

m) Fillitz kommt zu folgendem Schluß: Zur Zeit, als der Aachener Münsterschatz und mit ihm zusammen die drei in Aachen verwahrten Reichskleinodien nach Paderborn geflüchtet wurden (1794), sind das Reichsevangeliar, der Säbel Karls des Großen und die Stephansbursa allgemein als Reichskleinodien genauso anerkannt worden, wie die in Nürnberg verwahrten Stücke. Auch das Aachener Krönungsstift anerkannte diesen Rechtsstand. »In früheren Jahrhunderten fehlen allerdings Formulierungen, die diesen Charakter auch so deutlich herausarbeiten würden, wie es die erhaltenen Urkunden- und Aktenbestände aus dem 18. Jahrhundert ermöglichen. Rückblickend aber muß man wohl zu dem Schluß gelangen, daß auch diese unprägnanteren Ausdrücke sinngemäß dasselbe aussagen: es handelt sich bei dem Reichsevangeliar, Säbel und Stephansbursa um Reichskleinodien. Unter dem Begriff ›Reichskleinodien‹ sind dabei jene Schatzbestände zu verstehen, die Eigentum des Heiligen Römischen Reiches waren und aus verschiedenen traditionellen, symbolischen und religiösen Gründen zur Ausstattung des Kaisers bzw. römisch deutscher Könige gehörten.« (Fillitz, a.a.O., S. 33).

n) Neben den rechtlichen Erwägungen sind bei der Beurteilung der Entscheidungen Franz' II. (später Franz I.) schwerwiegende politische Gründe zu beachten. Napoleon hatte die feste Absicht, sich die »Krone Karls des Großen« aufs Haupt zu setzen. Das mußte Franz mit allen Mitteln verhindern. Er tat es, als er befahl, die drei Reichsinsignien in Paderborn sicherzustellen. Allzugerne wird übersehen, »daß der Kaiser für die Reichskleinodien zu sorgen verpflichtet war und daß er unbedingt verhindern mußte, daß diese in die Hände der Franzosen fielen«. (Fillitz, a.a.O., S. 35.)

Die Entscheidung des Kaisers Franz, die Aachener Insignien zunächst sicherzustellen und ab 1801 gleich den Nürnbergern in seiner Schatzkammer in Wien zu verwahren, beruhte sohin auf zwei Gründen: auf dem aktuell politischen Grund zu verhindern, daß Napoleon sich der Reichskleinodien bemächtigte, und auf dem Rechtsgrund, daß der Kaiser als Repräsentant des Heiligen Römischen Reiches Deutscher Nation nicht nur berechtigt, sondern auch verpflichtet war, über die Symbole dieses Reiches zu verfügen, insbesondere aber vor fremdem Zugriff zu bewahren.

o) Mit der Auflösung des Reiches 1806 änderte sich die Lage insoferne, als es geradezu politischer Widersinn gewesen wäre, die Reichskleinodien Nürnberg oder Aachen wieder in Verwahrung zu geben.

»Aachen war nach wie vor von den Franzosen besetzt, Nürnberg, seines Charakters als freie Reichsstadt verlustig, bayerisch geworden. Der König von Bayern stand im Lager Napoleons.« (Fillitz, a.a.O., S. 36.)

p) Geht man davon aus, daß auch bei den Aachener Reichskleinodien Reichseigentum vorlag, dann ist die mit der Auflösung des Reiches aktuell gewordene Sukzessionsfrage eindeutig zu beantworten: Geht ein Staat unter, gilt für die Rechtsnachfolge seines Sachvermögens das Liquidationsprinzip oder das Territorialitätsprinzip. (Huber, Max, »Die Staatssuccession«, Leipzig, 1898, S. 175 ff. und Schönborn, Walter, »Staatssukzessionen«, 2. Bd., 2. Abtlg., des »Handbuch des Völkerrechts«, Stuttgart 1913.) Nach dem Liquidationsprinzip wird den Nachfolgestaaten gemeinschaftliches Miteigentum verschafft. Staaten, welche behaupteten, die Nachfolge des Heiligen Römischen Reiches angetreten zu haben, gab es nicht. Wir müssen uns daher mit diesem Prinzip nicht näher beschäftigen. Es griff das Territorialitätsprinzip Raum. Ihm zufolge geht das Eigentum des untergegangenen Staates auf denjenigen Nachfolger über, der es in seinem Gebiet vorfindet. Unbestrittenermaßen befanden sich alle Reichskleinodien zum Zeitpunkt des Unterganges des Reiches in Wien. Das Eigentum an ihnen, und zwar sowohl an den in Aachen als auch in Nürnberg verwahrten Stücken, ging daher der besagten völkerrechtlichen Maxime zufolge auf das Kaiserreich Österreich über. Gleicherweise wurde das Eigentum an den Reichskleinodien 1918 mit dem Untergang des österreichischen Kaiserstaates auf die Republik Österreich übertragen. Aus der Tatsache, daß die vormals im Heiligen Römischen Reich Deutscher Nation verbundenen Staaten bis heute keinen Rechtsanspruch gegenüber Österreich erhoben haben, muß – bedenkt man, daß es dazu aktuelle Anlässe 1814/1815, 1848, 1866, 1871/1872 gegeben hätte – als Anerkennung der österreichischen Ansprüche gewertet werden. (vgl. Merkl, Adolf, Vorläufige staats- und völkerrechtliche Feststellungen zur Forderung an die Republik Österreich auf »Rückgabe der Reichskleinodien«, undatiert, jedenfalls 1953; SchKA, Reichskleinodien, deutsche Rückforderungen; ebenso Fillitz, a.a.O., S. 37 ff.) Auch die vom deutschen Bundestag 1952 angenommene Entschließung, nach der das weitere Schicksal der in Wien befindlichen Reichskleinodien einer Vereinbarung zwischen der Bundesrepublik Deutschland und Österreich vorbehalten bleibt, zeitigte keine Konsequenzen. »Es blieb bei einer bloßen Entschließung ohne gesetzliche Verbindlichkeit. Deshalb hat die Bundesregierung den Beschluß des Bundestages auf sich beruhen lassen. Sie ist nie an Österreich mit Rückgabeforderungen herangetreten.« (Mußgnug, S. 38 f.)

q) Ramjoué schließt seine Arbeit mit: »Es ist nicht anzunehmen, daß das Aachener Domkapitel seinen Rechtsanspruch auf Rückgabe der drei Aachener Reichskleinodien an die Aachener Münsterkirche aufgeben wird, falls die Wiener Seite nicht nachweist, daß der Aachener Rückgabeanspruch unbegründet ist.« (Ramjoué, S. 171.) Der Jurist Ramjoué verkennt die Rechtslage. Nicht Wien hat den Nachweis zu erbringen, daß Aachens Rechtsanspruch zu Unrecht besteht, Aachen hätte vielmehr nachzuweisen, daß seine Ansprüche berechtigt sind. Die Beweislast trifft ja bekanntlich den Kläger. Dieser Nachweis ist bei Lage der Dinge aber schlüssig nicht zu erbringen.

r) Bezüglich der eingangs gestellten Fragen kommt man also zu folgendem Ergebnis:

- Ein schlüssiger Beweis, in wessen Eigentum die drei in Aachen verwahrten Stücke ursprünglich standen, ist von keiner Seite zu erbringen.
- Die Indizien, die mittelbaren Hinweise also, sprechen überwiegend für das Eigentum des Heiligen Römischen Reiches Deutscher Nation.
- Die fraglichen Objekte gehörten auf jeden Fall zu den Reichskleinodien.
- Wer behauptet, nicht Österreich, sondern jemand anderer sei Eigentümer oder Verwahrungsberechtigter, hätte dafür den schlüssigen Nachweis zu erbringen.

82. Engstler, S. 276.
83. Jeannee, Michael, »Wien ist hart: ›Geben die Reichsinsignien nicht her‹« in: Express, Wien, v. 9. Januar 1968.
84. Bräuer, Änne, »Alter Streit um Aachener Domschatz neu entfacht« in: Rheinische Rundschau v. 10. Januar 1968.
85. Hörhager, Raymund, »Wien und Aachen streiten um den Säbel Karls des Großen« in: Allgemeine Zeitung, Mainz, 15. Februar 1968.
86. Welt am Sonntag v. 17. August 1969; Münchener Merkur v. 8. August 1969; Tagesspiegel, Berlin, v. 12. August 1969.
87. Ramjoué, S. 171.
88. Plechl, Pia Maria, »Spekulationen um ›Verzicht‹ Aachens« in: Die Presse, Wien, v. 12. August 1969.
89. Mußgnug, Reinhard, S. 34 u. 38.

15. Kapitel
Finale

1. Schramm, Band III., S. 1059–1063.

Literatur

Andrian-Werburg, Klaus Freiherr von, »Die Krongesandtschaften« in: Nürnberg – Kaiser und Reich, Ausstellungskatalog, BStAN, 1986.

Aufseß, Hans, Reichsfreiherr von und zu, »Eine offene Frage über die deutschen Reichskleinodien« in: Fränkischer Kurier, XXXIX. Jhg. Nr. 286, v. 6. Juni 1872.

Bauer, Rotraud, »Die Krönungsgewänder der Könige und Kaiser des Heiligen Römischen Reiches« in: Kunsthistorisches Museum in Wien, Weltliche und Geistliche Schatzkammer, Bildführer, Salzburg-Wien, 1987.

de Berault-Bercastel, »Geschichte der Kirche«, 2. Band, Huglfing, 1787.

Berg, R., »Der Heilige Mauritius und die Thebäische Legion«, Halle a.d.S., 1895.

Bibl, Victor, »Kaiser Franz«, Leipzig und Wien, 1938.

Bock, Franz, »Das Heiligthum zu Aachen«, Köln & Neuß, 1867.

Bräuer, Änne, »Alter Streit um Aachener Domschatz neu entfacht« in: Rheinische Rundschau v. 10. Januar 1968.

Bühler, Albert, »Ein Kunstschatz wandert durch das Abendland« in: Der Feuerreiter, 29. Dezember 1951, 27. Jhg., Nr. 26.

ders., »Die Reichskleinodien in Wien« in: Badische Neueste Nachrichten, 20. November 1954, Nr. 273.

ders., »Die Flüchtungen der Nürnberger Reichskleinodien 1796 und ihre Reklamierung nach deutschen Quellen« in: MVGN, 46. Band, 1955.

ders., »Die Reichskleinodien haben ihre Schicksale« in: Badische Neueste Nachrichten, 22. Juli 1972.

ders., »Die Reichskleinodien und ihr Schicksal« in: Aachener Volkszeitung, 2. September 1972.

ders., »Zur Geschichte der deutschen Reichskleinodien« in: »Das Münster«, 27. Jhg., 1974.

Bühler, Johannes, »Das Frankenreich«, Leipzig, 1923.

Chorherr, Thomas, (Hsg.), »1938 – Anatomie eines Jahres«, Wien, 1987.

Decker-Hauff, Hansmartin, und Schramm, Percy Ernst, »Die Reichskrone, angefertigt für Kaiser Otto I.« in: Schramm, Herrschaftszeichen und Staatssymbolik, Band II.

Dorda, Ulrike M., »Johann Aloys Joseph Reichsfreiherr von Hügel (1754–1815)«, Dissertation, Würzburg, 1969.

Einhard, »Leben und Taten Karls des Großen«, München, 1968.

Enders, Rudolf, »Kaisertreue und Reichsbewußtsein in Nürnberg« in: Nürnberg – Kaiser und Reich, Ausstellungskatalog, BHStA, 1986.

Engstler, Ludwig, »Die territoriale Bindung von Kulturgütern im Rahmen des Völkerrechts«, Köln-Berlin-Bonn-München, 1964.

Ermacora, Felix, »Der unbewältigte Friede«, Wien-München, 1989.

Euler, Helmuth, »Die Entscheidungsschlacht an Rhein und Ruhr 1945«, Stuttgart, 1980.

Fellner, Fritz; Maschl, Heidrun, »Saint-Germain im Sommer 1919«, Salzburg, o. J.

Fillitz, Hermann, »Studien zur Römischen Reichskrone« in: Jahrbuch der kunsthistorischen Sammlungen in Wien, Band 50, (Neue Folge Band XIV), Wien, 1953.

ders., »Katalog der Weltlichen und Geistlichen Schatzkammer«, Wien, 1956.

ders., »Die österreichische Kaiserkrone«, Wien-München, 1959.

ders., »Die Schatzkammer in Wien«, Salzburg-Wien, 1986.

Frensdorff, F., »Zur Geschichte der deutschen Reichsinsignien« in: Nachrichten von der königlichen Gesellschaft der Wissenschaften in Göttingen, Philologisch-Historische Klasse, Göttingen, 1897.

Freytag, Gustav, »Gesammelte Werke«, Erste Serie, Band 7, Politische Aufsätze, Leipzig, o. J.

Fürst, Wilhelm, »Nürnberg und der Verlust der Reichskleinodien« in: Das Bayerland, XXV. Jhg., Folgen 18–20, 1914.

Gauert, Adolf, »Das ›Szepter‹ von Sutton Hoo« in: Schramm, Herrschaftszeichen und Staatssymbolik, Band I., Stuttgart, 1954.

Goebbels, Joseph, »Die Tagebücher von Joseph Goebbels – sämtliche Fragmente«, herausgegeben v. Elke Fröhlich, Teil I, Band 2, München-New York-London-Paris, 1987.

Görres, Joseph von, »Jakobinerschriften«, München-Salzburg, 1953.

Goethe, Johann Wolfgang von, »Dichtung und Wahrheit«, Erster Teil, Fünftes Buch.

Grass, Nikolaus, »Reichskleinodien – Studien aus rechtshistorischer Sicht« in: Österreichische Akademie der Wissenschaften, Philosophisch-Historische Klasse, Sitzungsberichte, 248. Band, Wien, 1965.

Griesser-Pecar, Tamara, »Zita – Die Wahrheit über Europas letzte Kaiserin«, Bergisch Gladbach, 1985.

Haas, Walter, »Der Dom zu Speyer«, Königstein im Taunus, o. J.
Haller, Friedrich von, »Die Rettung der Reichskleinodien« in: Fränkischer Kurier, 12. September 1938, Nr. 251.
Haupt, Georg, »Die Reichsinsignien – ihre Geschichte und Bedeutung«, Leipzig, o. J.
Heer, Friedrich, »Die Tragödie des Heiligen Reiches«, Wien-Zürich, 1952.
Heine, Heinrich, Sämtliche Werke, Zweiter Band, Leipzig und Wien, o. J.
Heinen, Heinrich, in: Kölner Rundschau v. 23. September 1961, Nr. 222.
Herle, Roman, in: Die österreichische Furche v. 2. April 1955.
Herre, Franz, »Moltke, der Mann und sein Jahrhundert«, Stuttgart, 1984.
Höffkes, Karl, »Hitlers politische Generale«, Tübingen, 1986.
Hörhagen, Raymund, »Wien und Aachen streiten um den Säbel Karls des Großen« in: Allgemeine Zeitung, Mainz, v. 15. Februar 1968.
Hofmann, Hans Hubert, »Im Freistaat Bayern (seit 1918)« in: Gerhard Pfeiffer (Hsg.), Nürnberg – Geschichte einer europäischen Stadt, München, 1982.
Hormayr, Josef Freiherr von, »Wien, seine Geschichte und Denkwürdigkeiten«, II. Jhg., 2. Band, 1825.
Huber, Max, »Die Staatssuccession«, Leipzig, 1898.

Jeannee, Michael, »Wien ist hart: ›Geben die Reichsinsignien nicht her‹« in: Express, Wien, v. 9. Januar 1968.
Jostenrode, Grävel van, »Die Reichskleinodien zurück nach dem Reich! Völkische Richtlinien für unsere Zukunft«, Wien, 1906.

Kadrnoska, Franz, »Aufbruch und Untergang« Wien, München, Zürich, 1981.
Kentenich, »Der Kult der Thebäer am Niederrhein« in: Rheinische Vierteljahresblätter, Jhg. 1, Bonn, 1931.
Kircheisen, F. M., »Fürstenbriefe an Napoleon«, II. S. 132–143, Stuttgart, 1929, zit. nach Wencker-Wildberg, Bd. 8, S. 462 f.
Klaar, Karl-Engelhardt, »Sicherung und Pflege der Reichskleinodien in Nürnberg« in: Nürnberg – Kaiser und Reich, Ausstellungskatalog, BStAN, Nürnberg, 1986.
Köhler, Johann David, »Deutsche Reichs Historie«, Period. VI, S. 308, 1751.
Kohlhaußen, Heinrich, »Die Reichskleinodien«, Bremen-Berlin, vmtl. 1939.
Kreß, Karl Freiherr von, »Die deutschen Reichsinsignien« in: Deutsches Wochenblatt, 12. Juli 1888, Nr. 16.
Kugler, Georg Johannes, Rezension »Fritz Ramjoué, die Eigentumsverhältnisse an den drei Aachener Reichskleinodien, Köln, 1968« in: Mitteilungen des Österreichischen Staatsarchivs, 24. Band, 1971, Wien, 1972.
ders., »Die Reichskrone«, Wien-München, 1986.

Lhotsky, Alphons, »Die Verteidigung der Wiener Sammlungen kultur- und naturhistorischer Denkmäler durch die Erste Republik« in: Mitteilungen des österreichischen Institutes für Geschichtsforschung, Bd. 63 (1955), Wien.

Liebenau, H. v., »Lebensgeschichte der Königin Agnes von Ungarn«, Regensburg 1868, sowie »Urkundenteil«, Regensburg, 1869.

Liebmann, Maximilian, »Vom Appeasement zum Widerstand« in: Thomas Chorherr (Hsg.), 1938 – Anatomie eines Jahres, Wien, 1987.

Loehr, August, »Bewahrung österreichischen Kulturbesitzes« in: Mitteilungen des Institutes für österreichische Geschichtsforschung, Bd. 58 (1950), Wien.

Lorenz, Willy, »Das Heimliche Römische Reich« in: Hermann Fillitz, Die österreichische Kaiserkrone, Wien-München, 1959.

Machilek, Franz, »Die Heiltumsweisungen« in: Nürnberg – Kaiser und Reich, BStAN, 1986.

Mayer, Karl Franz, »Aachener Geschichten«, 1. Band, Aachen, 1784.

Müller, Adolf, »Kostbare Kunstschätze in Siegener Obhut« in: Krieg und Elend im Siegerland: Das Inferno in den Vierzigerjahren, Siegen, 1981.

Müller, Uwe, »Der Versuch Herzog Wilhelms V. von Bayern, das Reichsheiltum in seinen Besitz zu bringen« in: MVGN, Bd. 72, 1985.

ders., »Der Plan einer Entführung des Reichsheiltums durch Herzog Wilhelm V. von Bayern« in: Nürnberg – Kaiser und Reich, Ausstellungskatalog, BStAN, 1986.

Mußgnug, Reinhard, »Wem gehört Nofretete?«, Schriftenreihe der Juristischen Gesellschaft e.V. Berlin, Berlin-New York, 1977.

Neumann, H. J., »Arthur Seyß-Inquart«, Graz-Wien-Köln, 1970.

O'Donell, James, in: Continental News Week v. 28. Januar 1946.

Pfeiffer, Gerhard (Hsg.), »Nürnberg – Geschichte einer europäischen Stadt«, München, 1982.

Pichler, Karoline, »Denkwürdigkeiten aus meinem Leben«, Erster Band, München, 1914.

Planitz, Hans, »Deutsche Rechtsgeschichte«, Graz, 1950.

Plechl, Pia Maria, »Kaiserkrone in ›Standardverpackung‹« in: Die Presse, Wien, v. 30. Januar 1962; »Spekulation um ›Verzicht‹ Aachens« in: Die Presse, Wien, v. 12. August 1969.

Poll, Bernhard, »Geschichte Aachens in Daten«, Aachen, 1965.

Preradovich, Nikolaus von, »Großdeutschland 1938«, Leoni, 1987.

Ramjoué, Fritz, »Die Eigentumsverhältnisse an den drei Aachener Reichskleinodien«, Köln, 1968.

Rau, Reinhold, »Quellen zur karolingischen Reichsgeschichte«, Erster Teil, Berlin, 1956.

Ravenscroft, Trevor, »Der Speer des Schicksals«, München, 1988.

Rechter, Gerhard, »Die ›Ewige Stiftung‹ König Sigismunds von 1423« in: Nürnberg – Kaiser und Reich, Ausstellungskatalog, BStAN, 1986.
ders., »Die Flüchtungen der Reichskleinodien nach Regensburg 1796« in: Nürnberg – Kaiser und Reich, Ausstellungskatalog, BStAN, 1986.
ders., »Die Reichsinsignien in Nürnberg 1938–1946« in: Nürnberg – Kaiser und Reich, Ausstellungskatalog, BStAN, 1986.
Reicke, Emil, »Geschichte der Reichsstadt Nürnberg«, Nürnberg, 1896.
Rössler, Hellmuth, »Napoleons Griff nach der Karlskrone«, München, 1957.
Rose, Arno, »Werwolf 1944–1945«, Stuttgart, 1980.

Schieder, Th., »Das deutsche Kaiserreich als Nationalstaat«, Köln u. Opladen, 1961.
Schlosser, Julius, »Die Schatzkammer des allerhöchsten Kaiserhauses in Wien, dargestellt in ihren vornehmsten Denkmälern«, Wien, 1918.
ders., »Die deutschen Reichskleinodien«, Wien, 1920.
Schneider, Reinhold, »Winter in Wien«, Wien, 1958.
Schnelbögl, Julia, »Die Reichskleinodien in Nürnberg 1424–1523« in: MVGN, Band 51, 1962.
Schönborn, Walter, »Staatensukzession«, 1913.
Schönherr, Otto, »Die Reichskrone wiederum in der Wiener Burg« in: Die Presse, 28. Februar 1954, Nr. 1627.
Schramm, Percy Ernst, »Herrschaftszeichen und Staatssymbolik«, Band I–III, Stuttgart, 1954–1956.
ders., »Die Heilige Lanze« in: Schramm, Herrschaftszeichen und Staatssymbolik«, Band II, Stuttgart, 1945–1955.
ders. und Hansmartin Decker-Hauff, »Die Reichskrone, angefertigt für Kaiser Otto I.« in: Schramm, Herrschaftszeichen und Staatssymbolik, Band II, Stuttgart, 1954–1955.
Schuhmann, Günther, »Die Reichsinsignien und Heiltümer in Nürnberg« in: Nürnberg – Kaiser und Reich, Ausstellungskatalog, BStAN, 1986.
Schulz, Traugott, »Die deutschen Reichskleinodien«, Leipzig, 1934.
Schuschnigg, Kurt von, »Ein Requiem in Rot-Weiß-Rot«, Zürich, o. J.
Schuselka, Franz, »Das Revolutionsjahr März 1848–März 1849«, Wien, 1850.
Schwemmer, Wilhelm, »Die Reichskleinodien in Nürnberg 1938–1945«, MVGN, Band 65, 1978.
Speer, Albert, »Erinnerungen«, Frankfurt-Berlin, 1970.
Srbik, Heinrich von, »Die Schicksalsstunde des alten Reiches«, Jena, 1937.
Staats, Reinhart, »Theologie der Reichskrone«, Stuttgart, 1976.
Stahl, Joachim, »Bunker und Stollen für den Luftschutz im Raum Siegen«, Kreuztal, 1980.
Steinbauer, Gustav, »Ich war Verteidiger in Nürnberg«, Klagenfurt, 1950.
Stillfried, R. Graf, »Die Attribute des neuen Deutschen Reiches«, Berlin, 1872.
Stolle, Franz, »Das Martyrium der thebäischen Legion«, Breslau, 1891.

Thiebes, Bruno, »Kleines Dombuch«, Speyer, 1986.
Thomas, Christiane, »Die Bergung der kaiserlichen Kunstschätze und des Archivs 1866« in: Mitteilungen des Österreichischen Staatsarchivs, 17./18. Band, 1964/1965.
Tigges, Hans, »Das Stadtoberhaupt«, Baden-Baden, 1988.
Trnek, Helmut, »Die Reichskrone« etc. in: Kunsthistorisches Museum in Wien, Weltliche und Geistliche Schatzkammer, Bildführer, Salzburg-Wien, 1987.

Unterkircher, Franz, »Reich und Reichskleinodien« in: Die Furche, 16. Januar 1946.

Weber, Fritz, »Hauptprobleme der wirtschaftlichen und sozialen Entwicklung Österreichs in der Zwischenkriegszeit« in: Franz Kadrnoska.
Weindel, Philipp, »Der Dom zu Speyer«, Speyer, 1980.
Weixlgärtner, Arpad, »Geschichte im Widerschein der Reichskleinodien«, Baden bei Wien-Leipzig, 1938.
ders., Bericht über seinen Vortrag »Neues über die alten Reichsinsignien« in: Aachener Volkszeitung, 12. Mai 1952, und »Der Glanz der Reichskleinodien« in: Aachener Nachrichten, 12. Mai 1952.
Wencker-Wildberg, Friedrich (Hsg.), »Napoleon, die Memoiren seines Lebens«, Band 11–12, Wien-Hamburg-Zürich, o. J.
Werminghoff, Albert, »Von den Insignien und den Reliquien des alten Heiligen Römischen Reiches« in: Neue Jahrbücher für das klassische Altertum, Geschichte und deutsche Literatur, 17. Jhg., Leipzig-Berlin, 1914.
Winkler, A., »Die deutschen Reichskleinodien« in: Heft 154 der von Rudolf Virchow und Fr. v. Holtzendorff herausgegebenen Sammlung gemeinverständlicher wissenschaftlicher Vorträge, Berlin, 1872.
Wolfsgruber, Cölestin, »Die Haltung des Wiener Klerus in den Märztagen 1848« in: Jahrbuch des Vereins für Landeskunde 1914/1915, S. 488.

Ungedruckte Quellen (Berichte etc. Auswahl)

Armstrong, Robert G., »The German Crown Jewels – A Modern Detektive Story«, undatiert; NAW, OMGUS, Ardelia Hall Collection, Record Group 260, Box RK 10.
Fillitz, Hermann, Gutachten v. 7. Mai 1958; ScHKA, Reichskleinodien, deutsche Rückforderungen.
Fischer, Kurt, Gutachten über das Eigentum an den Reichskleinodien und der Heiltumstruhe v. 18. November 1938; BAK, R 43 III/128 b.
Fries, Konrad, Bericht v. 29. Mai 1954, NStA, F 5 QNG 412.
ders., Bericht v. März 1972, F 5 QNG 412.
Horn, Walter, Bericht v. 14. August 1945, GNMN, Hist. Archiv.

Hügel, Anna von (»Nanny«), Tagebuchfragment: BA, Außenstelle Frankfurt, Bestand Hügel.

Hügel, Carl Alexander Anselm von, »Fragment of an autobiography written for his children«, Typoskript, BA, Außenstelle Frankfurt, Bestand Hügel.

Hügel, Johann Aloys Joseph Reichsfreiherr von, »Gutachten über die Frage: Ob das Österreichische Kaiserreich nach eingetretenen Folgen des Preßburger Friedens die römisch-deutsche Kaiserkrone noch forttragen solle?« v. 17. Mai 1809; HHStA, FA, Min. d. k.k. Häuser, Titel u. Wappen, Niederlegung der deutschen Kaiserwürde 1806, Kart. 3.

Huyskens, Albert, Gutachten über das Eigentumsrecht des Aachener Domkapitels an den Aachener sogenannten Reichskleinodien in der Weltlichen Schatzkammer zu Wien, Abschrift, undatiert, jedoch vor November 1932; StA, BKA, Zl. 24.669–13/32.

Kohlhaußen, Heinrich, »Denkschrift über die deutschen Reichskleinodien in der Wiener Hofburg und den Nürnberger Anspruch«, undatiert; BAK, R 43 II/ 1236.

Liermann, Hans, Rechtsgutachten über die Rechtslage des alten Römischen Reiches Deutscher Nation v. 27. Oktober 1945; GNMN, Hist. Archiv.

Pfeiffer, Gerhard, Entwurf »Die Reichskleinodien von 1938–1945«, NStA, F 5 QNG 412.

Schmeißner, Heinz, Bericht v. 11. August 1945; NStA, F 5 QNG 412.

ders., Bericht v. 2. Juni 1954; NStA, F 5 QNG 412.

Schriefl, Leopold, »Erzbischof Milde«, Typoskript, 1946; Diözesanarchiv Wien, Bischofsakten, Erzbischof Milde, Kassette I/1 u. II/2.

Schuster, Heinrich, »Die Friedensverhandlungen von St. Germain und das österreichische Parlament«, Dissertation, Wien, 1965.

Schwemmer, Wilhelm, Expertise »Zur Geschichte der Reichskleinodien«, August 1945, Blg. 6 d. Horn-Berichtes v. 14. August 1945; GNMN, Hist. Archiv.

Skall, Johann Baptist, »Memoirs denkwürdiger Begebenheiten am kaiserlichen Hofe im Jahre 1809«, Handschrift; HHStA, W 1093/2.

Stadion, Friedrich Graf von, »Gutachten über die Frage: Ob unter den gegenwärtigen Umständen die Beybehaltung der Römisch-deutschen Kaiserkrone räthlich sey?« v. 24. Mai 1808; HHStA, FA, Min. d. k.k. Häuser, Titel u. Wappen, Niederlegung der deutschen Kaiserwürde, Karton 3.

Thomas, Christiane, »Die Wiener Weltliche Schatzkammer, Verwaltung und Funktion 1800–1870«, Dissertation, Wien, 1963, Typoskript.

Weixlgärtner, Arpad, »Die Weixlgärtnerei«, Typoskript; ÖNB, HuISmlg., S.N. 18.332–18.334.

»Allgemeine Zeitung«, Mainz, 15. Februar 1968.
»Arbeiterzeitung«, Wien, 6. September 1919.
»Continental News Week«, 28. Januar 1946.
»Deutsches Wochenblatt«, 12. Juli 1888.
»Expreß«, Wien, 9. Januar 1968.
»Der Feuerreiter«, 29. Dezember 1951.
»Flensburger Tagblatt«, 15. Juli 1952.
»Fränkischer Kurier«, 6. Juni 1872; 12. September 1938.
»Die Furche«, Wien, 16. Januar 1946; 3. Februar 1962.
»Die österreichische Furche«, Wien, 2. April 1955.
»Generalanzeiger«, Bonn, 12. Juli 1950.
»Neuer Kurier«, Wien, 2. April 1955.
»Wiener Kurier«, 18. Juli 1957.
»Kölnische Zeitung«, 29. Juni 1872.
»Münchener Merkur«, 8. August 1969.
»Nürnberger Gemeindeblatt«, Nr. 3, 1972.
»Oberösterreichische Nachrichten«, Linz, 24. Dezember 1945.
»Neues Österreich«, Wien, 17. Juli 1957; 23. August 1957.
»Journal de Paris«, 21. Mai 1804.
»Die Presse«, Wien, 4. Juli 1950; 28. Februar 1954; 29. März 1955; 30. Januar 1962; 12. August 1969.
»Rheinische Rundschau«, 10. Januar 1968.
»Siegener Zeitung«, 26. Juni 1954.
»Der Spiegel«, 25. August 1949.
»The Stars and Stripes«, Southern Germany Edition, 13. August 1945.
»Sunday Dispatch«, 6. November 1960.
»Tagesspiegel«, Berlin, 12. August 1969.
»Welt am Sonntag«, 17. August 1969.
»Österreichisch-kaiserlich privilegierte Wiener Zeitung«, 4. u. 6. April 1848.
»Wiener Zeitung«, 8. Januar 1946.

Abkürzungen

AdAS	Archiv der Ambraser Sammlungen, Wien
AGWAR	höchstwahrscheinlich Adjutant General War Department (Brief Department of the Army, U.S. Army Military History Institute, Carlisle Barracks v. 7. Dez. 1989 an den Autor)
ASR	Abschriftensammlung Rath, Haus-, Hof- und Staatsarchiv Wien (HHStA), Direktionsakten (Dir. Akten)
BA	Bundesarchiv
BAK	Bundesarchiv Koblenz
BHStAM	Bayerisches Hauptstaatsarchiv München
BKA	Bundeskanzleramt
BMfI	Bundesministerium für Inneres
BMfU	Bundesministerium für Unterricht
FA	Familienarchiv
GNMN	Germanisches Nationalmuseum Nürnberg
HHStA	Haus-, Hof- u. Staatsarchiv Wien
KHMW	Kunsthistorisches Museum Wien
MFA&A-Branche	Monuments, Fine Arts and Archives Branche
MVGN	Mitteilungen des Vereines für Geschichte der Stadt Nürnberg
NAW	National Archives Washington
NSDAP	Nationalsozialistische Deutsche Arbeiterpartei
NStA	Nürnberger Stadtarchiv
OKäA	Oberstkämmereramt
OMeA	Obersthofmeisteramt
ÖNB-HuIS	Österreichische Nationalbibliothek, Handschriften- und Inkunabelsammlung
OMGUS	Office of Military Government U.S.
PG	Parteigenosse
RHR	Reichshofrat

RK	Reichskanzlei
RKgF	Reichskriege gegen Frankreich
SchKA	Schatzkammerarchiv Wien
SS	Schutz-Staffel
StA	Österreichisches Staatsarchiv
StAN	Staatsarchiv Nürnberg
StK	Staatskanzlei
USFA	U.S. Forces in Austria
USFET	U.S. Forces European Theatre
WARCAD	höchstwahrscheinlich War Department's Civil Affairs Division. (Brief Department of the Army, U.S. Army Military History Institute, Carlisle Barracks, v. 7. Dez. 1989 an den Autor.)

Namensregister

Kaiser Karl I.
Ein Leben für den Frieden seiner Völker
Erich Feigl
Amalthea